Meiner liebevollen und treusorgenden ersten Frau
in dankbarem Gedenken

Das Wort vom Kreuz und das Bekenntnis zu Allah

Johan Bouman

Das Wort vom Kreuz und das Bekenntnis zu Allah

Die Grundlehren des Korans als nachbiblische Religion

Verlag Otto Lembeck · Frankfurt am Main

CIP-Kurztitelaufnahme der Deutschen Bibliothek

Bouman, Johan:
Das Wort vom Kreuz und das Bekenntnis zu Allah:
d. Grundlehren d. Korans als nachbibl. Religion /
Johan Bouman. — Frankfurt am Main: Lembeck, 1980.
ISBN 3-87476-145-2

ISBN 3-87476-145-2
© 1980 by Verlag Otto Lembeck, Frankfurt am Main
Alle Rechte vorbehalten
Printed in the Federal Republic of Germany
Schutzumschlag von Helmut Nörenberg

Gesamtherstellung:
Druckerei und Verlag Otto Lembeck, Frankfurt am Main und
Butzbach

Inhalt

Vorwort

Die Zahl der Gastarbeiter islamischen Glaubens hat in den letzten Jahrzehnten nicht nur in der Bundersrepublik, sondern in allen Industriestaaten Westeuropas derartig stark zugenommen, daß sie heute eine beträchtliche und ernst zu nehmende Minderheit darstellen. In Industrie und Handel, Gewerbe und Dienstleistungsunternehmen ist ihre Gegenwart nicht zu übersehen. Insbesondere aber in den Hauptschulen ist die Zahl ausländischer Kinder so bedeutend angewachsen, daß sie beginnen, den Klassen und dem Unterricht ein neues Gepräge zu geben.

Selbst ein flüchtiger Beobachter spürt, daß uns hier eine fremde Lebensweise, eine andersartige Kultur und ein unbekannter Glaube gegenübertreten. Da es sich um unsere Mitbürger handelt, ist es unsere dringendste Aufgabe, diese unsere Nächsten in ihrer Andersartigkeit zu verstehen.

Christen in Kirchen und Institutionen haben erfreulicherweise die Initiative ergriffen, uns das Selbstverständnis islamischer Mitbürger verständlicher zu machen: Moslems in der Bundesrepublik (Frankfurt 1974), Muslime — unsere Nachbarn (Frankfurt 3. Auflage 1980), Die Präsenz des Islam in der Bundesrepublik Deutschland (CIBEDO-Dokumentation 1), Zusammenleben mit Muslimen (3. Auflage Frankfurt 1980) und Gastarbeiter werden Bürger (Frankfurt 1978) zeigen das kirchliche Interesse an der Frage.

Allen, die mehr oder weniger bewußt im christlichen Glauben stehen, wird bald klar, daß wir hier einer Religion begegnen, auf die wir nicht ohne weiteres eine eindeutige Antwort geben können. Zwar wird im Islam über den einzigen Gott, Gestalten aus dem Alten Testament, sogar über Jesus mit größter Verehrung gesprochen, es bleibt aber ein unbestimmtes Gefühl und eine undeutliche Ahnung zurück, daß uns diese Glaubensäußerungen fremd sind. Die Minderheit islamischer Mitbürger stellt nicht nur Fragen auf sozialem, kulturellem und politischem Gebiet, sondern sie fordert auch unseren christlichen Glauben heraus.

Das Problem des Glaubens bestimmt die Zielsetzung dieses Buches. Es will allen dienen, die, sei es in der Seelsorge, in Presse, Rundfunk und Fernsehen, in sozialer Betreuung, in der Schule, in der kirchlichen Gemeindearbeit oder in der Politik unseren islamischen Mitbürgern begegnen und mehr aufzubringen suchen als das leider übliche oberflächliche Interesse. Denn eine Begegnung ist nur eines Menschen würdig, wenn man den anderen in seiner vollen Identität akzeptiert, ohne dabei die eigene zu verleugnen oder zu vertuschen.

Ganz unbeabsichtigt hat dieses Buch im Laufe seines Entstehens die Form einer Fuge angenommen, interessanterweise nicht deshalb, weil ich sie ihm aufdringen wollte, sondern weil sie sich aus eigener Kraft aus der Struktur der Problemstellung herausbildete. Es hat sich nämlich gezeigt, daß ein im Alten Testament auftauchendes Glaubensthema in den Heiligen Schriften des Christentums und des Islams aufgegriffen, wiederholt und neu interpretiert — also moduliert — wird, als ob ein Fugenthema von dem dux vorgestellt und später von dem comes in einer anderen Tonart aufgegriffen und weitergebildet wird. Dieser Entwicklungsgang ist beim Lesen zu beachten.

Zum Schluß danke ich Herrn Martin Stöhr, Akademiedirektor der Evangelischen Akademie Arnoldshain, der mich immer wieder gedrängt hat, die Idee dieses Buches zu verwirklichen, Herrn stud. theol. Alexander Becker und Herrn cand. theol. Hans-Joachim Springer, die das Manuskript korrigiert, geschrieben und die Register zusammengestellt haben, und dem Verlag Otto Lembeck für die treue Begleitung beim Entstehen des Buches. Die Transskription fremdsprachiger Worte ist so einfach wie möglich gehalten.

Das Wort vom Kreuz[1]
und das Bekenntnis zu Allah[2]

1. Kapitel

Glaube und Verkündigung

Es gehört zum Wesen der beiden hier zueinander in Beziehung gesetzten Religionen, Christentum und Islam, daß die sich in ihnen gestaltende Wahrheit eine Botschaft für die ganze Menschheit ausrichten will. Die Kraft in den Worten ihrer jeweils Heiligen Schriften, Bibel und Koran, sowie die in den Herzen ihrer Bekenner wirkende Glaubensüberzeugung sind so dynamisch, daß es wie von selbst zur Natur der Sache gehört, wenn diese Kraft und diese Glaubensüberzeugung wieder zurückscheint auf die jeweilige Sicht des Menschen und der Welt in beiden Religionen. Wenn diese Dynamik der Ausstrahlung verlorengegangen, für sie kein Gespür mehr vorhanden ist, muß hierin ein sicheres Zeichen dafür gesehen werden, daß eine Religion in einer Verlegenheitssituation steht, ja, in einer Krise steckt.

Die Ausstrahlungskraft der beiden Religionen Christentum und Islam rechtfertigt sich aus dem Bekenntnis des jeweils erlebten und sich vollstreckenden Heils oder Unheils.

Aber — und das ist für die Methode und die Sicht dieser Untersuchungen wichtig — nicht nur die beiden Religionen sind zur Verkündigung ihrer Botschaft verpflichtet, sondern die ganze Menschheit ist zu einer Antwort und Verantwortung aufgerufen, die Geister zu scheiden, das Schicksal zu gestalten und den Lauf der Geschichte zu entscheiden.

---

1 1Kor 1,18: Das Wort vom Kreuz ... ist eine Kraft Gottes (alle Bibeltexte werden nach der Übersetzung der Zwingli-Bibel zitiert).
2 Das Herzstück des Islams: tawhid: Es gibt keinen Gott außer Allah. Der zweite Hauptlehrsatz: Muhammad ist der Apostel Allahs.

2. Kapitel

Innere Strukturen

Diese gemeinsamen, grundlegenden Voraussetzungen, nämlich jeweils die Kraft des Wortes der Heiligen Schriften, der Glaube sowie die Hinweisung aller Menschen auf die Verantwortlichkeit für die Welt, bestimmen auch die Methode der folgenden Untersuchungen. Diese Methode verbietet es, die theologische Ausgestaltung beider Religionen in einer absoluten Trennung zu sehen, als ginge es um eine jeweils völlig andere Botschaft. Beide Religionen sind aufgrund ihrer gemeinsamen Vorgeschichte zutiefst miteinander verwurzelt; man kann sie nicht auseinanderreißen, ohne die Wurzeln zu beschädigen.

Auch die Tatsache, daß das Wort vom Kreuz und das Bekenntnis zu Allah und seinem Apostel offenbar nichts miteinander zu tun haben, ändert hieran nichts. Freilich spricht der Koran (4,157-58) von dem Kreuzestod Jesu in sehr unklaren Begriffen und mißt ihm unter keinem Gesichtspunkt irgendeine Heilsbedeutung zu; indessen enthält der Koran eine eigene, klar umrissene Christologie[3], die den Offenbarungscharakter Jesu nicht leugnet und die Entscheidung über Heil oder Unheil, gleich der koranischen Botschaft, tief in die Heilsgeschichte Israels zurückverlegt: Jesus wie Muhammad bestätigen die Offenbarung an Mose. Das Evangelium Jesu, der Koran Muhammads und die Torah Moses, sie alle sind Heilige Schriften ein und desselben Offenbarungsgeschehens (Koran 26,196).

Sollen aber die Grundlagen christlicher und islamischer Verkündigung in einer vergleichenden Studie untersucht werden, so schreibt — geht man vom Koran aus — dieser eine einheitliche Sicht vor. Denn der Koran versteht sich seiner Struktur nach als Fortsetzung und Vollendung einer im Judentum und Christentum begonnenen göttlichen Belehrung und prophetischen Mitteilung[4], als einen Schäkel einer im Judentum und Christentum bereits vorhandenen Traditionskette. Diese Kette ist Bindeglied der Wahrheit, die allen monotheistischen Religionen gemeinsam und nach islamischem Verständnis das einzige Kriterium einer Beurteilung der göttlichen Offenbarung ist. Weder dem Judentum noch dem Christentum wird die Teilhabe an dieser Offenbarungsgeschichte streitig gemacht.

Auf dem Boden dieser islamischen Grundvoraussetzungen soll eine sachgemäße Methode für die folgenden Untersuchungen wachsen, wobei es gilt, die genannte gemeinsame Traditionskette herauszuarbeiten und zu untersuchen, welche Funktion sie jeweils im Judentum, Christentum und Islam hat. Denn, wenn „zwei dasselbe sagen, braucht es noch nicht dasselbe zu sein".[5] Schließlich soll festgestellt werden, wo sich unterschiedliche Traditionen abzeichnen, wie stark sie ausgeprägt sind und wie sie in beiden Religionen, jeweils auf dem Boden ihrer Gemeinsamkeiten, ein anderes Gepräge finden. Da beide Religionen Neues Testament und Koran jeweils als die unverrückbare Wahrheit und als Heilige Schrift betrachten, muß eine vergleichende Studie auf diesen beiden Schriften fußen; alles andere ist Exegese oder Kommentar.

---

3   Vgl. dazu *Michael Hayek*: Le Christ de l'Islam, Ed. du Seuil, Paris 1959; *David Brown*: The way of the Prophet, London 1962; *Geoffrey Parrinder*: Jesus in the Qur'an, London; *W. M. Watt*: The Christianity criticized in the Qur'an, Napoli 1967; *Johan Bouman*: Gott und Mensch im Koran, Darmstadt 1977, S. 39-68; *Olaf H. Schumann*: Der Christus der Muslime, Gütersloh 1975.
4   Im Offenbarungsbuch, dem Koran, wird nun Muhammad erzählt, was früher den Propheten berichtet wurde (41,41-43). Er bestätigt die Schrift des Mose (46,12). Muhammad gehört zu den Propheten, wie Noah, Abraham, Mose und Jesus, mit denen Gott einen Bund gestiftet hat (33,7), und Muhammad ist das abschließende, kulminierende Siegel der Propheten (33,40).
5   Aber auch umgekehrt: Wenn zwei Verschiedenes sagen, können sie das gleiche beabsichtigen.

11

3. Kapitel

Der einzige Gott

I. Die jüdische Traditionskette

Die sich in Judentum, Christentum und Islam gemeinsam gestaltende Traditionskette hat bezeichnenderweise nichts mit untergeordneten Nebensächlichkeiten zu tun, sondern trifft ihre Lebensader. Sie reicht tief in die Ursprünge der alttestamentlichen Verkündigung zurück. Ihr Proprium ist, daß es hier — im Gegensatz zu den Völkern ihrer Umwelt — um die Geschichte des Handelns des zuerst auf Israel bezogenen einzigen Gottes geht. Wir werden somit nicht mit einem theologisch-philosophischen Monotheismus konfrontiert[6], sondern es kristallisiert sich ein Glaubensbekenntnis heraus, das bekundet, Israel könne und dürfe sein Heil nur von diesem einen Gott erwarten.

Diese gleichzeitige Gotteserfahrung und Heilserwartung hat sich in einigen Glaubensformeln manifestiert. Die wahrscheinlich älteste ist zu finden in 1Kön 18,39: „Jahwe ist Gott".[7] Dazu haben zwei weitere Formeln das Alte Testament und das gesamte Judentum entscheidend geprägt: die Eröffnungsworte des Dekalogs „Ich bin Jahwe, dein Gott" (Ex 20,2). Hinter diesem Gott steht sowohl eine Erfahrung, als auch eine Aufgabe:

a) Die Erfahrung, daß die Rettung aus der Sklaverei Ägyptens nur diesem Gott zu verdanken ist.

b) Die Aufgabe, daß das ethische und kultische Leben Israels nur auf dem Boden des Gebotes, keinen anderen Göttern in moralischem oder kultischem Sinne zu dienen, zu gestalten möglich ist.

Damit sind die Weichen für die Ausschließlichkeit und Einzigkeit dieses Gottes gestellt, eine Glaubensüberzeugung, die formelhaft in dem hinzugefügten Negativsatz zum Ausdruck gebracht wird: „Keine anderen Götter" (20,3). Die definitive Formel des Grundgebotes ist in Deuteronomium 6,4 das Kernstück des Shema:

„Höre, Israel, Jahwe unser Gott, Jahwe ist ein (einziger Gott)."

Diesen Gott soll Israel lieben und ihm allein anhängen, denn die dem Volk abverlangte Liebe ist nichts anderes als die Erwiderung der Liebe Gottes, die sich in seinen Heilstaten manifestiert hat. Wiederum impliziert diese Liebe, daß das Volk anderen Göttern abschwören soll (Dtn 6,14). Aufgrund der Glaubenserfahrung Israels hat sich somit ein Bekenntnis herausgebildet, das sich in dem affirmativen Satz niedergeschlagen hat: Jahwe ist der einzige Gott, gefolgt von dem Negativsatz: Keinen anderen Göttern zu dienen.

Im späteren Judentum wurde der Glaube und das Leben, ungeachtet Schicksal und Zeitgeschehen, fest in diesem Bekenntnis verankert. Der Talmud betrachtet das Bekenntnis des Shema als den alleinigen Weg zum ewigen Leben: *„Wer das Shema mit deutlicher Aussprache liest, für den wird das Höllenfeuer abgekühlt"*[8]. In Zeiten schwerer Verfolgungen[9], als es den Juden unmöglich war, alle Gebote treu zu erfüllen, stellten die Rabbinen allerdings fest, daß der Jude dann ein Gebot übertreten darf, wenn er damit sein Leben aus Gefahr retten kann; hiervon ausgenommen war aber Ehebruch, Götzendienst und Blutvergießen[10].

II. Die neutestamentliche Traditionskette

Im Neuen Testament hat sich diese Traditionskette ununterbrochen fortgesetzt. Alle drei synoptischen Evangelien berichten, daß Jesus, auf die Frage nach dem höchsten Gebot, die Liebe zu Gott und, als Folge der ethischen Implikation, die Liebe zum Nächsten als Hauptgebote hervorhob (Mt 22,34-40; Mk 12,28-34; Lk 10,25-28). Im Markusevangelium wird berichtet, Jesus habe, auf die entsprechende Frage, in seiner Antwort mit dem Shema angefangen. Liebe zu dem einzigen Gott und Liebe zum Nächsten sind die Erfüllung der Torah und der Propheten[11], und sie eröffnen den Weg zum Gottesreich.

Als der Apostel Paulus das Evangelium Jesu in der heidnisch-hellenistischen Welt verkündigte und er sich mit deren Lebens- und Glaubensformen auseinandersetzen mußte, ist bei ihm nicht der geringste Zweifel aufgekommen, daß *„das Wort vom Kreuz"* den Glauben an den einzigen Gott in Frage stellen könnte. Demzufolge mußte er sich gegen den heidnischen Polytheismus zur Wehr setzen. Auch an die griechische Gemeinde in Korinth schreibt Paulus: „Was nun das Essen des Götzenopferfleisches betrifft, so wissen wir, daß es keinen Götzen in der Welt gibt und daß es keinen Gott gibt außer einem" (1Kor 8,4). Wiederum fällt die den Glauben des Alten Testamentes begründende Formel auf: Das positive Bekenntnis zu dem einzigen Gott wird von einem Negativsatz abgeschirmt [12]. Und an die Galater schreibt Paulus: „Gott aber ist (nur) einer" (Gal 3,20). Ein Gott ist es, der Juden und Heiden durch den Glauben gerecht sprechen wird (Röm 3,30; vgl. auch 16,27).

Man beachte: All dies wird von einem Mann gesagt, der vielleicht wie kein anderer die Messianität, die Gottessohnschaft Jesu, die erlösende Kaft des Kreuzes und die Offenbarung Gottes in und durch Jesus so sehr betont hat. Diese Botschaft der Erlösung bleibt immer tief in dem Bekenntnis zu dem einzigen Gott verankert. Ein Weg zu einer neuen Form des Polytheismus wurde nicht eröffnet. Die spät- oder nachpaulinische Zeit hat dieses Ineinander des uralten Shemabekenntnisses mit der Erlösungstat Gottes in Christus so ausgedrückt:

„(Ehre) dem alleinigen Gott .... durch Jesus Christus" (Jud 25) [13].

III. Die islamische Traditionskette

Auch der Koran, die dem Propheten Muhammad offenbarte Heilige Schrift [14], kennt keinen theologisch-philosophischen, systematischen Monotheismus. Ein dem Inhalt des Alten Testaments ähnliches Geschehen hat in der allerersten Periode der koranischen Offenbarung stattgefunden. Auch da hat die Verkündigung nicht mit einem abgerundeten Monotheismus angefangen, sondern Muhammad weiß sich berufen zur Verkündigung einer Botschaft von Seiten Allahs, des Schöpfergottes, der die Menschen erschaffen hat, der in erwiesenen Wohltaten gut für sie sorgt und der deshalb von ihnen Verehrung und Dankbarkeit fordert. Denn dieser Gott hat die Macht, den Menschen zu erschaffen, ihn aus dem Grabe neu zu erwecken und ihn zur Rechenschaft über seine Taten und seinen Glauben zu ziehen. Es handelt sich in den frühesten Suren um den Aufruf zur Hingabe an die Güte und Allmacht des Schöpfergottes [15], der Dankbarkeit verlangt und die Macht hat, den Menschen ihre Taten zu vergelten. Ein exklusiver Monotheismus wird in der Frühzeit noch nicht gepredigt[16]. Die innere Dynamik dieser Verkündigung aber führt später notwendigerweise zu einem kompromißlosen Monotheismus, dessen Ansätze im Koran allerdings schon früh vorhanden sind. Denn Gott hat die Menschen erschaffen, er sorgt für sie und richtet sie nach ihrem Tode. Er hat Allmacht über Leben und Tod, Zeit und Ewigkeit, Heil und Verderben. Dieser Gott kann nur ein einziger Gott sein. Der Versuch Muhammads, die derzeit in Mekka verehrten Götter in einem koranischen Pantheon zu versammeln, um den Mekkanern den Übergang zum Islam zu erleichtern, mußte an der inneren Struktur der Botschaft als Ganzes scheitern[17]. Es gab keine andere Möglichkeit, als diesen einen Gott dem damaligen arabischen Polytheismus schroff und kompromißlos gegenüberzustellen.

Diese entscheidende Weichenstellung fand bereits gegen Ende der ersten mekkanischen Periode statt. Die 112. Sure, der spätere liturgische Höhepunkt des Freitagsgottesdienstes, beginnt mit der Offenbarung:

„Sage, ER, Allah, er ist einzig"[18].

Bereits in der frühen Zeit der koranischen Offenbarung zeichnet sich die Evolution der Formel ab, die diese Einzigkeit Gottes zum Ausdruck bringt. In Sure 73,9[19] heißt es: *„(Der Herr ist über Ost und West) keinen Gott gibt es außer ihm"*[20], und deshalb soll der Mensch nur ihn als Sachverwalter anerkennen. Von nun an wird diese Formel sich ständig wiederholen, sowohl in mekkanischer als auch in medinischer Zeit[21]. Die klassische Form entstand anläßlich des Ritualgebets, salat, dessen Form bereits zu Lebzeiten des Propheten feststand. Sein Höhepunkt ist der tashahhud, das Aussprechen der shahada, des Glaubensbekenntnisses, dessen erster Satz lautet:

„Ich bekenne, daß es keinen Gott gibt außer Allah"[22].

Die Übereinstimmung mit der jüdischen und christlichen Vorgeschichte in Inhalt und Form ist augenfällig, und so bekennt der Koran, daß sein Gottesglaube auch der Glaube von Juden und Christen gewesen ist [23]. Der Inhalt des Glaubens hat wiederum die Formel bestimmt: Die positive Bezeugung wird von einem Negativsatz eingeschränkt. In der islamischen shahada aber geht der Negativsatz dem Positivbekenntnis ganz in Übereinstimmung mit seiner Funktion voran. Islamischer Monotheismus ist vor allem Kampfansage an alle falschen Götter und entwickelt so das Wesen der islamischen Religion. Tawhid, das Bezeugen der absoluten Einzigkeit Gottes, regelt wie ein zentrales Nervensystem unwidersprochen alle Äußerungen und Taten des Islams. Jede Form des Götzendienstes ist verboten und wird verurteilt [24]; im kommenden Leben im Feuer des Höllenbrandes bestraft [25]. Diejenigen, die Allah andere Götter zugesellen, können keine Vergebung erlangen, während alles andere vergeben werden kann (4,48).

Wie im Judentum, hat auch im Islam die spätere Tradition eine ähnliche Entwicklung durchlaufen, indem das Bekenntnis zu dem einzigen Gott Leben und Besitz des Bekennenden schützt [26]. Der Koran hat bereits feierlich erklärt, daß die Gläubigen die besten aller Geschöpfe seien (98,7) und am Ende der Zeiten in das Paradies aufgenommen werden (52,17ff.).

---

[6]   *Gerhard von Rad*: Theologie des Alten Testaments I, München 1962, S. 223-225; *Th. Vriezen*: Hoofdlynen der Theologie van het Oude Testament, Wageningen 1966, S. 34f. *Vriezen* spricht von „Mono-Jahwismus", der seinem Wesen nach etwas ganz anderes ist als die Einzigkeit des Aton in der Religion Ichnatons. Dennoch ist der Terminus „Monotheismus" für diese exklusive Jahwe-Religion religionsgeschichtlich wie theologisch nicht ganz zu verwerfen.

[7]   JHWH hu ha'elohim, *Vriezen* a.a.O. S. 35.

[8]   Ber 15 b.

[9]   Besonders die Verfolgungen unter dem römischen Kaiser Hadrian.

[10]   Sanh 4 a.

[11]   Also des inneren Kreises, des Herzstückes, und des erklärenden, aktualisierenden Kreises der hebräischen Heiligen Schrift. Der dritte Kreis sind die hagiographischen Schriften (Ketubim).

[12]   Deshalb soll man den Ausdruck „Altes" Testament nie im Sinne von etwas Vergangenem deuten. Es bleibt Fundament der weiteren Geschichte und Urquell des Glaubens. Eine falsch verstandene Herabsetzung hat seit vielen Jahrhunderten dem Christentum den Weg zum sachgemäßen Verständnis des jüdischen Glaubens versperrt.

[13]   Es ist die tiefe Tragik der Religions- und Weltgeschichte, daß es den Christen in Arabien zur Zeit Muhammads nicht gelang, dem Islam dieses Ineinander klar vor Augen zu führen. Die unnötigen koranischen Angriffe gegen die Trinität und die Vorwürfe an die Adresse der Christen hätten dann sicherlich an-

ders ausgesehen. Vgl. dazu: *W. M. Watt*: The Christianity criticized in the Qur'an, Atti del III Congresso di Studi Arabi e Islamici, Napoli 1967.

14 Das Wort „Koran" kann man sinngemäß mit „die feierlich-liturgisch rezitierte Heilige Schrift" übersetzen. Sie wurde dem Propheten Muhammad nicht auf einmal, sondern „teilweise" (Koran 25,32) in einer Periode von etwa zwanzig Jahren bis zum Tode im Jahre 632 mitgeteilt. Dieses „Herabschicken" des göttlichen Wortes fand bis zum Jahre 622 in seiner Vaterstadt Mekka statt und danach, als Muhammad sich gezwungen sah, sich aus Mekka zurückzuziehen (im Jahr der sogenannten Hidjra, Anfang der islamischen Zeitrechnung), noch zehn Jahre lang in Medina. Die arabischen Ausgaben des Korans unterscheiden zwischen Suren (Kapiteln), die in Mekka und solchen, die in Medina offenbart wurden. Die westliche Islamwissenschaft teilt die mekkanische Zeit noch in drei aufeinanderfolgende Perioden ein. *Th. Nöldeke*: Geschichte des Korans, ed. Schwally, Leipzig 1909-19; *Richard Bell*: Introduction to the Qur'an, Edinburgh 1953; *W. M. Watt*: Bell's Introduction to the Qur'an, completely revised and enlarged, Edinburgh 1970; *R. Paret*: Mohammed und der Koran, Urban-Taschenbuch 32, 1957.

15 Es sind die Suren: 96, 94, 93, 108.

16 *Régis Blachère*: Le Probleme de Mahomet, Paris 1952, S. 43; *R. Paret* a.a.O. S. 62ff.

17 *W. M. Watt*: Mohammed at Mecca, Oxford 1953, S. 102f., die sog,. „satanischen Verse".

18 huwa Allah ahad.

19 Islamische und westliche Wissenschaft rechnen diese Sure zu der frühen Offenbarungsperiode.

20 la ilaha illa huwa.

21 Man beachte z. B. 2,163 und 255: Allah, la ilaha illa huwa.

22 la ilaha illa Allah.

23 29,46: „unser Gott und euer Gott ist einer".

24 z. B. 13, 16,33; 14,30; 17,22-23.

25 z. B. 2,165-167; 29,25.

26 Bukhari: Zakat b 1; Djihad b, 101; Muslim: Iman Trad. 32, 33, 35.

4. Kapitel

Der einzige Gott und die Offenbarung

Die Erkenntnis, daß es nur einen einzigen Gott gibt, entfaltet sich nicht in abstrakter Weise, sondern ist als eine dynamische Kraft eingebettet in das allumfassende Geschehen. Der einzige Gott, sein Handeln, seine Entscheidung und sein offenbartes Wort bilden das Zentrum einer Ausstrahlung, die die jeweilige Religion, sei es Judentum, Christentum oder Islam, in ihrem Charakter und ihrer Gestalt bestimmt. Denn die Offenbarung dieses einen Gottes manifestiert sich in einem Offenbarungsgeschehen, das jedesmal für die genannten Religionen von entscheidender Bedeutung wurde, in dem sie die von Gott hergestellte und aufrechterhaltene Beziehung zum Menschen entfaltet.

I. Gott und Offenbarung im Alten Testament

Das Alte Testament berichtet von dieser Manifestation des Offenbarungsgeschehens und der darin zustande gekommenen Beziehung in der Gestaltung des Bundes[27]. Von besonderer Bedeutung ist dabei die Überlieferung vom Väterbund mit dem Patriarchen Abraham und vom Sinaibund. Obwohl beide ursprünglich auf eine eigene Tradition zurückgehen, haben sie doch einen gemeinsamen Charakter. Gott ergreift die Initiative und nimmt den Menschen in ein Heilsgeschehen auf, das allein von Gott gelenkt wird und nur innerhalb des Bundes realisiert werden kann, so daß der irdische Partner nur Empfänger des im Bunde angebotenen Heils ist[28].

Diese grundsätzliche Passivität, die nie aufgehoben werden kann, weil Gott an dem Menschen handelt, ist aber nicht das letzte Wort. In diesem Bund wird der Angesprochene aufgerufen, mit Jahwe in eine Gemeinschaft zu treten, die von nun an das ganze Leben bestimmen wird. Im Väterbund handelt es sich anfänglich um eine Gemeinschaft mit dem Patriarchen. Abraham wird zur Aufrichtung eines Zeichens aufgefordert, und er nimmt das göttliche Heilsangebot im Vollzug der Beschneidung an (Gen 17). Auf diesen Bund und das Versprechen an Abraham werden sich im Laufe der Geschichte alle Frommen berufen;

davon berichten Altes Testament, Neues Testament und Koran mit einer erstaunlichen Einstimmigkeit[29].

Im Sinaigeschehen bekommt der Bund einen noch tieferen Inhalt, der in unmittelbarer Gesamtschau mit der Vorgeschichte verstanden werden muß. Jahwe hat sich durch die Befreiung des Volkes Israel aus Ägypten als der einzige Gott, als der Retter, offenbart und erneuert nun auch mit dem erlösten Volk seinen mit Abraham geschlossenen Bund. Die Rettung, das Gnadenangebot, das Vertrauen, der Glaube und das Handeln des Volkes werden eng miteinander verbunden. Der Bund bleibt zwar das allein von Jahwe ausgehende Heilshandeln, aber er fordert auch Pflichten seitens des Volkes, um ihn zu erfüllen. Er ist die Offenbarung eines Rechtswillens Gottes, der dem Volk das heilsame Leben vermittelt. Dieses Heil steht auf der Grundlage der Formel: *„Ihr sollt mein Volk sein — ich will euer Gott sein"* und hat die Torah, die Weisung, den Weg zum heilsamen Leben zum Inhalt. Weil beide Elemente untrennbar zusammengehören, ist die Anrede „Du" die „Seele des Dekalogs"[30]. Nur wenn der organische Zusammenhang jedes dieser konstitutiven Elemente berücksichtigt wird, kann man ihre Bedeutung einzeln beurteilen. Jahwe, der einzige Gott, hat sein erlösendes Handeln in der einmaligen, geschichtlichen Situation der Befreiung aus Ägypten offenbart und hat Israel als sein Volk in einem Bunde angenommen: Dieses Volk soll nur diesem Gott gehorchen und dienen. Es hat die Torah als den Weg zum Leben mit Gott in der von ihm gewollten Gestaltung der Befreiung[31] angenommen. Der Bund zwischen Jahwe und Israel ist der äußere Raum, innerhalb dessen der Dekalog sich zum Leben entfalten kann[32].

Die Bedeutung, die das Alte Testament dem Begriff „Bund" beimißt, geht auch daraus hervor, daß ein dritter Bund, der mit Noah, genannt wird (Gen 9,9). Die drei Bundesformen bilden das Gerüst der Theologie und Geschichtsinterpretation des Pentateuchs[33]. Der einzige Gott hat Menschheit und Welt erschaffen: So lautet die letzte theologische Komponente, die den bereits sich gebildeten hinzugefügt wurde[34]. Infolge ihrer „Bösheit" haben die Menschen die gerechte Strafe durch die Sintflut verdient. Nur ein einziger gerechter Mensch, Noah, wurde zur Rettung auserkoren, und mit ihm schloß Gott einen Bund

zur Erhaltung und Erneuerung aller Menschen, der dem Schutz allen Lebens dient (Gen 9,11). Das spätere, talmudische Judentum hat den äußeren Rahmen dieses Bundes mit Pflichten und Weisungen für alle Völker gefüllt, indem es für die Söhne Noahs sieben Gebote aufstellte. Die wichtigsten sind:
a) Die Pflicht zur Gerechtigkeit.
b) Die Verbote, wider den Gottesnamen zu lästern, den Götzen zu dienen und Blut zu vergießen[35].

Nach der Katastrophe des Turmbaus zu Babel (Gen 11) ruft Jahwe Abraham aus seiner Verwandtschaft und seinem Vaterland heraus und schließt mit ihm einen neuen Bund. Dieser Bund ist das besondere Zeichen für eine auserwählte Nachkommenschaft, der das Land Kanaan als neue Heimat verheißen wird. Die innere Gestaltung dieses Bundes ist das unbedingte Vertrauen und die gläubige Hingabe an den Vätergott. Vertrauen und Glauben[36] werden Abraham aufgrund der Probe, die er mit der Darbringung des Opfers seines einzigen Sohnes, Isaak, bestanden hat, als Gerechtigkeit angerechnet[37].

Im Sinaibund wird die Erwählung Israels als Berufung und Aufgabe durch den Dekalog (Ex 20) und die Schließung des Bundes (Ex 24) besiegelt. In diesem Werdegang des Bundesgedankens wird der Charakter der Gottesgemeinschaft, das Kernstück alttestamentlicher Verkündigung, sachgemäß dargestellt[38].

Sowohl Bund als auch Torah haben das Ziel, Israel zu *„einem Königreich von Priestern und einem heiligen Volk"* (Ex 19,6) zu machen. Beide sollen Jahwes Sondergut unter den Völkern sein und den Königsbereich derer bilden, die als erste zur Hand des Königs sind[39].

Das nachbiblische rabbinische Judentum hat immer seinen Glauben und sein Leben auf diesem Sonderverhältnis zu dem einzigen Gott und den besonderen, aufgrund der Torah auf sie zukommenden Aufgaben aufgebaut. Das „heilige Volk" war keine natürliche Gegebenheit, sondern Folge des von Gott gewollten Bundes und seiner Weisung. Folglich mußte die Torah im Mittelpunkt von Glauben und Leben stehen, denn nur sie war imstande, Sonderstellung und Sonderaufgabe zu realisieren und zu gestalten. Der Talmud hat hierfür die dogmatische For-

mel geprägt. Die Torah ist vom Himmel[40], also völlig von Gott, offenbart. Engel haben sie dem Mose übermittelt[41]. Durch Studium und Beachtung der Torah behält die Welt ihren Bestand[42].
Israel sollte deshalb alle Verpflichtungen der Torah auf sich nehmen. Damit wurde aber nicht verhindert, daß immer die Gefahr des Legalismus lauerte[43]. Führende Rabbinen haben diese Gefahr durch eine religiöse Vertiefung außer Kraft gesetzt. Hillel hat die ganze Torah in dem Satz zusammengefaßt: *„Was Dir häßlich ist, das tue auch Deinem Nächsten nicht"*[44]. Und Akiva sagt: *„Die Grundlage der Torah ist das Gebot: Liebe Deinen Nächsten wie Dich selbst"* (Lev 19,18).

II. Gott und Offenbarung im Neuen Testament

Auch das Neue Testament hat die Manifestation eines besonderen Offenbarungsgeschehens zum Inhalt. Der Gott, der sich bereits Israel offenbart hatte, offenbarte sich jetzt in Jesus Christus. Wie aber werden nun die gemeinsamen Traditionen der Vergangenheit in Jesus Christus sichtbar?

Aus dem Pentateuch haben wir die Einsicht gewonnen, daß der einzige Gott mit seinem Volk Israel einen Bund gestiftet hat, dessen Leben die Torah mit dem Dekalog als Mittelpunkt gestaltet. Methodisch erweist sich das Matthäusevangelium als sachgemäße Verbindung zwischen den Offenbarungsereignissen im Alten und Neuen Testament[45]. Bereits sein Aufbau zeichnet die Struktur der fünf Bücher Mose nach: Das erste Buch des Matthäus enthält die galiläische Periode und die Bergpredigt (4-7); das zweite die zehn Wunder und die Aussendungsrede (8-10); das dritte die messianische Rede, die Auseinandersetzungen mit seinen Gegnern und die Gleichnisrede (11-13); das vierte die Ermordung des Johannes, die erste Rede gegen die Pharisäer, die Geschichte der Kanaaniterin und der Speisung, das Petrusbekenntnis, die Leidensankündigungen und die Rede von Sünde und Vergebung (14-18); das letzte den Leidensweg nach Jerusalem, die Ereignisse in Jerusalem, die zweite Rede gegen die Pharisäer, die Rede über die eschatologischen Ereignisse und die Gleichnisrede in Jerusalem (19-25).

Diese fünf Bücher sind die Wiedergabe der Worte und Taten Jesu, und sie werden voneinander getrennt durch die immerwiederkehrende Formel: *„und es geschah, als Jesus diese Worte vollendet hatte."* Den Auftakt bilden die Vorgeschichten und die Erzählung von Johannes dem Täufer, den Ausgang die Leidensgeschichte und die Auferstehung[46].

Nicht nur die Struktur, sondern auch die Begriffe setzen die Traditionskette des Pentateuchs fort. Torah (Dekalog) und Bund spielen hier als Brennpunkte eine ebenso wichtige Rolle wie dort. Das Offenbarungsgeschehen in Jesus parallelisiert dasjenige in Mose. So wie Mose auf den Berg Sinai stieg und die Tafel der Torah von Jahwe erhielt, so steigt Jesus auf den Berg und verkündet in der Bergpredigt mündlich die Torah[47], die das Leben im herangebrochenen Gottesreich gestalten soll. Wie Jahwe mittels seines Gesandten Mose einen Bund mit seinem Volk errichtet hat (Ex 24), so hat auch Jesus mit seinen zwölf Jüngern, die stellvertretend Israel vergegenwärtigen, einen neuen Bund errichtet (Mt 26,26-29; Mk 14,22-25; Lk 22,14-20). Es besteht kein Zweifel darüber, daß nach Matthäus Jesus im Abendmahl auch die Fortsetzung und Wiederholung des Passahmahls, in dessen Mittelpunkt die Passahandacht des Hausvaters und die Rezitation des Hallel (Ps 113-118) standen, als Erinnerung an die Befreiung aus der Sklaverei Ägyptens vollzog[48]. Aber auch außerhalb der beiden Kerngriffe wird die Parallelisierung der Kompositionen ersichtlich. Wie Gott seinen Sohn Israel aus Ägypten gerufen hatte (Hos 11,1), so rief er auch Jesus nach dem Tode des Herodes aus Ägypten (Mt 2,15). Die messianischen Wundergeschichten, die dem Traditionsgut des Markus entnommen sind, hat Matthäus in eine durchgehende Erzählung von zehn Ereignissen (8,1-9,34) zusammengefaßt, um den zehn Wundergeschichten Jahwes in Ägypten entsprechen zu können[49]. Die alte Überlieferung, die hier aufgegriffen wurde, ist die des Propheten Micha: *„Wie in den Tagen deines Auszuges aus dem Lande Ägypten werde ich es (das Volk) Wunder sehen lassen (7,15)".* Herodes, die Rolle des Pharao parallelisierend, ermordet die Kinder von Bethlehem, da er in ihnen eine Gefahr für seine Machtstellung wittert (2,13-18); damit entspricht er dem Tötungsbefehl des Pharao aus der Mosegeschichte (Ex 1,22)[50].

Aus diesen Beispielen läßt sich die Traditionskette vom Pentateuch bis hin ins Matthäusevangelium ableiten. Nun soll untersucht werden, was aus dem festen Traditionsgut erhalten bleibt
und inwieweit es modifiziert wird. Am deutlichsten kommt dies
in den Begriffen Torah und Bund zum Ausdruck.

Ein gewisser Teil der Bergpredigt (5-7) beschäftigt sich mit der
Auslegung des Gesetzes. In dem einleitenden Vers verkündet
Jesus, daß seine Sendung die Tradition der Torah uneingeschränkt bestätige:
*„Meinet nicht, daß ich gekommen sei, das Gesetz oder die Pro-
pheten aufzulösen. Ich bin nicht gekommen, aufzulösen, sondern zu erfüllen"* (5,17)[51].

Mit anderen Worten: Innerhalb des Rahmens der offenbarten
Torah bahnt sich etwas Neues an. Dies ist bereits an der immer
wiederholten Einleitungsformel ersichtlich:
*„Ihr habt gehört, daß zu den Alten gesagt ist ... ich aber sage
euch"* (5, 21, 27, 31, 33, 38, 43).

Hier liegt nicht nur der von *Schoeps*[52] erwähnte Aspekt vor, die
Bergpredigt sei unter dem Gesichtspunkt: Jesus, ein Gesetzge-
ber wie Mose, komponiert worden, sondern es zeigen sich eine
Mehrzahl neuer Entwicklungen. Jesus trägt mündlich eine Exegese der Torah vor, die den Anspruch stellt, die gleiche Autorität wie die des Mose zu beanspruchen. Es wurde bereits darauf
hingewiesen, daß auch die Rabbinen der mündlichen Torah eine
der geschriebenen Torah entsprechende Autorität verliehen haben, indem sie annahmen, auch die mündliche sei auf dem Berg
Sinai offenbart worden. Bei der Bergpredigt Jesu aber tritt ein
entscheidender Gesichtspunkt hinzu. Die Einleitungsformel
sollte sinngemäß interpretiert werden: Ihr habt gehört, daß zu
den Alten von *Gott* (!) gesagt ist. Wenn Jesus nun seine eigene
Interpretation hinzufügt, kann dies nichts anderes bedeuten, als
daß Jesus mit der gleichen göttlichen Vollmacht spricht mit der
zu den Alten gesprochen wurde. Diese Vollmacht liegt in seiner
Person und in der sich in ihm ereignenden Zeitwende, dem
Hauptmotiv in der Komposition dieses Evangeliums: *„Bekehrt
euch*[53], *denn das Reich der Himmel*[54] *ist genaht"* (4,17). In diesem
Hauptmotiv finden wir auch den Schlüssel zur Erklärung des

Doppelcharakters der Bergpredigt: die Torah dem gekommenen Gottesreich entsprechend zu erfüllen. Erforderlich wird nun eine Neuinterpretation, in der Jesus jede Vorschrift der alten Torah bis auf ihre weiteste Grenze ausdehnt. Hatte die Torah verordnet: Du sollst nicht töten (Ex 20,13; Dtn 5,17), besagt die Erweiterung, daß man nicht einmal seinem Bruder zürnen soll, und verknüpft dies mit dem Gebot, sich zuerst mit ihm zu versöhnen, bevor man mit seiner Gabe vor Gott tritt (5,21-26). Das Gebot: Du sollst nicht ehebrechen (Ex 20,14; Dtn 5,18) wird auf die Mahnung erweitert, daß jeder, der eine (Ehe-) Frau ansieht, um sie zu begehren, in seinem Herzen schon Ehebruch begangen hat (5,27-30). Die alte Torah hatte geboten: Du sollst nicht falsch schwören (Lev 19,12), die neue gebietet, überhaupt nicht zu schwören, weil der Mensch überall der Manifestation Gottes — im Himmel, auf Erden, in Jerusalem, im eigenen Körper — gegenübergestellt ist, so daß ein einziges „Ja" oder „Nein" seine Aufrichtigkeit zur Genüge beweist (5,33-37). Die Neuinterpretation kulminiert in dem Gebot der Feindesliebe (5,43-47), eine Erweiterung der Vorschrift: Du sollst deinen Nächsten lieben (Lev 19,18)[55].

Was bedeutet diese Neuinterpretation? Weil der *Kairos*, die in Jesus erfüllte Zeit der Nähe des Gottesreiches, gekommen ist, soll der Mensch, der an diesem Reich teilhaben will, auch nicht den allerersten Schritt in Richtung auf Übertretung der Gebote tun. Denn die Sünde, so sagt der Seelenkenner Jesus, ist wie ein magnetisches Kraftfeld: Kommt man nur in ihre Nähe, so spürt man schon ihre Anziehungskraft. Deswegen diese Erweiterung der Torah, damit der Mensch seine ungetrübte Entscheidung für das Reich Gottes treffen kann.[56]

Jesus hat mit dieser Interpretation einen Weg beschritten, der sich auch im späteren Judentum als gangbar erwies. Nach rabbinischer Auffassung war eine Zielsetzung der Torah die Heiligung des Lebens, die erreicht werden konnte, indem der Mensch sich Verbotenem entsagte. Was verboten war, stand in der Torah und erstreckte sich auf rituelle wie ethische Heiligung. Damit der Mensch wegen der Verlockungen der Welt die von der Torah gesetzten Grenzen nicht leichtfertig überschritte, machten die Rabbinen eine Umzäunung um die Torah[57], zusätzliche Vorschriften negativen Inhalts[58]. Die also von der Gezerah erweiterten Torahverbote sind meistens dieselben wie die in Matthäus Kapitel 5 angesprochenen. Das Gebot Ex 20,13, nicht zu töten, wird erweitert um das Verbot, einen Menschen öffentlich in Schande zu setzen. Wenn sein Blut zu Kopfe steigt, ist dies so schlimm wie Totschlag. Wer so etwas tut, verliert seinen Anteil an der kommenden Welt[59]. Das Verbot des Ehebruchs (Ex 20,14) wird erweitert, denn der Satz in Hiob 24,15: „Der Ehebrecher lauert auf die Dämmerung; er denkt: Kein Auge wird mich sehen, und eine Hülle legt er aufs Gesicht", lehrt uns, daß auch ein unreiner Blick als Ehebruch ausgelegt werden kann; und der Vers „und nicht den Gelüsten eures Herzens und eurer Augen nachgeht, die euch zum Treuebruch verleiten" (Num 15,39), zeigt, daß ein unreiner Blick und sogar nur ein unreiner Gedanke als Ehebruch zu betrachten sind[60].

Auch der zweite Hauptbegriff des Pentateuch, der Bund, wird im Neuen Testament wieder aufgegriffen und ihm ein neuer Inhalt gegeben. Es handelt sich um die Abendmahlsworte, die alle Synoptiker überliefern. Wir beschränken uns wieder auf den Bericht des Matthäus (26,26-29)[61]. Nachdem Jesus, kurz vor seiner Gefangennahme, beim Passahmahl das Brot gebrochen und unter seine zwölf Jünger verteilt hatte, sagte er: *Nehmet, esset. Das ist mein Leib".* Und während des Trinkens sprach er vom Blut des (neuen) Bundes[62].

Es handelt sich hier um die Fortsetzung und Neuinterpretation des am Berg Sinai geschlossenen Bundes zwischen Gott und Israel (Ex 24). In beiden Ereignissen tauchen zwei Hauptelemente auf: *Mose* errichtet einen Altar und zwölf Mahlsteine nach der Zahl der zwölf Stämme Israels; *Jesus* sitzt mit seinen zwölf Jüngern, den Stämmen Israels entsprechend, an einem Tisch. Am Berge Sinai werden Brandopfer dargebracht und Stiere als Heilsopfer geschlachtet[63]; auf dem Berg bei Gott und mit Gott als dem unsichtbaren, doch numinosen Partner des Bundes, halten die Vertreter des Volkes ein Mahl. Während des Passahmahles nun stiftet Jesus in dem Essen des Brotes und dem Trinken des Weines — einerseits ein fester Bestandteil der Passahandacht des Hausvaters wegen der Befreiung aus Ägypten[64], andererseits der Hinweis Jesu, daß es sich hierbei um seine Dahingabe handelt — eine neue Gemeinschaft zwischen Gott und seiner Gemeinde. Nachdem Mose das Volk mit dem Blut besprengt hatte, sagte er: „Seht, das ist das Blut des Bundes, den der Herr aufgrund all dieser Gebote mit euch geschlossen hat." Die Parallelisierung und Neuinterpretation dieser Worte zeigen sich im Matthäusevangelium: „Denn das ist mein Blut des Bundes, das für viele vergossen wird zur Vergebung der Sünden." Im Sinaigeschehen besiegelte das Blut des Bundes die Gebote der Torah. Matthäus berichtet expressis verbis[65], daß das Blut vergossen wird zur Vergebung der Sünden. Auch wenn die anderen Evangelisten die Worte „zur Vergebung der Sünden" nicht hinzugefügt haben, wird aus der Komposition aller Evangelien deutlich, daß Jesus sein Leben und Sterben zum Heile der verlorenen und sündigen Menschen verstanden hat. Diese Sinngebung hat sich in den Worten „für viele, für euch", welche bei allen Evangelisten vorkommen, niedergeschlagen.

Wir haben hier aber eine andere Traditionskette angesprochen, die ‚Versöhnung' zum Inhalt hat und später im 7. Kapitel im dortigen Zusammenhang noch ausführlich behandelt werden wird.

III. Gott und Offenbarung im Koran

Der Islam begründet ebenso wie im Judentum und Christentum sein Wesen mit der Tatsache, daß der einzige Gott ein Offenbarungsgeschehen als einen dynamischen Mittelpunkt in Gang gesetzt hat. In den Worten der shahada wird dieses Geschehen mit dem (zweiten) Satz umschrieben: *„Und ich bekenne, daß Muhammad der Apostel Allahs ist"* [66]. Beide Glaubenssätze, die Einzigkeit Gottes und die Sendung Muhammads, haben ihre Wurzeln nicht nur im gesamten Textmaterial des Korans, sondern bilden auch während der ganzen Geschichte des Islams das unverrückbare, von niemanden in Zweifel gezogene Fundament. Der Aufruf, täglich fünfmal das Gebet zu sprechen, bekennt den Hauptinhalt der shahada.

Obwohl für die Muslime der Glaubenssatz über die Sendung Muhammads völlig ausreicht, läßt er doch einige theologische Vorbemerkungen zu. Man darf nun nicht daraus entnehmen, daß Muhammad in der Struktur des Korans die gleiche Aufgabe und Bedeutung zukommt, wie Jesus im Neuen Testament. Handelt es sich dort um die vollständige Einmaligkeit dieses Christus,[67] behauptet Muhammad hier nur seine Stellung als gewöhnlicher Mensch, in dessen natürlicher Persönlichkeit keine Offenbarung zu Tage tritt.[68] Er ist nur der von Allah berufene Bote (z. B. Sure 69,40 und 81,19) oder sein Prophet (z. B. Sure 5,81 und 7,157), dessen einzige Aufgabe es ist, die von Allah ihm offenbarten Worte zu verkündigen (Sure 96,1-3).

Das Offenbarungsgeschehen manifestiert sich also in den göttlichen Worten des Korans, und Muhammad hat als passiver Empfänger nur eine Vermittlerfunktion. So bekennt sich auch der zweite Satz der shahada nur zu Muhammad in seiner nicht von ihm selber eingeleiten und ausgeführten Berufung als Verkünder des Korans.

Hierin zeigt sich strukturell das vollständige Modell des ganzen Offenbarungsgeschehens. Der einzige Gott hat im Verlauf der Geschichte zu bestimmten Zeiten und bestimmten Völkern seine Propheten geschickt. Damit hat die Geschichte dank des Eingreifens des einzigen Gottes den Charakter einer Heilsgeschichte bekommen. Schon sehr früh teilt der Koran mit[69], daß Allah schon in den Zeiten vor Muhammad seine Propheten geschickt hat. Ihre koranische Bezeichnung, nabi, verrät, daß Muhammad sich an die biblische Tradition angeschlossen hat[70]. In mehreren Suren werden Listen der in der Vorzeit berufenen Propheten aufgeführt. In der medinischen Periode haben sie ihre endgültige Form und Inhalt bekommen, nicht aber ohne Vorbereitung aus mekkanischer Zeit. Was in Sure 19 (zweite mekkanische Periode) und Sure 17,55 (Ende der dritten mekkanischen Periode)[71] anklingt, findet sich in medinischer Zeit in der Liste der Sure 4,163 wieder. Im Verlauf dieser Entwicklung hat Muhammad sich selbst in diese Liste aufgenommen, so daß Sure 4,163 so aussieht:

„Wahrlich, wir (Allah) haben dir (Muhammad) die Inspiration der Offenbarung[72] eingegeben, genauso wie wir diese Offenbarungsinspiration dem Noah und den Propheten nach ihm eingegeben haben. Und wir haben die Offenbarungsinspiration eingegeben: Abraham, Ismael, Isaak, Jakob, den Stämmen (Isarels), Jesus,

Hiob, Jonas, Aaron und Salomon. Und David haben wir einen Psalter gegeben. "

Dabei fällt auf, daß alle Propheten aus der biblischen Tradition stammen. Doch ist diese Tradition nicht ungebrochen und unverändert in den Koran aufgenommen worden. Denn die erwähnte Liste vertritt eine eigenständige Auffassung der Prophetie. Die ungenaue Chronologie verrät, daß Muhammad seine Kenntnisse nicht aus Dokumenten, sondern aus mündlicher Überlieferung übernommen hat. Dies ist auch der Grund weshalb alle großen Schriftpropheten — mit Ausnahme der legendarischen Jonaserzählung — fehlen. Dies ist um so bemerkenswerter, als Muhammad in seiner Auseinandersetzung mit den ungläubigen Mekkanern die Gewohnheit hatte, seine eigene Botschaft, seine Streitfragen und Probleme mit analogen Erfahrungen der Propheten der Vorzeit zu vergleichen und sie als Zeugen anzurufen. Von Anfang an hat er z. B. die reichen Mekkaner zu Wohltätigkeit gegenüber den Armen und Schwachen aufgerufen und sie gewarnt, das göttliche Gebot zu unterlaufen und sich nicht auf ihren Besitz zu verlassen. Angesichts des hervorgerufenen Spottes hätte er sich auf Amos berufen können[73]. Aber die übliche Bezugnahme auf das warnende Beispiel der göttlichen Strafe vollzieht sich ohne das Amoswort (Amos 6,11 ff.). Daß Jesus in der Liste zwischen den Stämmen und Hiob steht, ist nach islamischem Verständnis nicht so schwerwiegend. Zwar weiß der Koran von der Selbständigkeit des Evangeliums, der von ihm vollzogene Einschnitt in die Geschichte Israels ist aber für ihn nicht so wichtig, um eine besondere Stellung Jesu in der Liste der Propheten zu rechtfertigen.

Wenn wir die Prophetenliste genauer betrachten, läßt sich feststellen, daß die Personen, die zum inneren Kreis des alttestamentlichen Kanons gehören (Torah), weitaus in der Mehrzahl sind, während diejenigen, die dem zweiten Kreis angehören (nebi'im: die frühen und späten Propheten), nur eine kleine Anzahl bilden[74]. Hiob gehört zu einem dritten Kreis, den (hagiographischen) Schriften.

Noch sind wir nicht allen Propheten der Vorzeit begegnet. Muhammad weiß sich zwar als nabi, als einer in der Liste der Propheten, doch spricht die shahada von ihm als einem rasul, einem Boten. Von Allah geschickt, gehört ein rasul der biblischen sowie der arabischen Vorgeschichte an.[75] Die koranische Liste dieser Boten ist weniger umfangreich. Sie enthält aus dem Alten Testament Noah, Lot, Ismael und Mose; aus der arabischen Geschichte Shu'aib, Hud und Salih; sowie Jesus und Muhammad. Wiederum sind die Personen aus dem Kreis der Torah in der Mehrzahl.

Der Unterschied zwischen rasul und nabi ist nicht ausschließlich. Es gibt Gestalten, die sowohl rasul als auch nabi sind, wie z. B. Muhammad selbst. Es hat aber den Anschein, daß Propheten diejenigen sind, die von Gott als Prediger und Mahner zu ihrem Volk geschickt werden. Das Verhältnis zwischen einem rasul und seinem Volk ist aber enger. Zu jeder Gemeinde (umma) schickt Allah nur einen einzigen Apostel (z. B. Sure 10,47; 23,44). Er ist ein Angehöriger jenes Volkes, zu dem er gesandt wird und in dessen Lande er zu ihm redet (Sure 16,36). Diese enge Beziehung zwischen dem rasul und seiner umma läßt sich mit der Lehre der apokryphen Acta Apostolorum vergleichen, nach denen die zwölf Apostel die ganze Welt unter sich verteilt haben, damit jeder einem bestimmten Volk das Evangelium brächte. Im Koran ist also jeder Apostel auch ein Prophet, aber nicht jeder Prophet ist zugleich auch Apostel. Genauso war auch die Auffassung im frühen Christentum. Chrysostomus sagte: *„Ein Prophet kann nicht gleichzeitig Apostel und Prophet sein; aber der Apostel ist durchaus auch Prophet"*[76].

Es fragt sich, ob der besondere Inhalt der koranischen Prophetenliste einen Hinweis auf den Traditionsstrang ergibt[77]. War doch schon die besondere, vom Alten Testament abweichende Zusammenstellung aufgefallen. Nun fehlen aber auch in der Prophetenkette der ebionitischen Judenchristen die großen Schriftpropheten. Zwar fehlen wichtige Gestalten, aber die Zusammenstellung dieser Kette weist in eine Richtung, die der Koran später auch eingeschlagen hat. Die Homilien (17,4) führen ausführlich folgende Personen der prophetischen Sukzession auf: Henoch, Noah, Abraham, Isaak, Jakob, Mose und Jesus[78]. Wiederum fällt auf, daß die überwiegende Mehrzahl aus dem Torahkreis entnommen ist und als Nachfolger der ersten prophetischen Erscheinungsgestalt, des Urmenschen Adam, konzipiert ist — ein Vorgang, den der Koran unverändert weitergeführt hat. Beide gehen von einer gemeinsamen Quelle in dem Urmenschen Adam aus. Koran und ebionitisches Schrifttum kennen auch das autoritative Abschließen der Prophetenreihe, nachdem die prophetische Vervollkommnung erschienen und folgerichtig keine weitere Offenbarung zu erwarten ist. Die ebionitischen Christen haben diesen Kulminationspunkt in Jesus Christus[79], der Koran, laut Sure 33,40, in Muhammad. In beiden Religionen wird daher die prophetische Wahrheit zwar zuerst von der Quelle, im überwiegenden Maße aber von dem prophetischen Kulminationspunkt aus betrachtet, bewertet und umrissen. Dies führte bei der ebionitischen Verbindung Adam-Mose-Jesus zu einer Herabsetzung der großen Schriftpropheten. Angesichts der adamitischen Unwahrheit und der mosaischen Gesetzesoffenbarung haben die Schriftpropheten eine andere, mindere Art von Prophetie gehabt. Sie wurden zwar nicht völlig verworfen, haben aber in ihren Visionen nicht immer Wahres von Falschem unterscheiden können[80]. Ihr Offenbarungscharakter ist nicht unangefochten, wovon mehrere Stellen im Alten und Neuen Testament zeugen. Man denke an den Kampf, den Jeremia gegen die falschen Propheten hat führen müssen, an die Warnungen Hesekiels gegen falsche Prophetie (Hes 13), an eine Stelle wie Sacharia 13,1-6, wo die Eltern eher den Sohn töten sollen, als ihn als Prophet auftreten zu lassen. Dazu kommt die Auffassung Jesu, daß der Kleinste im Himmelreich größer ist als der größte Prophet auf Erden (Mt 11,9-11).

Mit all dem ist zwar kein sicherer Traditionsstrang zum Koran hergestellt, dennoch wirft diese Vorgeschichte ein Licht auf die religiöse Vorstellungswelt, in der Muhammad gelebt hat[81].

Nach der koranischen Prophetenlehre wurden alle Propheten und Apostel mit einer einzigen und einheitlichen Verkündigung zu ihrem Volk geschickt. Bereits früh hat sich diese Lehre gebildet. Wir stellten bereits fest, daß die Allmacht des guten Schöpfergottes und die von den Menschen verlangte Dankbarkeit die Grundlagen der ersten Verkündigung waren. Auf die ungläubigen Mekkaner hatte dieses Argument allerdings gar keinen Eindruck gemacht, zumal der damit verknüpfte Glaube an die Auferstehung aller Toten zum Gericht ihrer Tradition widersprach.

Muhammad mußte also mit überzeugenderen Argumenten ins Feld rücken. So treten in der zweiten mekkanischen Periode die Grundzüge seiner Prophetengeschichte klarer hervor. Sie enthält die Beweise für die Wahrheit der eigenen Verkündigung. Die ganze Vorgeschichte wird nun aus dem Blickpunkt der einheitlichen Verkündigung interpretiert. Aus der zweiten mekkanischen Periode gibt die 21. Sure ein deutliches Bild von den genannten Grundzügen. Die erste Perikope (Vers 1-47) ist eine Kampfansage an Götzendienst und Unglauben. Allah hatte diese Offenbarung schon in den Zeiten vor Muhammad vernehmen lassen, und die Völker, die sie gehört hatten, stehen dafür zur Befragung zur Verfügung (Vers 7). Darauf folgt der Hauptinhalt aller prophetischer Verkündigung: *"Und nicht haben wir vor deiner Zeit einen Boten geschickt, ohne daß wir ihm offenbarten, daß es keinen Gott gibt außer mir. Also dienet mir"* (Vers 25).[82]

Hauptinhalt der prophetischen Verkündigung aller Zeiten ist also kein anderer als der des ersten Satzes der islamischen shahada. Deshalb macht der Koran keinen Unterschied zwischen den Gesandten (Sure 2,285)[83]. Diese Einheitlichkeit bezieht sich auf den Inhalt aller Verkündigung, obwohl zwischen den Propheten Unterschiede des Ranges auftreten können[84], die aber die monotheistische Botschaft nicht tangieren.

Wir stellen hier also fest, daß eine unveränderte Konzentration auf das Bekenntnis zu dem einzigen Gott (tawhid) beobachtet werden kann. Damit ist ein Weg zu einer generalisierenden, universalistischen Einheitlichkeit eröffnet worden.

Die unterschiedliche Rangordnung zwischen den Propheten ist auf eine unterschiedliche Aufgabe zurückzuführen. Diese Aufgaben sind wiederum eine Fortführung biblischer Traditionen. Nach einer dieser Traditionen hat das göttliche Wort sich in einer Heiligen Schrift offenbart[85]. Denn wie Muhammad und der Koran in einer das Prophetenamt mit Leben füllenden Beziehung zueinander stehen, so hatten auch die Propheten der Vorzeit ein Heiliges Buch. Nach der koranischen Auffassung kommt nämlich eine Heilige Schrift nur durch prophetischen Auftrag zu den Menschen. Auch hier sind Ansätze für die Konzentration auf Einheitlichkeit vorhanden. Diese Einheitlichkeit der prophetischen Botschaft entspricht der Manifestation der Offenbarung in einer einheitlichen Schrift. So ist die prophetische Offenbarung wie die Heilige Schrift eine einheitliche. Aus diesem Grunde sagt Muhammad auch zu den Schriftbesitzern (ahl-kitab): *„Wir glauben an das, was zu uns (als Offenbarung) niedergeschickt worden ist und zu euch niedergeschickt worden ist. Unser Gott und euer Gott ist einer. Und ihm sind wir (als Muslime) ergeben"* (Sure 29,46)[86].

Alle offenbarte Schrift stammt aus dem Archetypus, aus der Urschrift, der *„Mutter des Buches"*, die bei Allah ist (Sure 13,39). Wie die vorausgegangenen Schriften ist auch die arabische Offenbarung des Korans in *„der Mutter der Schrift, bei uns, erhaben und weise"* (Sure 43,4).

Drei dieser frühen Schriften werden mit Namen genannt: die Torah, der Psalter und das Evangelium. Die Hauptmomente des Offenbarungsgeschehens haben sich in Torah und Evangelium ereignet.

Die Aussagen über die Torah (tawrat) haben alle in medinischer Zeit stattgefunden, in einer Zeit also, in der Muhammad durch die Nachbarschaft mit den Juden von Medina deutlicher informiert wurde[87]. Die Torah wird in die Reihe der Heiligen Schriften eingeordnet, die Allah als Offenbarung herabgesandt hat (Sure 3,3). An anderen Stellen heißt es, daß dem Mose eine Schrift gebracht wurde (Suren 2,87; 6,91,154). Einige dieser Stellen datieren jedoch aus der Zeit in Mekka (11,110; 17,2; 23,49; 25,35; 28,43; 32,23 und 37,117), so daß man annehmen kann, daß die Offenbarung der Schrift an Mose Muhammad schon früh bekannt war und er den Namen Torah, den er umbildete zum arabischen tawrat, aus den Kreisen der medinischen Juden übernommen hatte.

Von dieser tawrat wird immer wieder betont, daß sie — oder die Schrift des Mose — den Kindern Israels zur rechten Leitung gegeben wurde (17,2; 40,53). Zur rechten Leitung und als Licht für die Israeliten hat sie es allen Propheten, die sich Gott ergeben haben (aslamu[88]) ermöglicht, für die Angehörigen des Judentums urteilsgemäß zu entscheiden (yahkumu, 5,44). Hiermit sind wir auf die drei Begriffe gestoßen, mit denen die Manifestation der Offenbarung in ihrem Wesen festgelegt wird: die Heilige Schrift (kitab), als Merkmal des Prophetenamtes (nubuwwa) und in ihrer Funktion als Urteil (hukm), als Entscheidung zwischen Gutem und Bösem, Erlaubtem und Verbotenem[89]. Danach ist die offenbarte Schrift ipso facto eine rechte Leitung und ein Licht.

Hier hat der Koran die Tradition des Judentums aufgenommen und die Hauptzüge in seiner Weise interpretiert. Bei allen auftretenden Schattierungen bleibt doch die Grundbedeutung des Begriffs Torah: Lehre, Belehrung, Weisung in die richtige Richtung[90]. Im talmudischen Judentum wurde sie das unerschütterliche Gerüst der halakhah, der Gesetzesentscheidungen, die es dem Volk ermöglichten, den richtigen Lebensweg zu beschreiten (halakh). Wurde dort schon die Präexistenz der Torah gelehrt, so hat das apokryphe Buch „Die Weisheit des Ben Sira" dann die Torah mit der präexistenten, personifizierten Weisheit identifiziert (z. B. 1,1-5,26)[91]. Diese Vorgeschichte war vielleicht der Grund, warum der Koran den Bedeutungswechsel von hukm, Entscheidung, in hikma, (hebräisch: hokmah) Weisheit, durchführen konnte. Rav Hoshaiah hatte bereits die Torah ausdrücklich mit der präexistenten Weisheit aus dem Bibelbuch „Sprüche" identifiziert[92]. Der Begriff Torah ist auch berufen, den levitischen Priestern zu einer Entscheidung zu verhelfen (Dtn 17,8 f)[93].

Sprüche 6,23 vergleicht, wie der Koran, die Torah mit dem Licht. Das hat zu der Deutung geführt, daß überall, wo im Alten Testament der Ausdruck „Licht" vorkommt, darunter die Torah zu verstehen sei[94].

In einer verbalen Auseinandersetzung mit den Juden von Medina gesteht Muhammad ihnen zu, daß sie, was sie allerdings nicht täten, die Torah nur zu halten brauchten, um dann die Belohnung im Paradiese auch zu erhalten.[95] Auch hier wird der Traditionsstrom aus der Quelle des talmudischen Judentums gespeist.

Erinnern wir uns daran, daß für denjenigen, der das Herz der Torah, das Shema, mit Überzeugung liest, das Feuer der Hölle gelindert wird. Das Studium der Torah eröffnet für den Juden nicht nur den Weg zur Frömmigkeit, sondern auch zum paradiesischen Garten Eden.[96]

Die Neuinterpretation des Korans setzt ein an der Stelle, wo die Gebote der Torah, das Evangelium und der Koran inhaltlich, übrigens mit der gleichen himmlischen Belohnung verbunden, gleichgesetzt werden.

Diese tawrat hat Allah auch Jesus gelehrt (3,48 und 5,110): Damit wurde es zu einer der Hauptaufgaben Jesu, diese tawrat zu bestätigen (61,6), die, wie Muhammad bereits wußte, Jesus zeitlich als offenbarte Schrift vorausgegangen war. Der Koran hat damit der Torah eine grundlegende Bedeutung beigemessen, die im weiteren Verlauf der Offenbarungsgeschichte uneingeschränkt aufrechterhalten wird.

Der nächste Schritt ist nun das Evangelium (indjil)[97]. Es ist die Offenbarung, die — wie jede Heilige Schrift — gegeben (3,48; 57,27) und Jesus von Allah gelehrt wurde. Wie die tawrat enthält auch das indjil die Rechtleitung und das Licht, so daß Jesus auch in dieser Beziehung die Torah, die vor ihm da war, bestätigte (5,46) und im Einklang mit der Torah Gottes Belohnung im Paradies für die Gläubigen anbietet (9,111). Die Christen werden gemahnt „daß sie urteilskräftige Entscheidungen nach dem, was Allah in dem indjil herabgesandt hat, treffen"[98] (5,47).

Das Offenbarungsgeschehen in tawrat und indjil hat gleiche Bilder vom wahrhaft Gläubigen entstehen lassen: Gläubige sind diejenigen, die sich vor Gott verneigen und niederwerfen „ihr Kennzeichen steht auf ihrer Stirn geschrieben durch die Spur ihrer Niederwerfung" (48,29)[99].

Damit ist, nach koranischer Auffassung, das Wesentliche beider Offenbarungsschriften in Form und Inhalt vereinheitlicht. Das Herzstück ist die Einzigkeit Gottes und die von ihm offenbarte Belehrung der Rechtleitung. Von dieser Einheitlichkeit aus läßt sich die Aussage begründen, daß beide, tawrat und indjil, das Kommen eines Gesandten, eines Propheten für die Welt der Heiden, aussprechen (7,157)[100]. Damit ist die organische Verbindung des die Zeiten umspannenden Offenbarungsgeschehens geknüpft.

Tawrat und indjil — so wie auch später der Koran — sind also festumrissene Schriftkompositionen, die von Gotteswegen auf einen auserwählten Propheten herabgesandt worden sind.

Zwar beinhaltet die koranische Darstellung des indjil weniger die Berichte aus den kanonischen, als vielmehr die aus den apokryphen Evangelien[101], dennoch wird seine Funktion wie die der tawrat beschrieben: und zwar als eine Rechtleitung, deren Vorschriften beachtet werden müssen und nach der entschieden werden muß. Indjil ist gesetzlich festgelegte Rechtleitung für die christliche Gemeinschaft, so wie tawrat sie für die jüdische war und ist.[102]

Viel Forschungsarbeit ist der Frage gewidmet worden, durch welche Kanäle Muhammad ein solches Bild des Evangeliums vermittelt wurde. Daß er einen direkten Zugang zu den evangelischen Schriften in arabischer Sprache hatte, ist wohl kaum anzunehmen[103]. Wahrscheinlich sind also die Texte des Evangeliums mündlich durch die christlichen Gemeinden in Nord-Ost-Arabien, Syrien, in dem Hidjaz und im Jemen überliefert worden. Das waren damals alles Gebiete, in denen der Einfluß der nestorianischen Kirche sich spürbar gemacht hatte. Nach dem jetzigen Stand unseres Wissens hatten Judenchristen in diesen Kirchen Zuflucht gefunden. Dies nimmt auch nicht wunder, wenn man an die Berichte über Heresiarch Nestorius denkt, der in dogmatischer Opposition gegen die paulinische Lehre vorgeschrieben hatte, wie Jesus, auch die Gebote des mosaischen Gesetzes zu befolgen.[104] Auch die ebionitischen Schriften weisen in dieselbe Richtung: Jesus hat das Gesetz, insbesondere den Dekalog, der schon als Urreligion mit der Schöpfung gegeben war und von Mose am Sinai verkündigt wurde, bestätigt. Somit ist die Erfüllung dieses Gesetzes, das Mose verkündigt und das Jesus bestätigt hat, die Vorbedingung des Heils (Rec. 2,20, 21,26; Hom. 3,26)[105].

Noch wichtiger aber ist das von Muhammad selbst geprägte Prophetenbewußtsein, denn aus diesem Bewußtsein hat er letzten Endes seine Interpretation von Torah und Evangelium gewonnen. Wie die vorausgegangenen Propheten bei wichtigen Entscheidungen die Rolle Muhammads gespielt haben, so werden Torah und Evangelium nun anhand dessen, was ihm in der koranischen Schrift offenbart wurde, neu interpretiert. Denn der Koran ist der letzte und entscheidende Schritt in der Manifestation des Offenbarungsgeschehens.

Der Name Qur'an ist bereits eine Entscheidung. Man darf wohl annehmen, daß Muhammad von dem Verbum qara'a, lesen, ein Nomen Qur'an bildete[106]. Damit hatte er für die arabischen Hörer eine Parallelform zu dem syrischen Nomen qeryana hergestellt[107]. Diese Parallelisierung bedeutete im Grunde, daß jetzt in arabischer Sprache ein in der Liturgie feierlich zu verlesender Text göttlicher Herkunft vorlag. Denn in der syrischsprachigen Kirche wurde qeryana für das liturgische Vortragen der Heiligen Schrift verwendet[108]. Mit dieser Bezugnahme war nicht mehr und nicht weniger beabsichtigt, als zu verkünden, daß die Offenbarung göttlicher Worte, die bislang die christliche Gemeinschaft erreicht hatte, sich von nun an auf das arabische Volk ausdehnen würde. Die Idee des liturgisch feierlichen Verlesens hat dem Korantext von den ersten Anfängen in der ersten mekkanischen Periode angehaftet, wie zum Beispiel Sure 73,4 deutlich zeigt.

Zu diesem Zeitpunkt hat sich das göttliche Wort in deutlich-arabischer Sprache offenbart, und auch diese arabische Heilige Schrift ist — wie die früheren — Bestandteil des himmlischen Urbuchs, der Mutter des Buches (43,2-4). Die Parallelisierung mit den früheren Heiligen Schriften erstreckt sich auch auf Wesen und Funktion. Nicht nur ist der Koran eine Barmherzigkeit, sondern er wurde, wie die vorhergegangenen offenbarten Schriften, zu einem Licht, mit dem Allah seine Diener rechtleitet (42,52)[109]

„Das ist der Befehl[110] Allahs, den er zu Euch herabgesandt hat" (65,5).

Wie die früheren Offenbarungsbücher enthält auch der Koran die göttlichen Vorschriften[111], Verordnungen[112] und auferlegten Verpflichtungen[113]. Er schreibt also der islamischen Gemeinde ihre Verhaltensregeln vor, so wie die tawrat den Juden und das indjil den Christen. Damit steht Muhammad — wie den Juden und Christen vor ihm — ein göttliches Gebot zur Verfügung, das ihn instand setzt, urteilskräftige Entscheidungen zu treffen:

„Entscheide[114] zwischen ihnen nach dem, was Allah herabgesandt hat" (5,49).

Nach göttlicher Herkunft, nach Wesen und Funktion versteht der Koran sich für das arabische Volk als die Fortsetzung der Traditionskette offenbarter Schriften. Wie das indjil die tawrat bestätigt hat, ist der Koran eine Bestätigung dessen, was vor ihm an Offenbarung da war (10,37).

Im folgenden soll nach dem Inhalt dessen gefragt werden, was sich im Verlauf der gesamten Heilsgeschichte als Offenbarung kundgetan hat und dadurch den Menschen Rechtleitung und Licht sein konnte. Der Koran bezeugt von sich selbst, er sei al-haqq (32,2-3). Es ist schwierig, in den europäischen Sprachen die richtige Übersetzung dieses Wortes zu finden[115]. Es vereinigt in sich mehrere Bedeutungen; die wichtigste ist: was die unabdingbare Grundlage für das Richtige, das Wirkliche und das Wahre ist. In der arabischen Sprache steht es in absolutem Gegensatz zu batil: das Nichtige, Unbeständige und Lügenhafte[116]. Eine der arabischen Bedeutung des Wortes angemessene Übersetzung wäre: die das Wesen betreffende Wahrheit, die Wahrheit der Wesentlichkeit, die wesentliche Wahrheit, das Wesentliche.

Auch alle anderen vorangegangenen, von den Propheten vorgetragenen Heiligen Schriften werden getreu der Traditionskette des Inhalts Heiliger Schriften als *„die Schrift mit der wesentlichen Wahrheit (2,213)*[117], *nach der zwischen den Menschen ein rechtskräftiges Urteil in Sachen entschieden wird*[118], *in denen sie uneins sind"*, bezeichnet. Allerdings hat der Koran diesen Inhalt neu interpretiert. Aus dem Judentum ist zum Beispiel nicht der gesamte Dekalog übernommen. Ein wichtiger Teil dessen ethischer Gebote fehlt im Koran[119]; aus dem Neuen Testament zum Beispiel das Doppelgebot der Liebe, das Jesus als Hauptinhalt von Gesetz und Propheten verkündet hatte. Nur das Bekenntnis zum Einzigen Gott ist restlos so stehengeblieben.

Insgesamt freilich hat der Koran eine andere Blickrichtung eröffnet und andere Akzente gesetzt, eine Neuinterpretation der Verkündigung des Wesentlichen, das wie das Thema eines Kanons[120] immer aufs neue und gleichlautend von allen Propheten angestimmt worden ist. Dieses Wesentliche ist im göttlichen

Wesen selbst begründet. Nicht nur von den Heiligen Schriften[121], sondern von Gott selbst wird ausgesagt:

"So ist es, weil Allah: Er ist al-haqq; und das, was sie außer Ihm anbeten: — das ist al-bati[122]; und daß Allah-Er ist der Erhabene und der Große" (22,62).[123]

Damit ist der Koran und mit ihm alle früheren Offenbarungsschriften mit der unvergleichbaren Einzigartigkeit des numinosen Wesens des einzigen Gottes in Beziehung gebracht. Wie dieses Wesen von den Menschen nicht erfaßt werden kann, ebensowenig konnte und kann der Inhalt dieser offenbarten Wesenheit von den vorgegangenen Schriften wie vom Koran völlig von zeitlichen Umständen und menschlichen Verhältnissen vereinnahmt werden. Vielmehr tut sich die Kraft eines undefinierbaren Mysteriums kund, die als Licht und Rechtleitung die gläubigen Gemeinden veranlaßt, die richtige Entscheidung zu treffen.

Wer von diesem Mysterium der numinosen Einzigkeit und Einzigartigkeit in Vergangenheit und Gegenwart abgerückt ist, wird vom Koran vorbehaltlos angegriffen. Der Koran korrigiert die Kinder Israels in dem, worin sie uneins sind (27,76). Ebenso legt er Jesus alle diejenigen Worte in den Mund, die die christliche, vom Wesentlichen der göttlichen Einzigkeit abweichende Lehre korrigieren. Jesus ist Diener Gottes (4,172; 43,59) und nicht zusammen mit seiner Mutter ein Gott neben oder wie Allah (5,116-118).

Angesichts solcher Fehlentwicklungen ist die letzte, die arabische Offenbarung die Kulmination und Korrektur der gesamten Traditionen früherer Gemeinden. Ihre wahren Schriften kann sie nicht korrigieren, denn sie waren al-haqq, wohl aber jede Interpretation und Fälschung, die dieses Wesentliche in Frage gestellt haben. Muhammad, dessen Prophetenamt laut shahada mit dem Bekenntnis der Einzigkeit verknüpft ist, ist nun das *"Siegel des Propheten"* (33,40); und das Wort des Korans ist die entscheidende Aussage (86,13)[124]. Die Manifestation der Offenbarung hat sich auf den Kern konzentriert[125]. Ein Kern übrigens, den der Mensch nie erfassen kann, denn kein Wesen, kein Ding ist ihm gleich (112,4 bzw. 42,11).

Die Traditionskette des Bundes wird im Koran weitergeführt. Wie in der vorangegangenen Tradition beinhaltet der Begriff „Bund" ein Rechtsverhältnis zwischen zwei Bundesgenossen. Die beiden arabischen Worte, die Muhammad im Koran gebraucht, kommen aus der arabischen Rechtssprache[126]. Im religiösen Bereich handelt es sich nicht um eine Übereinkunft zwischen zwei gleichberechtigten Partnern, sondern um Allahs Initiative und gesamte Entscheidungsmacht, um seine Gestaltung des Offenbarungsgeschehens. Nach Sure 33,7 hat Allah mit einigen Propheten, denen dadurch eine Sonderstellung eingeräumt wird, einen Bund geschlossen[127]. Obwohl Muhammad die chronologische Reihenfolge kennt, führt er sich selbst in dieser Reihe an:

„Als wir von den Propheten ihren Bund entgegennahmen. Von dir und von Noah, Abraham, Mose und Jesus, dem Sohn der Maria. Wir nahmen von ihnen einen festen Bund entgegen."

Über Inhalt und Zielsetzung dieses Bundes mit den Propheten sagt Sure 3,81 weiteres aus[128]. Diese ganze dritte Sure wurde in den Jahren 2 und 3 nach der Hidjra in Medina offenbart, nach dem Sieg der Muslime über die Mekkaner in der Schlacht bei Badr, in einer Zeit also, als Muhammad auf die Hilfe der Juden in Medina nicht mehr unbedingt angewiesen war. Die kulminierende Funktion Muhammads fängt an, sich auszuprägen.

„Als Allah den Bund (mithaq) mit den Propheten entgegennahm."

Dieser Bund hat zum Inhalt:

„Wenn ich euch eine Schrift und eine Weisheit gebe und darauf ein Apostel (rasul) zu euch kommt, der bestätigt, was schon bei euch vorhanden ist, dann müßt ihr an ihn glauben und ihm helfen."

Der Bund mit den Propheten ist also die Gestaltung derselben Offenbarung, die in den Heiligen Schriften bekundet und von Muhammad in ihrer Wesentlichkeit bestätigt wurde. Denn kein rasul wurde vor Muhammad geschickt, dem Allah nicht offenbarte: *„Es gibt keinen Gott außer mir: Dienet mir!"* (21,25).

Gegen Ende der mekkanischen Zeit, besonders aber in Medina, berichtet Muhammad über einen Bund mit den Kindern Israels, der inhaltlich genau den Vorschriften entspricht, auf die auch Muhammad seine Gläubigen verpflichtet hat. Sie gehen zurück auf einige Gebote des Dekalogs, denen Muhammad einige typische Pfeiler des Islams hinzugefügt hat, wie etwa in 2,83:

„Und als wir den Bund mit den Kindern Israels entgegennahmen: Dienet keinem, außer Allah[129]*. Die Eltern*[130] *und die Verwandten sollt ihr gut behandeln*[131] *sowie die Waisen*[132] *und die Armen*[133]*."*
— *„Und sprich Gutes zu den Menschen*[134] *und verrichte das Gebet (salat)*[135] *und entrichte die Almosensteuer (zakat)*[136]*..."*

Eine andere Inhaltsumschreibung findet sich in Sure 5,12. Hier ist die Angleichung an die koranischen Glaubensvorstellungen in verstärktem Maße durchgeführt worden. Es werden zwar für Israel die zwölf Obermänner[137] erwähnt, aber dann folgen typisch koranische Begriffe: salat, zakat, Glauben an die Apostel Allahs mit dem Auftrag, ihnen beizustehen, Aussicht auf das Paradies im Falle, daß man Gott ein gutes Darlehen gibt[138]. Muhammad selber hatte seine eigenen Gläubigen, wie die Schriftbesitzer, aufgerufen, ihm beizustehen 7,157[139]. Die beiden erwähnten Inhaltsumschreibungen werfen ein Licht auf die Art und Weise, wie Muhammad die biblische Vergangenheit und seine eigene Berufung in einer Gesamtschau beleuchtet, wobei die Interpretationsmitte immer in die koranische Offenbarung gelegt wird.

Es wird auch über den Berg Sinai, auf dem der Bund geschlossen wurde, berichtet (Ex 19,16-18). Einer dieser Verse lautet: 2,93[140]:

„Und als Wir euren Bund entgegennahmen und den Berg über euch emporhoben (und sagten): „Haltet mit Kräften an das, was Wir euch gegeben haben und hört", sagten sie: „Wir hören und sind widerspenstig".

Der vorangegangene Vers hatte kurz die Geschichte der Anbetung des goldenen Kalbs durch die Israeliten erzählt, daher die unmittelbare Erwähnung ihres Ungehorsams. Im übrigen zeigt das Emporheben des Berges, wie sehr Muhammad durch jüdische Traditionsquellen informiert wurde. Im Traktat Shabbat 88a ist nämlich zu lesen:

"Sie standen am Fuße des Berges... Das lehrt, daß Gott den Berg über ihnen schüttelte, als ob er ein Bottich wäre und zu ihnen sagte: ,Wenn ihr die Torah annehmt, so ist es gut und wenn nicht, so sei hier euer Grab'"* [141].

Die Betonung des Hörens ist ein Widerhall einiger Hauptsätze der jüdischen Liturgie und des jüdischen Glaubens. Der zentrale Platz des *"Höre Israel!"* (Dtn 6,9) wurde bereits erwähnt. Auch wäre an Dtn 5,24 zu denken: *"Und wir haben seine Stimme aus dem Feuer heraus gehört."*

Für die koranische Gegenwart aber hat dieser Bund freilich an aktueller Bedeutung verloren, weil die Juden ihn verworfen haben (2,100; 3,187; 4,155).

Auch wird den Juden Unglauben an die Zeichen Allahs, das Töten der Propheten und ihre Aussage: *"Unsere Herzen sind unbeschnitten"* (4,155) [142] vorgehalten.

Der Koran erwähnt auch einen Bund Gottes mit den Christen (5,14) und überhaupt mit allen Schriftbesitzern (3,187). Hierüber wird aber nichts Näheres mitgeteilt. Die Abendmahlsworte und ihre Bedeutung im Neuen Testament, dem Bund des vergossenen Blutes, fehlen im Koran; diese Traditionskette ist nicht aufgenommen worden.

Statt dessen wird nun ein neuer Bund mit den Gläubigen gestiftet. Wenn sie ihren Glauben bewahrt hätten, würde der Bund mit den früheren Gemeinden des einzigen Gottes noch Bestand haben; diesen Vorwurf nimmt Muhammad gleichzeitig zum Anlaß, der eigenen Gemeinde in einer kritischen Lage [143] vorzuhalten, daß Allah einen Bund nur schließt, wenn die Gemeinde gläubig ist (57,8). Der Bund ist eine Wohltat, eine Gnade seitens Allahs, und Muhammad fordert die Gläubigen auf, jetzt die richtige Antwort zu geben: *"Wir hören und gehorchen"* (5,7). Sie sollen die Fehler der Juden, die damals auf Gottes Bund antworten: *"Wir hören und sind widerspenstig"* (2,93 und 4,46), nicht wiederholen. Dieser jetzige neue Bund legt auch den Gläubigen einige Verpflichtungen auf: Sie sollen das Vermögen der Waisen nicht antasten, volles Maß und Gewicht geben, von niemandem mehr verlangen, als dieser zu leisten vermag und in einer Aussage gerecht sein (6,152). Der Vers 16,91 fügt noch das Gebot hinzu, nicht eidbrüchig zu werden. Dies alles sind aus dem Alten Testament und der jüdischen halakhah bekannte Gebote,[144] arabischen Verhältnissen angepaßt.

---

27 *Vriezen* a. a. O. S. 181, ist der Meinung, daß die Idee des Bundes sich am meisten durchgesetzt hat, und zwar besonders unter Einfluß des Deuteronomiumbuches.
28 *von Rad* a. a. O. I S. 145.
29 Man vergleiche: Ex 2,24; Lev 26,42; Ps 105,9; Jes 29,22; 51,2; Lk 1,55, 73; Röm 4, 3, 9, 12; Hebr 6,13; 11,8; Koran 33,7, Abraham ist ein Prophet, mit dem Allah einen Bund errichtet hat; 22,78 ihr Vater Abraham; 3,33; 4,54; 19,58; 57,26 die Nachkommenschaft Abrahams ist erkoren.
30 So: *Martin Buber*: Moses, 1946, passim.
31 Man beachte: Der biblische Freiheitsbegriff ist nie abstrakt und ist kein unbestimmter Hohlraum. Freiheit hat immer zwei zusammenhängende Komponenten: Befreiung aus Sklaverei, Sünde und Ungerechtigkeit sowie Freiheit zum Dienste Gottes, zur Gerechtigkeit, zur Liebe. Diese Beziehung außer Kraft zu setzen bedeutet die Verstümmelung und das Ende der Freiheit und auf der anderen Seite Abbau der kreativen und konstitutiven Werte.
32 Vgl. für die kritische Durchforschung der historischen Tatsachen: *Siegfried Herrmann*: Geschichte Israels, München 1973, S. 63-81 und 97-115.
33 Die fünf Bücher, die Mose zugeschrieben wurden.
34 *Rainer Albertz*: Weltschöpfung und Menschenschöpfung, Stuttgart, 1974. Das Schöpfungshandeln Jahwes ist kein einheitlicher Begriff: Zu unterscheiden sind Weltschöpfung als das beschreibende Lob und Menschenschöpfung, die die Zuwendung Jahwes zu seinem Geschöpf zu beschwören versucht. Diese Unterscheidung hat für die Theologie weitreichende Folgen. Der Zusammenhang zwischen Gottes Wohltat und Schöpfung steht damit nicht mehr an erster Stelle. Vielmehr geht es um Gottes Handeln mit den Menschen in der (gemeinsamen) Geschichte. Eine Diskrepanz mit den Ergebnissen der modernen Physik ist dadurch teilweise beseitigt (vgl. dazu: *Pascual Jordan*: Der Naturwissenschaftler vor der religiösen Frage, Hamburg 1968-72, und Schöpfung und Geheimnis, 1970).
35 Sanh 56 a.
36 Gen 15,6: he'emin vom Wortstamm aman mit der Grundbedeutung: fest, zuverlässig sicher, vertrauenswüdig sein. Die Hifil-Form bedeutet: sich sicher wissen, Glauben haben und mit dem Akkusativ: einen als zuverlässig ansehen, einem Glauben schenken (vgl.: *Köhler-Baumgartner*: Lexicon in Veteris Testamenti Libros, Leiden, s. v. 'amn).
37 Gen 22: Die Härte dieser Probe wird voll ersichtlich, wenn man bedenkt, daß Gott Abraham eine große Nachkommenschaft verheißen hatte, Isaak aber der einzige Sohn war, wie Vers 2 betont, den Abraham deswegen sehr lieb hatte, und natürlicherweise nach dem Tod des einzigen Sohnes kein weiteres Kind mehr zu erwarten war. Hatte er nicht schon in Betracht ihres — Sarahs — hohen Alters bei der Verheißung Isaaks gelacht? (Gen 17,17).
38 *Vriezen* a. a. O. S. 185.
39 *Jochanan Bloch*: Das anstößige Volk, Heidelberg, 1964. S. 59 und 182 interpretieren Ex 19,5 f „mamlechet kohanim" im Vergleich mit 2 Sam 8,18 und 1 Chron 18,7 und 1 Kön 4,5: „kohen" bedeutet im Bezug auf den König der „Erste zur Hand des Königs" oder „des Königs Nächster" (vgl. *Buber* S. 125).
40 „Torah min ha-shamayim", Sanh 10,1.

42

[41] Shab 89 a.

[42] Rabbi Simeon der Gerechte verkündete die Torah als eines der drei Dinge, durch das die Welt ihren Bestand hat (Avot 1,2).

[43] Diese Gefahr wurde psychologisch-semantisch noch akzentuiert durch die Tatsache, daß die griechische Übersetzung des Alten Testaments, die Septuaginta, „torah" mit „nomos", Gesetz, und auch die lateinische Bibel sie dementsprechend mit „lex" übersetzen.

[44] Shab 31 a.

[45] Die 4 Evangelien zusammen bilden ein Spektrum mit zwei Brennpunkten in denen einerseits die Synoptiker (Matthäus, Markus und Lukas) und das Johannesevangelium andererseits stehen. Sie verkörpern zwei Traditionen. Die Synoptiker gehen zurück auf gemeinsame Materialien, die zuerst bei Markus verwendet, die aber jeweils mit eigenem Material angereichert wurden. Trotzdem ist jedes Evangelium nicht etwa unvollständig, sondern enthält einen vollständigen Bericht des Kerygmas.

[46] Details, die hier nicht behandelt werden können, machen klar, daß Matthäus sein Evangelium für Zuhörer aus dem Judentum geschrieben hat.

[47] Man bedenke, daß sich im rabbinischen Judentum die Tendenz durchsetzte, der mündlichen Torah, die die Exegese der Rabbinen enthält, denselben Offenbarungscharakter wie der Torah des Mose zu verleihen. Beide gehen auf die Offenbarung auf dem Sinai zurück *(A. Cohen:* Everyman's Talmud, London—New York 1961, S. 146).

[48] *Kittel:* Theologisches Wörterbuch zum Neuen Testament, Bd. V, S. 898.

[49] Ein Verfahren, das im rabbinischen Denken sehr oft angewandt wurde: „Durch zehn Worte wurde die Welt geschaffen; es gab zehn Generationen von Adam bis Noah; zehn von Noah bis Abraham; von zehn Versuchungen wurde unser Vater Abraham heimgesucht; zehn Wunder wurden unseren Vorfahren in Ägypten und zehn im Meer vorgeführt; mit zehn Plagen hat der Heilige, gesegnet sei er, die Ägypter in Ägypten und mit zehn im Meer heimgesucht." Pirkei Avot 5,1-5.

[50] Vgl. *Hans-Joachim Schoeps:* Theologie und Geschichte des Judenchristentums, Tübingen 1949, S. 93-94.

[51] Ein Aspekt, der m.E. in der Beurteilung der Bedeutsamkeit der Torah im Neuen Testament durch *Stauffer* (Die Theologie des Neuen Testaments, Genf 1945, S. 72ff.) nicht genügend beachtet worden ist. Obwohl der Satz: „Der Weg der Torah ist ein Irrweg oder er ist ein Weg zu Christus" im Grunde richtig ist, übersieht er, daß die von Gott offenbarte Torah z.B. von Paulus als gut angesehen wird. Der Fehler liegt also nicht bei der Torah, sondern im Verhalten der Menschen (Röm7, 13-26). Dies sollte man heute im Dialog mit dem Judentum beachten!

[52] A.a.O. S. 93.

[53] Ich ziehe diese übliche Übersetzung der Züricher Bibel vor: Dort wird „metanoeite" (4,17) mit „Tut Buße" übersetzt. Beide gehören zwar zusammen, aber der Begriff des Judentums ist „teshuvah": Die Rückkehr zu Gott, von der die Buße nur ein Teilstrich ist. „Gott ruft Israel auf, zurückzukehren und sich nicht mehr zu schämen, dies zu tun, weil ein Sohn sich nicht schämt, zu seinem Vater, der ihn liebt, zurückzukehren" (Dtn R. 2,24 vgl. Lk 15, 11-32).

[54] Im jüdischen Glauben wurde der Gottesname als zu heilig empfunden, als daß ein sündiger Sterblicher ihn aussprechen dürfte. In der spätbiblischen und apokryphen Literatur wurde der Gottesname von anderen Begriffen ersetzt. Einer davon war „der Himmel". Von dort ist diese Bezeichnung in das Neue Testament übergegangen.

43

55 Lev 19,18 kennt nicht die bei Mt hinzugefügten Worte: und deinen Feind hassen. Übrigens, die Psalmen sprechen vom Haß denjenigen gegenüber, die Ungerechtigkeit, Falschheit und Lügen lieben (81,16; 101,3; 119,104 usw.).

56 Eine Diskussion darüber, ob man die Gebote der Bergpredigt abstrakt, losgelöst vom kommenden Reich, sehen könne, ist überflüssig. Die von den Gläubigen geforderte Anstrengung fällt nicht in den Bereich der generellen Psychologie — obwohl sie gut beraten wäre, davon Kenntnis zu nehmen —, sondern ist eine neue Aufgabe, ,,das Licht der Welt, das Salz der Erde'' zu sein in der Krisenzeit des Anbruchs einer neuen Ordnung. In dem Zusammenhang wird auch der Schlußvers der Perikope verständlich: Ihr nun sollt vollkommen sein, wie euer himmlischer Vater vollkommen ist (5,48).

57 Gezerah.

58 Gezerah gehört zu dem juridischen Verfahren, das die Rabbinen takkanah genannt haben. Es gehört zu der Autorität der halakhitischen Lehrmeister, neue Normen und Direktiven aufzustellen. Takkanah hat meistens einen positiven Charakter, indem sie eine neue Pflicht oder Norm auferlegt (vgl. Artikel ,,Takkanot''. Encyclopaedia Judaica, 1971, Vol. 15, S. 712).

59 T. Z. Baba Mezia 59a.

60 Lev R. 23,11; vgl. Solomon Schechter: Aspects of Rabbinic Theology; New York, 1961, S. 212f, der vermutet, daß der Satz Mt 5,21,27: ,,Ihr habt gehört'' mit einer talmudischen Formel zu tun hatte (Mechilta 81b, 82b, 84a).

61 Mk 14, 22-25; Lk22, 15-20; vgl. 1Kor 11, 23-25.

62 Mt 26,28: mein Blut des Bundes; Mk 14,24: mein Blut des Bundes; Lk 20,22: der Kelch ist der neue Bund in meinem Blut; 1Kor 11,25: der Kelch ist der neue Bund in meinem Blut. — Außerhalb dieser Abendmahlsworte kommt der Begriff Bund, ,,diatheke'', in den Evangelien nur noch in Lk 1,72 vor: Gott hat sich seines Bundes erinnert. Der neue Bund ist also eng mit dem Abendmahl verknüpft.

63 Ein Beispiel für ein sehr altertümliches Communioopfer.

64 ,,Dies ist das Brot des Elends, das unsere Väter im Ägyptenland gegessen haben'', lautet die Erklärung des Hausvaters. Es ist nicht zu kühn, wenn wir Jesu ‚Funktion‘ beim Passahmahl als die eines Stellvertreters Gottes in der neuen Bundschließung betrachten.

65 Also anders als die übrigen Evangelisten und Paulus: Mk 14,24: das Blut des Bundes, das für viele vergossen wird; Lk 22,20: der Kelch ist der neue Bund in meinem Blut, das für euch vergossen wird; 1 Kor 11,25: der Kelch ist der neue Bund in meinem Blut. Lukas aber berichtet, daß die Taufe Johannes des Täufers eine Taufe der Bekehrung und der Vergebung der Sünden war (3,3). Matthäus nennt hier nur die Taufe als Bekenntnis der Sünden (3,6), was aber wohl ihre Vergebung mit einschließt (vgl. Mk 1,5).

66 rasul allah: Apostel, Gesandter, Sendbote. Entspricht dem im Neuen Testament gebrauchten Terminus apostolos. Auch im Alten Testament schickt Gott (shalah) seine Propheten. Die syrisch sprechende Kirche hat als terminus technicus für Gesandter, Sendbote, Apostel das Wort sheliha. Der Wortstamm slh ist das nordsemitische Äquivalent für das südsemitische rsl (vgl. Arthur Jeffery: The Qur'an as Scripture; New York 1952, S. 19-20).

67 Das ganz besondere Thema des Hebräerbriefes (6,4; 9,7; 26,27; 28 u.s.w.; vgl. Erich Grässer: Der Glaube im Hebräerbrief; Marburg 1965, z. B. S. 206: Es ist schon immer als eine Besonderheit unseres Briefes aufgefallen, daß er wie kein zweiter im NT Christus a) in seiner höchsten Würde und b) in seiner tiefsten Niedrigkeit hart nebeneinanderstellt.

68 Er ist also kein Engel, hat keine übernatürlichen Qualitäten, 6,50; 7,188; ist nur ein Menschenkind, 18,110. Man glaubt ihm nicht, weil er nur ein menschlicher Bote ist 17,94; 21,3; 74,25.
69 Seit der zweiten mekkanischen Periode.
70 Das Wort nabi — Prophet — ist aus dem hebräischen nabi oder aramäischen nebi'a entlehnt worden. Während der ganzen mekkanischen Periode hat Muhammad die Übernahme unverändert benutzt. Erst in den Suren medinischer Zeit hat er daraus den Plural anbiya gebildet (vgl. *Josef Horovitz*: Koranische Untersuchungen, Berlin, Leipzig 1926, S. 47 f. und Handwörterbuch des Islam, Leiden, Art.: Nabi).
71 In der Numerierung der Verse besteht keine Einheitlichkeit. Die westliche Orientalistik übernahm meistens die Numerierung von Flügel, der sie seinerseits derjenigen muslimischer Gelehrter aus Basra anpaßte. In letzter Zeit hat sich aber die Numerierung der sog. Orientalischen Version durchgesetzt. Sie wird in allen neuen Übersetzungen (z. B. *Paret*) und auch hier benutzt.
72 awhayna, die IV. Form des Verbs waha. Sie hat im Koran zwei Bedeutungen: „das Lautwerden einer inneren Stimme" und „eine Inspiration von außen erhalten". Muhammad hat die zweite Bedeutung als eine allen Propheten zuteil gewordene Erfahrung angenommen. Weil diese Erfahrung ausschießlich von Gott ausgeht, ist die Bedeutung fast identisch mit nazzala (anzala): „(das göttliche Wort) herunterschicken" (vgl. *Jeffery* a.a.O. S. 52ff.).
73 Man vergleiche Amos 2,6-7 mit Sure 107,2. Ihr gemeinsames Thema: Unterdrückung der Schwachen ist Ungerechtigkeit; oder: Amos 6,1 mit Sure 71,21: ein falsches Vertrauen auf eigenen Besitz statt auf Gott.
74 Die Hauptgestalten sind hier David und Salomo, die im alttestamentlichen Kanon zu den frühen Propheten gehören. Im alttestamentlichen Kanon liegt ein Schwerpunkt auf der Torah, dem Pentateuch, als dem unmittelbar von Gott offenbarten Wort. Den zweiten Kreis bilden die frühen (von Josua bis Königsbücher) und die späteren (von Jesaja bis Maleachi) Propheten. Diese Propheten aktualisieren die Torah, rufen zu ihrer Erfüllung auf und warnen vor Ungehorsam. Der dritte Kreis (vom Psalter bis zu den Chronikbüchern) umfaßt die Festrollen, die Liturgie und diejenigen Schriften, die zu spät entstanden sind, um noch in den Prophetenkreis aufgenommen werden zu können — wie Daniel und die Chronikbücher (*Otto Kaiser*: Einleitung in das Alte Testament).
75 Anders als nabi gehört das Wort rasul zum festen Bestand der arabischen Literatur. Im profanen Sinn bedeutet es: Gesandter.
76 Migne: Vol. I., col. 92 (vgl. *A. J. Wensinck*: The Muslim Creed, Cambridge, 1932, S. 203ff.).
77 Auch wenn es gelänge, in diesem Fall den Traditionsstrang einwandfrei zu rekonstruieren, bliebe dennoch die eigene selbständige Interpretation, die Muhammads Neugestaltung war, unangefochten.
78 *Schoeps* a.a.O. S. 105.
79 Hom 3,20; Rec 2,22 (vgl. *Schoeps* a.a.O. S. 108ff.).
80 Hom 2,7 (vgl. *Schoeps* a.a.O. S. 160).
81 *Jeffery* a.a.O. S. 79; A. *Schlatter*: Die Entwicklung des jüdischen Christentums zum Islam, in: Evang. Miss. Magazin, 1918, S. 251-264; G. *Strecker*: Das Judenchristentum in den Pseudoklementinen, Berlin 1958. *Jean Danielou*: Etudes d'exégèse Judéo-chrétienne (Théologie Historique), Paris 1966 (vgl. ders.: Théologie du Judéo-Christianisme, Tournay, 1958); *Shlomo Pines*: The Jewish Christians of the Early Centuries of Christianity According to a New Source, Jerusalem 1966. *M. E. Boisnard*: Evangile des Ebionites et problème synoptique, Revue Biblique, No. 3. Juillet 1966, S. 321 ff.

82 Vergleiche aus der gleichen Periode Sure 20,14, wo Gott zu Mose sagt: „Wahrlich, ich bin Allah; es gibt keinen Gott außer mir; also dienet mir..."
83 Der Vers lautet: „Und wir machen keinen Unterschied." Das „Wir" bezieht sich vielleicht auf Gott, wahrscheinlicher aber auf die Gläubigen, so *Régis Blachère:* Le Coran, Paris, 1951, III, S. 816, *Yusuf Ali:* The Holy Coran, Beirut, 1968, S. 116 und *Kramers:* De Koran, Amsterdam, 1956, (vgl. auch hier *Rudi Paret:* Der Koran, zur gleichen Stelle). *Maulana Abdul Majid Daryabadi:* Holy Quran, Karachi, 1970, S. 50.
84 *Horovitz* a.a.O. S. 39. Siehe z.B. Sure 2,253: „Wir haben die einen von ihnen vor den anderen ausgezeichnet" *(Paret).* Diejenigen, die zwischen den Boten keinen Unterschied machen, werden ihren Lohn erhalten (Sure 4,152).
85 Diese biblische Auffassung hat eine lange Vorgeschichte. Wie *Jeffery* bemerkt: „*The idea that written documents entered into the relations between the divine and the human is to be found very early in the religious history of the Near East*", a.a.O. S. 9.
86 Mit *Paret* meine ich diese Übersetzung der *Kramers* vorziehen zu müssen. Dieser übersetzte: „Wir glauben an den (Gott), der zu uns niedergeschickt hat...", a.a.O. S. 379. Wie *Paret* übersetzen *Yusuf Ali,* S. 1041, und *Daryabadi,* S. 403.
87 Vgl. für diesen Lebensabschnitt Muhammads: *Rudi Paret:* Muhammad und der Koran, Urban TB, Stuttgart 1957, S. 102-110.
88 aslamu, = islam bekundet haben.
89 Vgl. *Horovitz* a.a.O. 72f.: hukm im Sinne von „Entscheidung" ist echt arabisch. Der Bedeutungswechsel hukm-hikma — Weisheit — hat sich erst unter fremdem Einfluß vollzogen. In der hikma des Korans sieht H. einen Nachklang der Sophia, Weisheit, um die Salomo gebeten hatte (Sapientia Salomonis 9,10).
90 Das Nomen Torah wird vom Stamm y-r-h gebildet. In der Hifilform bedeutet es: Lehren, belehren (Lev 10,11). „The word (Torah) is used in different ways but the underlying idea of „teaching" is common to all" E. J. 15, S. 1235.
91 Die Präexistenz der Weisheit verkündet bereits das Buch „Sprüche" Kap. 8, besonders die Verse 22-31.
92 Gen R. 1,1.
93 Dt 17,11: al pi ha-torah.. ta'aseh: aufgrund der Aussprache der Torah ... sollst du handeln.
94 *Heinrich Speyer:* Die biblischen Erzählungen im Qoran, Hildesheim — New-York 1971, S. 297.
95 Sure 5,66. Vgl. auch Sure 9,111. Der Vergleich beider Verse weist auf die zukünftige Belohnung im Jenseits hin. *Paret* II S. 126.
96 *Cohen* a.a.O. S. 386.
97 Das koranische Wort indjil ist eine arabisierte Form des griechischen euangelion. *Nöldeke* hat als Traditionskanal das äthiopische wangel angenommen (Neue Beiträge, 47). Siehe dazu auch *Arthur Jeffery:* Foreign Vocabulary of the Qur'an, Baroda 1938, S. 71f. Wort und Begriff haben Muhammad durch christliche Kreise erreicht. Das Wort indjil wird im Koran zwölfmal erwähnt.
98 Wiederum das gleiche Verbum, dem wir bereits bei der Ermahnung an die Adresse der Juden begegnet sind (yahkumu) (Sure 5,44).
99 Vgl. hierzu die Besprechung des ganzen Verses, in dem, aller Wahrscheinlichkeit nach, auch ein Gleichnis aus den synoptischen Evangelien angesprochen wird: *Paret,* II S. 453.
100 al-nabi al-ummi: wahrscheinlich nicht der „Illiterat", wie *Kramers:* „de ongeleerde profeet" übersetzt (a.a.O. S. 149). Besser scheint die Erklärung von *Wensinck* (a.a.O. S. 6) und *Horowitz* (a.a.O. S. 51-53), nach der ummi die Hei-

denvölker bedeutet im Gegensatz zum Volk Israel, das seine eigenen Propheten hatte. Nach jüdischer Lehre sind auch zu den Heidenvölkern Propheten geschickt worden. Sie hatten aber nicht eine so enge Beziehung zu Gott wie die Propheten Israels (Gen R. 52,5). Auf jeden Fall hat Muhammad sich als Prophet für das arabische Volk (umma), das noch keine Offenbarung erhalten hatte, verstanden (vgl. *Paret*, II S. 21-22).

101 Siehe dazu das Handwörterbuch des Islam, Art. indjil und Encyclopaedia of Islam[2], Brill, Leiden, Art: indjil.

102 Deswegen werden Juden und Christen im Koran ahl al-kitab, — Leute der Schrift — genannt. Vgl. *Jeffery: Qur'an as Scripture*, S. 66-67.

103 *G. Graf: Geschichte der arabischen Literatur* I, Vatikan 1944.

104 *Pines:* a.a.O. S. 43, der die Schrift Toldot, S. 48f und 85f als Belegstelle zitiert. „A passage in this section (Toldot) seems to corroborate the hypothesis that the Nestorian Church included Jewish Christians or crypto-Jewish Christians. However, the point requires further investigation."

105 *Schoeps:* a.a.O. S. 112.

106 *Horowitz* a.a.O. S. 74.

107 *Jeffery* a.a.O. S. 67.

108 *Jeffery: Foreign Vocabulary*, S. 234.

109 Vgl. auch 17,9: der Koran leitet zu dem, was richtig ist; 27,77: ist eine Rechtleitung und Barmherzigkeit; 72,2: der auf den rechten Weg leitet.

110 Amru. *Paret* übersetzt: „Anordnung".

111 4,13: hudud Allah: die von Allah gesetzten Grenzen, die der Mensch nicht überschreiten darf.

112 4,12: wasiyya min Allah.

113 4,11: farida min Allah: was von Seiten Allahs auferlegt worden ist.

114 Wieder das gleiche Verb wie bei Juden und Christen (hkm).

115 *Paret:* Wahrheit, Ullman-Winter (München o. J.), so auch *Yusuf Ali:* Truth, Muhammad Marmaduke Pickthall (New York, 1955) Savary: vérité, *Blachère:* vérité (Paris, 1949). *Kramers* dagegen übersetzt: het wezenlijke (das Wesentliche).

116 Lane a.a.O. I. S. 607.

117 al-kitab (die Schrift) bi'l-haqq; vgl. 13,1.

118 Wiederum yahkumu.

119 W.M.Watt: „The ethical part of the decalogue is almost entirely ignored. There is no mention of respect for parents, for life, for marriage, for property, or for thruthfulness in witness; only to the avoidance of covetousness is there something analogous, but there are differences there too", Muhammad at Mecca, Oxford, 1953, S. 71. Diese ganze Ethik ist aber implizit vorhanden; sie ist aufgenommen in den sog. heilsamen Werken, die nicht aufgezählt werden, weil sie spontan aus dem Glauben erwachsen.

120 Um dieses musikalische Bild zu ergänzen, möchte man hinzufügen: ein reiner Kanon, fast ohne jegliche fugatische Durcharbeitung.

121 Und damit wird jede Gestaltung der Offenbarungswahrheit al-haqq genannt, vgl. z.B. 47,3 und 103,3.

122 „das Nichtige ohne Bestand", *Paret:* „Lug und Trug", *Yusuf Ali:* „vain Falsehood".

123 Siehe auch 18,44; 22,6; 24,25; 31,30.

124 Nach dem Kommentar von *Yusuf Ali:* die Gutes von Bösem trennt.

125 Auch das Judenchristentum war völlig auf die Herrschaft des einzigen Gottes konzentriert. Vgl. *Schoeps* a.a.O. S. 108.

126 Die zwei Worte sind: 'ahd, ein Nomen des Verbs 'ahida = erfüllen, vorschreiben, bedingen und in der dritten Form: einen Bund, Vertrag schließen.

Daher hat das Wort ahd die Bedeutung: Ordnung, Verpflichtung, Vertrag, Bund. Und mithaq, verbunden mit dem Verb wathiqa = Vertrauen in einen haben. In der dritten Form: mit einem einen Vertrag, Bund eingehen. Mithaq ist also der eingegangene Vertrag oder Bund. Vgl. *Horowitz* a.a.O. S. 51 und *Jeffery* a.a.O. S. 32.

127 Im arabischen Text: *mithaq. Paret* übersetzt mit: Verpflichtung. Im Hinblick aber auf die nicht zu verkennende Wiederaufnahme des biblischen Bundesbegriffs scheint mir die Übersetzung „Bund" die angemessene zu sein. *Horowitz:* „Muhammad folgt hier dem biblischen Text (Gen 9,9; 17,7; Ex 34,11; Lk 22,20 usw.) und gibt das biblische berit bzw. diatheke ... mit mithaq wieder" (S. 51). *Yusuf Ali* übersetzt: covenant, *Kramers:* verbond, *Blachère:* alliance.

128 Vgl. für textkritische Schwierigkeiten und Übersetzungsmöglichkeiten bei *Blachère* III, 877-78. Der Sinn aber ist klar und fügt sich ohne weiteres in das generelle koranische Gebilde der Offenbarungsgeschichte.

129 Vgl. Ex 20,2-3.

130 Vgl. Ex 20,12.

131 Ich vermute hier eine Interpretation von Lev 19,18: Du sollst deinen Nächsten lieben wie dich selbst. Der Nächste (re'a) steht in diesem Vers parallel zu Volksgenosse bene-'amekha.

132 Vgl. Dt 24,17.

133 Vgl. Ex 23,6.

134 Ich vermute hier eine Interpretation von Ex 20,16.

135 Salat ist der terminus technicus für das rituelle Pflichtgebet, das der Muslim fünfmal Tag und Nacht vorzugsweise in der Moschee hinter dem Gebetsleiter (imam) beten soll.

136 Zakat ist ein koranischer Begriff. Er umfaßt sowohl die Liebesgaben für alle Notdürftigen, wie auch die Steuer für die innere und äußere Aufrechterhaltung der islamischen Gemeinde. Endgültige Ziele werden in 9,60 genannt.

137 Es bleibt unklar, wer damit gemeint ist. Die 12 Führer aus Num 7,2 oder die 12 Kundschafter aus Num 13,2; siehe *Speyer* a.a.O. S. 347f. und *Paret* II S. 117.

138 *Yusuf Ali* kommentiert: „Spending in the cause of God", vgl. 2,245 Anm. 276, a.a.O. S. 245 Anm. 710.

139 Siehe auch 3,81.

140 Vgl. z.B. auch 2,63; 4,154; 7,171.

141 *Speyer:* a.a.O. S. 303-4.

142 Zur Sache dient Lev 26,41: ihr unbeschnittenes Herz.

143 Die 57. Sure wurde in einer kritischen Lage des Propheten offenbart. Nachdem er im Jahr 622 die Stadt Mekka verlassen mußte und mit seiner Gemeinde Zuflucht in Medina gefunden hatte, war er dennoch vor militärischen Angriffen der Mekkaner nicht sicher. Tatsächlich wurde im Verlauf der nächsten Jahre der Konflikt auch auf dem Schlachtfeld ausgetragen; vgl. *Paret:* Mohammed und der Koran, S. 113-36. Ausführlich W. M. Watt: Muhammad at Medina, Oxford University Press, London.

144 Z.B.: die Welt wird von drei Dingen instand gehalten: Gerechtigkeit, Wahrheit und Frieden (Avoth 1.18); vgl. *Judah Goldin:* The living Talmud, The Wisdom of the Fathers, New York 1964, S. 75.

5. Kapitel

Der einzige Gott und das Heil

Die Offenbarung des einzigen Gottes in Judentum, Christentum und Islam ist ein in vielen Gestaltungen sich manifestierendes Geschehen. Diese Offenbarung muß dementsprechend hier von verschiedenen Seiten beleuchtet werden. Alle Gedanken und Glaubensaussagen, vernommene und beantwortete Gottesworte, sind empfundene Gottestaten, die in einem inneren Zusammenhang ein vielgegliedertes Spektrum bilden. Wenn die einzelnen Aspekte auch getrennt behandelt werden, muß dennoch immer die Gesamtstruktur beachtet werden. So steht auch der Begriff „Heil" nicht losgelöst von anderen Begriffen. Dennoch soll unmittelbar nach der Manifestation der Offenbarung vom Heil gesprochen werden, denn Offenbarung bedeutet grundsätzlich Heil.[145]

I. Der einzige Gott und das Heil im Alten Testament

Das Alte Testament berichtet vom Heil, das Jahwe dem Volk Israel hat widerfahren lassen. Diese Heilserfahrung ist aufs engste mit den Geschichtstaten Jahwes verknüpft. Die kanonischen Bücher des Alten Testaments haben dieses Heilsgeschehen in einigen bekenntnismäßigen Zusammenfassungen beschrieben, wofür der Bericht in Dtn 26,5-9 grundlegend ist:[146] *„Ein umherirrender Aramäer war mein Vater; der zog hinab mit wenig Leuten nach Ägypten und blieb daselbst als Fremdling und ward daselbst zu einem großen, starken und zahlreichen Volke. Aber die Ägypter mißhandelten uns und bedrückten uns und legten uns harte Arbeit auf. Da schrien wir zu dem Herrn, dem Gott unsrer Väter, und der Herr erhörte uns und sah unser Elend, unsre Mühsal und Bedrückung; und der Herr führte uns heraus aus Ägypten mit starker Hand und ausgestrecktem Arm, unter großen Schrecknissen, unter Zeichen und Wundern, und brachte uns an diesen Ort und gab uns dieses Land, ein Land, das von Milch und Honig fließt ..."*

Das gleiche Bekenntnis wird in Jos 24 anläßlich der Erneuerung des Bundes in Sichem wiederholt. Die Berufung Abrahams steht am Anfang, diesmal mit der Begründung, daß sein Vater Terah anderen Göttern diente. Endpunkt ist wieder der Einzug Israels in das verheißene Land. Alle darauf Bezug nehmenden Erzählungen berichten über das Heil, das Jahwe in dieser Zeitspanne offenbart hat. Abraham wird aus seinem Land und aus seiner Sippe abberufen, damit aus ihm ein ganzes Volk entstehe und er selbst gesegnet werde und in seinem Namen alle Geschlechter der Erde gesegnet seien (Gen 12). In der Geschichte über Mose offenbart sich Jahwe als der Gott, der das unterdrückte Volk aus der Sklaverei Ägyptens befreit hat (Ex 20,1). Das Ziel ist ein gesegnetes Leben in dem Lande, das von Milch und Honig fließt.

Es ist zu bemerken, daß diese auf den inneren Kreis der Torahbücher beschränkte Zeitspanne als die Zeit der wirklichen Heilsgeschichte angesehen wurde[147].

Diese Zeitspanne beginnt mit einem großangelegten Auftakt. Zuerst in der Schöpfungsgeschichte: Ihr Höhepunkt ist die Erschaffung des Menschen nach dem Bild und Gleichnis Gottes und dem von Gott abgeleiteten Mandat, über die anderen Geschöpfe zu herrschen. Nachdem Gott Mann und Weib nach seinem Bilde erschaffen hat, segnete er sie (Gen 1,26 f.).

Der zweite Schwerpunkt der Heilstaten Gottes in dieser Episode ist die Rettung des gerechten Noah und seiner Familie aus der Bestrafung seiner frevelhaften Zeitgenossen. Inmitten eines schweren Gerichts wird zugleich das rettende und bewahrende Handeln Gottes erkennbar. Die Erzählung endet mit dem Noah und seinen Söhnen zugesprochenen Segen und der Errichtung eines Bundes mit allen nachfolgenden Geschlechtern des Inhalts, daß Gott alles, was lebt, nicht nochmals vernichten wird (Gen 6,5-9.17)[148].

Um die Struktur des alttestamentlichen Heilsglaubens richtig zu verstehen, muß festgestellt werden, daß das Heil nicht primär in der Schöpfung verankert ist. Von Jahwes Weltschöpfung berichten erst jüngere Texte. Obwohl es nicht vertretbar ist, die Tatsache der Spätdatierung der Schöpfungsberichte generell in ihrer Relevanz zu pauschalieren, gewinnt sie dennoch ihre volle Bedeutung bei dem exilischen Propheten Deuterojesaja, bei dem die nachweislich hohe Bedeutung beider Schöpfungstraditionen — Menschen- und Weltschöpfung — für das Verhältnis Jahwe-Israel zustande gekommen ist.[149] Deuterojesaja hat offensichtlich die Schöpfung als ein Heilsereignis verstanden, spricht er doch von Jahwe als „dein Erlöser und dein Schöpfer" (Jes 44,24)[150]. Er bezieht das heilsgeschichtliche Handeln Jahwes in eine allumfassende Gesamtschau mit ein. Mensch, Erde und Himmel hat er formiert (Jes 45,11 f.), und seine Erlösung Israels aus Ägypten samt des Schilfmeerwunders liegt in der gleichen Perspektive wie der Kampf mit dem Chaosdrachen und die Zurückdrängung des Urwassers (Jes 51,9 f.). Genauso werden in einigen Psalmen (74; 77; 89)[151] die geschichtlichen Heilstaten Jahwes mit seinem Schöpfungswerk in Verbindung gebracht.

Damit hat die Schöpfung — wie in den frühen orientalischen Kulturen — aufgehört, Mythe zu sein. Schöpfung ist Geschichte, Heilswerk Jahwes, hat einen festumrissenen zeitlichen Ablauf, kann sich aber nach den Aussagen des Alten Testaments nie verselbständigen, nie von der Heilsgeschichte ablösen. Die Schöpfung wurde nicht zur Ur- und Grundinterpretation des Heils der Menschen und die Welt nie aus diesem Zentrum heraus verstanden. Die Schöpfung wurde von dem Standort der Heilsgeschichte Israels her betrachtet. Lediglich die Weisheitsliteratur hat beide auf die gleiche Ebene gerückt. Hier ist das göttliche Wort, das den Menschen zum Heil und Leben ruft, dasselbe, das schon bei der Schöpfung als Weisheit die Kreaturen umspielt hat[152]. Dennoch ging im allumfassenden Glaubensverständnis Israels die Blickrichtung vom Kraftfeld der Heilsgeschichte zur Schöpfungsgeschichte[153].

Diese organisch zusammengewachsene Gestaltung des Heils weitet sich aus im Bund Jahwes mit David, in der Bestätigung Davids und seines Thrones für alle Zeiten. Sie sind zum Leitmotiv der theologischen Geschichtsschreibung geworden, die nicht nur eine theologische Geschichtsinterpretation beinhaltet, sondern auch als Heilserwartung eng mit einem gesalbten König, einem Messias, verknüpft ist. Das Ganze ist durchaus ein Heil, das sich in menschlicher Geschichte verwirklicht, denn nirgendwo wird die Davidsgestalt, obwohl religiös idealisiert, in die Bereiche des mythologischen Königtums erhoben.

Davids Heilsbedeutung ist begründet in der prophetischen Nathanweissagung (2Sam 7). Obgleich hier, textkritisch betrachtet, Schwierigkeiten vorliegen, wird das Neue, die weitere Dimension des Heils, doch deutlich sichtbar. Es ist die Verheißung[154], als örtlichen Mittelpunkt des Heils ein Haus (Tempel) zu bauen und so seine Königsherrschaft über Israel zu festigen. Der Bund mit David beruht auf dem Verhältnis, nach dem Jahwe der Vater des Messias (Gesalbten) und David ihm Sohn sein soll. Dieser Bund ist dem menschlichen Partner aber nicht ohne Pflichten auferlegt. Der gesalbte König soll von nun an genau auf den Wegen Gottes gehen, seine Gebote halten, Gerechtigkeit üben und tun, was recht ist in den Augen Jahwes. Die Möglichkeit des Funktionierens dieses Bundes wurde am Beispiel Davids gezeigt.

Wiederum gestaltet ein Bund die Kontinuität des Heils. Der Davidsbund tritt mit dem Sinaibund nicht in Konkurrenz, sondern ergänzt ihn. Die Torah bleibt das Fundament, erweitert durch die messianische Heilserwartung.

Damit hat die Reihe der Heilstaten Jahwes ihr vorläufiges Ende gefunden. Nach dem Tode König Salomons bricht eine Periode nationaler Kalamitäten herein:

Zehn Stämme spalten sich von Jerusalem ab und bilden das Nordreich mit dem Namen Israel[155]. Diesem Staate war aber kein langes Leben beschert. Seine Hauptstadt fiel, nach mehreren politischen Krisen, im Jahre 722/21 in die Hände der Assyrer[156]. Auch die übriggebliebenen zwei Stämme, das Reich Juda, wurde von Katastrophen heimgesucht und eilte seinem Ende entgegen: Die babylonische Macht eroberte im Sommer des Jahres 586 Jerusalem, plünderte und zerstörte es weithin. Die Periode des ersten Tempels, der Eigenstaatlichkeit seit den Tagen der Landnahme, war zusammengebrochen, die Zeit des Exils hatte angefangen[157].

So wurden die klassischen Gestaltungen des Heils in erschreckender Weise in Frage gestellt und aufs neue nach ihrem Wert und ihrer Ausstrahlungskraft befragt.

Diese Aufgabe fiel den großen Schriftpropheten zu. Sie haben die grundlegende Bedeutung der klassischen Heilstaten nicht geleugnet, wurden aber gezwungen, sie in der Auseinandersetzung mit dem Ungehorsam, der Ungerechtigkeit und der Sünde des Volkes neu zu bekunden. Die neue Gestalt des Heils konnte nur jenseits von Katastrophe und verdientem Gericht gefunden werden. Obwohl die Sünde in der Schöpfungsgeschichte, in den Tagen Noahs und während der Wüstenwanderung sich als menschliche Komponente dem göttlichen Heil gegenüber manifestiert hatte, konnten die Propheten nicht mehr umhin, das neue Heil mitten im und nach dem Gericht zu suchen. Neu akzentuiert wurden dabei die Traditionsketten der Erlösung und Versöhnung, die in den nächsten Kapiteln zur Sprache kommen müssen.

II. Der einzige Gott und das Heil im Neuen Testament

Evangelium (euangelion) bedeutet: „Frohe, gute Botschaft." Alle Schriften des Neuen Testaments verkünden in unterschiedlichen Traditionen und in verschiedenen, von Zeit und Umwelt geprägten Begriffen als Herzstück das in Jesus Christus geschehene Heil Gottes. Dieses Heil steht in einem festen Zusammenhang mit der alttestamentlichen Reihe der Heilstaten Jahwes. Diese Tradition wird sowohl weitergeführt als auch neu interpretiert.

Dieser doppelte Vorgang, Fortsetzung der Traditionskette und ihre Neuinterpretation, wird besonders dort deutlich, wo die Texte eine Brücke zum Alten Testament schlagen. Das ist in den Vorgeschichten bei Matthäus und Lukas der Fall. Matthäus stellt seine Geburt in die genealogische Reihe derjenigen, die im alttestamentlichen Credo mit den Heilstaten Jahwes verbunden waren: Abraham und David. Als Fortsetzung dieser Tradition wird der Name Jesus erklärt: der sein Volk von ihren Sünden retten wird[158] (1,21). Seine Geburt ist die Erfüllung der Prophetie des Jesaja (7,14), denn in ihm wird verwirklicht, daß Gott mit uns ist — Immanuel (Mt 1,23).

Auch Lukas spricht von Fortsetzung und Erfüllung. Im Magnificat der Maria (1,46-56) wird auf die Heilstaten Jahwes in der Vergangenheit Bezug genommen.[159] Es kulminiert in dem Bekenntnis, daß die Jahweverheißung an Abraham und seinen Nachkommen erfüllt worden ist, indem er sich Israels angenommen und in seiner Barmherzigkeit an Israel gedacht hat. Im Benedictus des Zacharias (1,68 ff.) — formell ein Hymnus auf die Geburt Johannes des Täufers, dem Inhalt nach wahrscheinlich als wegweisender Auftakt für das öffentliche Wirken Jesu komponiert[160] — wird der Begriff des Rettens und des Heils dreimal (69, 71, 77) gebraucht. Der Gott Israels hat sein Volk erlöst und ein Horn des Heils aufgerichtet (1,69)[161]; es ist, wie die Propheten verkündet haben, eine machtvolle Rettung aus den Händen der Feinde. In dieser Weise hat Jahwe seines Bundes gedacht, des Eides, den er Abraham geschworen hat. Die verheißungsvolle Vorgeschichte gipfelt in der Geburt Jesu. Die Davidtradition wird nochmals aufgenommen, und die Engel bekunden, daß der sooter — der Retter, der Heiland, der Gesalbte, der Herr — in der Stadt Davids geboren ist (2,11)[162].

Dieser Doppelvorgang — Fortsetzung und Erneuerung der Tradition im Sinne der Erfüllung — läßt sich auch im Prolog des Johannesevangeliums (1,1-18) feststellen. Kraftfeld dieser Neuinterpretation ist seine Hauptverkündigung: In Jesus Christus hat sich die Heilsgeschichte der Juden erfüllt[163]. Zwei Leitgedanken spielen im Prolog eine Hauptrolle: das Wort und das Gesetz. „Das Wort war im Anfang bei Gott; alles ist durch das Wort geworden; in ihm war das Leben, und dieses Leben war das Licht für die Menschen; das Wort ward Fleisch und wohnte unter uns." Das Gesetz ist durch Mose gegeben worden, die Gnade und die Wahrheit sind durch Jesus Christus gekommen. Obwohl die Sprache gnostische und hellenistische Einflüsse verrät, ist es dennoch möglich, diese Aussagen innerhalb des Traditionskontinuums der jüdischen Gedankenwelt zu verstehen. Das Wort, das am Anfang bei Gott war, durch das alles geworden ist und das Leben und Licht für die Menschen war, weist auf die Schöpfungsgeschichte in Genesis 1 hin. Es handelt sich hier um das schöpferische Wort des einzigen Gottes, des Gottes Israels, dessen Funktionen außerhalb des Genesisberichtes besonders in den Psalmen und bei den einzelnen Propheten hervorgehoben sind[164]. Aber in diesem Wort klingen noch weitere Bedeutungen mit. Es ist nicht die Rede vom Wort Gottes, sondern vom Wort in einem absoluten Sinne, das — präexistent — „bei Gott" (1,2) als eine Art selbständige Person vorgestellt wird. Die gleiche Vorstellung hatte sich im jüdischen Glauben hinsichtlich der Torah entwickelt. Und diese präexistente Torah wurde mit der Weisheit (besonders aus Sprüche 8) identifiziert. Eine alte jüdische Tradition berichtete, daß die Torah im Himmel bei Gott war, noch bevor Gott sie dem Mose offenbarte und sogar noch bevor Gott die Welt schuf. Das apokryphe Buch „Die Weisheit des Ben Sira" identifizierte diese Torah mit der präexistenten Weisheit[165]. Wenn wir nun auf die begriffliche Übereinstimmung der Verse 14 und 17 des Prologs achten, dann läßt sich folgendes erklären. Diese Torah wurde Mose gegeben, die Gnade und die Wahrheit sind durch Jesus Christus gekommen. Dies ist nicht absoluter Gegensatz, sondern vielmehr Erfüllung. Jesus Christus ist die neue Torah in Gnade und Wahrheit. Denn das präexistente Wort ist in ihm Fleisch geworden, so daß die Herrlichkeit Gottes[166] unter den Menschen sein Zelt aufgeschlagen hat (eskènoosen). Die Offenbarung der Torah an Mose wird aufgegriffen und überboten. Wie das Antlitz Mose nach Empfangnahme der Gesetzestafel strahlte als Widerschein der Herrlichkeit Jahwes (Ex 34,35), so wird in dem fleischgewordenen Wort die volle doxa Gottes offenbar. Und wie Jahwe unter den Kindern Israels in der Wüste sein Zelt aufgeschlagen hat (z.B. Num 9,17), so wohnt er jetzt unter allen Menschen. Die neue Heilsgabe besteht in „Gnade und Wahrheit", dem leitmotivischen Bindeglied zwischen den Versen 14 und 17.[167]

Im Prolog wird das Heil grundsätzlich in dem göttlichen Urwort verankert. Es hatte sich bereits in der Schöpfung — in ihrem Licht — und der Mose offenbarten Torah manifestiert. Dieser sich also offenbarende Gott ist der Schöpfer des Kosmos, denn nur als sein Schöpfer kann er ihn lieben (3,16). Unter diesen Aspekten betrachtet, geht eine Blickrichtung von der Quelle des schöpferischen Urwortes bis zur Erfüllung im fleischgewordenen Wort. Dennoch liegt in dieser Perspektive nicht die volle Bedeutung. Während diese Sicht sich entfaltet, treten sofort die Schatten des Negativen auf. Dem Lichte stellt sich die Finsternis gegenüber, und zwar in solch unerschütterlichem Maße, daß der Täufer verneint, das Licht zu sein, sondern nur Zeugnis davon ablegen kann. Auch die Torah des Mose steht unter dem Zeichen des „noch nicht". Sie ist keine Gnade und Wahrheit. Das wahre Wort, das wahre Licht, das jedem Menschen leuchtet und das der Kosmos nicht erkannte, die wahre Torah ist das in Jesus Christus fleischgewordene Wort. Damit eröffnet sich eine die erste Blickrichtung überbietende Perspektive: Kosmos und Torah werden erst in dem Geschehen in Jesus Christus endgültig beleuchtet[168].

Das Neue Testament setzt die Reihe der geschichtlichen Heilstaten Gottes fort. In seiner Gesamtredaktion haben wir zwar ein kaleidoskopisches Spektrum unterschiedlicher Berichte[169], dennoch lassen sich einige Hauptlinien klar herausarbeiten.

Die synoptischen Evangelien haben die Heilsbedeutung Jesu auf drei Stufen seines Lebens konzentriert: seine Geburt (nur bei Matthäus und Lukas), die Zusammenfassung seiner Taten und seine Botschaft und die Heilsbedeutung von Kreuz und Auferstehung.

Über seine Geburt wird nur in Matthäus (1,18-25) und Lukas (1,26-38) berichtet. Beide Erzählungen haben gemeinsam, daß die Jungfrau Maria von einem Engel — Lukas kennt auch seinen Namen: Gabriel — besucht wurde und ihr verkündet, daß das Kind, das sie gebären wird, vom Heiligen Geist erweckt worden ist.

Legendarische Züge werden nicht hinzugefügt. Nur wird kurz Josef, der Mann, mit dem sie verlobt war, genannt, besonders um seine Scheu und seine Bedenken auszuräumen. Beide Erzählungen haben zum wirklichen Ziel die Verkündigung der Heilsbedeutung des Kommens Christi. Matthäus sagt dazu: Er wird sein Volk retten von ihren Sünden (1,21) und Lukas: Dieser wird groß sein und Sohn des Höchsten genannt werden, und Gott der Herr wird ihm den Thron seines Vaters David geben, und er wird König sein über das Haus Jakobs in Ewigkeit, und seines Königtums wird kein Ende sein (1,32-33)[170].

Das Heilige, das gezeugt wird, wird Sohn Gottes genannt werden (Lk 1,35). Solche Worte wollen verkündigen, daß das menschliche Leben Jesu durch eine besondere Schöpfungstat

Gottes angefangen hat, die vom Heiligen Geist vollbracht wurde. Auch in Psalm 104,30 wird die Schöpfungstätigkeit Gottes von seinem Geiste bewirkt [171]. Und werden nicht letztlich die Geburten Isaaks, Simons, Samuels und des Heilsträgers in den jesajanischen Prophetien einer besonderen Intervention Gottes zugeschrieben? [172]

Dieser Traditionsreihe ist gemeinsam, daß in Zeiten der Krise oder der großen Entscheidungen Gott auf besondere Weise seine erwählten Träger des Heils in die Welt kommen läßt. Das Neue Testament stellt das Auftreten Jesu, sein Heilswerk in eine Zeit der Krise. Fast alle seine Bücher, besonders die synoptischen, verstehen seinen Lebensgang als die entscheidende Konfrontation mit der Macht des Bösen. Alle drei Synoptiker lassen seine Tätigkeit mit der Versuchung durch den Satan anfangen (Mt 4,1-11; Mk 1,12-13; Lk 4,1-13). Diese Komposition will besagen, daß Jesus zu der Auseinandersetzung mit dem Satan befähigt war, nachdem er getauft und mit dem Heiligen Geist erfüllt war. Es bleibt aber nicht bei diesem Anfang. Lukas vermeldet ausdrücklich, daß, nachdem Jesus die Versuchung durchstanden hatte, der Teufel von ihm abstand bis zu gelegener Zeit (Lk 4,13). Diese Zeit bricht bald an. Sobald Jesus begonnen hat, öffentlich aufzutreten, sammeln sich um ihn alle Geplagten, Leidenden, Kranken und Sündhaften; darunter auch diejenigen, die nach Auffassung dieser Zeit mit Dämonen besessen waren, Leute, die wir heute Geistesgestörte nennen würden. Bei der Austreibung der Dämonen stellt sich heraus, daß Jesus sich wieder mit der Heeresmacht der Dämonen konfrontiert sieht. Die unreinen Geister haben ihn erkannt: Der Heilige Gottes, der gekommen ist, sie zu verderben (Mk 1,24 ff.) [173]. In seiner Rechtfertigung einer Heilung am Sabbattage führt Jesus an, daß er gekommen sei, die Kinder Abrahams aus den Fesseln des Satans zu befreien (Lk 13,16). Als die bösen Geister sich seinen Jüngern unterwerfen, die er ausgesandt hatte mit dem Auftrag, die Kranken zu heilen und zu ihnen zu sagen: *„Das Reich Gottes ist euch genaht"*, sagt Jesus: *„Ich sah den Satan wie einen Blitz vom Himmel fallen"* (Lk 10,18). Aber nicht nur in dem Kampf mit den Dämonen, auch bei der Verkündigung sucht der Satan das Wort, das unter die Zuhörer gesät worden ist, wegzunehmen

(Mk 4,15). Somit steht das ganze Werk Jesu samt seiner Verkündigung vor dem Hintergrund eines fortdauernden Kampfes mit den Mächten des Bösen, eine Erlösung, die sich auch in der Bitte des „Vaterunser" niedergeschlagen hat.

Wenn Jesus durch den Geist Gottes die Dämonen austreibt, ist dies ein Zeichen, daß das Reich Gottes erschienen ist (Mt 12,28). Auch die übrigen Wunder werden von den Synoptikern in demselben Zusammenhang erzählt. Matthäus berichtet, daß Jesus umherzog, das Evangelium des Reiches verkündigte und jede Krankheit und jedes Gebrechen heilte (9,35). Die zwölf Apostel werden ausgesandt mit dem Auftrag, das Reich Gottes zu predigen und zu heilen (Lk 9,2). Die Heilung der Kranken, die Auferweckung von den Toten, die Austreibung von Dämonen, all das gehört zu dem eschatologischen Geschehen des nahegekommenen Gottesreiches. Es sind die Zeichen der entscheidenden Heilstat Gottes, die die Macht des Bösen zerbricht und den ganzen Menschen heilt.

Einige Erzählungen lassen vermuten, daß die gegenseitige Bezogenheit zwischen Verkündigung und Heilung auf dem ihnen gemeinsamen machtvollen Wort beruht. Durch das gebieterische Machtwort ziehen die Dämonen aus, wird der Mensch von seinem unreinen Geist befreit, wird der Taubstumme geheilt (Mk 1,25,41; 7,34). Dieses Machtwort kann nur durch den Geist oder die Kraft Gottes wirksam werden. Die Erzählung der Heilung des Taubstummen (Mk 7,31-37) fügt hinzu, daß Jesus betend zum Himmel aufsah, seufzte und erst danach das Machtwort ephatha aussprach. Die Wundertaten stehen also nirgendwo vereinzelt da, sondern weisen immer auf das nahegekommene Reich hin, das sich in der Person Jesu, in seinem Wort und seiner Tat verwirklicht. In diesem ganzen eschatologischen Geschehen handelt letzten Endes Gott in und durch Jesus. Es liegt kein einziger Bericht vor, der vermeldet, daß die Wunder und Heilungen automatisch als eine Art magische Kraftübertragung vonstatten gehen. Die Heilungen setzen einen Glauben voraus (z.B. Mt 8,2.10; 9,2; Mk 5,34; Lk 5,20). Wo dieser Glaube nicht vorhanden ist, kann auch keine Heilung oder Wundertat zustande kommen (Mk 6,5-6). Dieser Glaube richtet sich auf Gott, der in Jesus diese eschatologische Heilstat vollbringt, das Ganze aber als Heilszeichen des nahegekommenen Reiches. Die in der Apostelgeschichte aufgezeichnete Missionsverkündigung hat den gleichen Themenkreis. Jesus wurde von Gott mit dem Heiligen Geist und mit Kraft gesalbt; er tat Gutes und heilte alle, die vom Teufel überwältigt waren, denn Gott war mit ihm (10,38). Er ist von Gott beglaubigt worden durch machtvolle Taten, Wunder und Zeichen (2,22). Eine gleichartige Begründung für die Autorität des prophetischen Amtes kennt auch der Koran. In dieser Beziehung ist beachtenswert, daß die Apostelgeschichte den Titel Prophet in einigen Texten besonders hervorhebt (3,22 und 7,37). Er kommt in zwei Predigten vor, in der von Petrus und in der von Stephanus. In beiden Kompositionen wird auf eine Verheißung an Mose Bezug genommen, die lautet:

„Einen Propheten wie mich wird dir der Herr, dein Gott, erstehen lassen aus der Mitte deiner Brüder" (Dtn 18,15 ff.). Der Vers in 7,37 hat denselben Bezugskreis. Durch Mose hat Gott das bedrängte Volk befreit, und er hat seinen Propheten zeitlebens durch Wunder und Zeichen in Ägypten, am Roten Meer und in der Wüste vor aller Augen bestätigt. Und diesem in solcher Weise bestätigten Propheten wurde ein ebenbürtiger Nachfolger verheißen. Jesus hat durch seine Wunder und Zeichen den Beweis erbracht, daß er dieser verheißene Prophet war.[174] Die Parallelisierung der Heilstaten läßt vermuten, daß Jesus als der neue Mose, sein Werk erfüllend und überbietend, angesehen wurde.

Die synoptischen Evangelien berichten auch von einer Heilung, die stattgefunden hat, nachdem Jesus dem Gelähmten seine Sünden vergeben hatte (Mk 2,1 ff., par. Mt 9,1-8; Lk 5,17-26). Das von Jesus gesprochene Machtwort: *„Kind, deine Sünden sind dir vergeben"* löst, anders als die gelegentlichen Heilungen, den Widerstand der Schriftgelehrten aus. Sie beziehen sich auf die allgemein anerkannte jüdische Lehre, daß nicht ein Mensch, sondern nur Gott die Sünden vergeben kann,[175] eine Auffassung, der auch nicht von Jesus widersprochen worden ist. Denn auf die Frage der Jünger, wer dann noch gerettet werden kann, nachdem der Besitz einem Reichen den Eintritt in das Gottesreich versperrt hat, antwortet Jesus, daß diese Rettung bei den

Menschen unmöglich, nur bei Gott aber möglich sei (10,27). In der Auseinandersetzung mit den Schriftgelehrten handelt es sich grundsätzlich um die Vollmacht Jesu *(exousia Vers 10)*, die Heilstaten Gottes zu verwirklichen. Das Bindeglied zwischen diesen beiden Gestaltungen der *exousia* ist das Stichwort „leichter" (2,9 vgl. 10,25). Augenscheinlich ist das Machtwort der Sündenvergebung — deren Verwirklichung niemand nachprüfen kann — „leichter" als die Heilung. Die nachfolgende Heilung vor aller Augen beweist — wie die Wundertaten das Prophetenamt bestätigen —, daß der Sohn des Menschen die *exousia* hat, auf Erden Sünden zu vergeben. Beide, die Heilungen mit Wundertaten — sogar die Auferweckung von Toten — sowie auch die Sündenvergebung, sind Aspekte einer allumfassenden Vollmacht Jesu, den Menschen das eschatologische Heil des Gottesreiches zu verleihen.

Hier haben wir einen Traditionsstrang berührt, der das Geschehen von Sünde, Vergebung und Versöhnung beinhaltet. Obschon diese Gestalt der Heilstat nur auf Kosten der Verstümmelung der neutestamentlichen Verkündigung beiseite gestellt werden kann — das Heil in Christus ist unlöslich mit seinem Leiden und Sterben verbunden —, müssen wir auch hier, damit wir den Gleichtritt mit der koranischen Verkündigung und Jesusgestalt im Auge behalten, abbrechen.

Da aber eine der Grundvoraussetzungen der koranischen Botschaft die Überzeugung ist, daß sich die Heilsgeschichte Gottes auch nach Jesus fortgesetzt hat [176], ist noch ein kurzer Blick auf die lukanische Gestaltung der Heilsgeschichte nützlich. Lukas betont besonders, daß die Geschichte Jesu der Anfang der endzeitlichen Heilsgeschichte ist [177]. Die Naherwartung ist etwas zurückgetreten, statt dessen wird eine neue Heilsgeschichte entworfen, die ihren Lauf in der Kirche bis an das Ende der Zeiten entfaltet. Diese Tatsache tritt besonders in der Apostelgeschichte hervor. Ausführlich wird über das Auftreten Jesu auf Erden, samt seinen Wundertaten und Kräften gesprochen. Nicht ausführlich erwähnt wird aber die erlösende Bedeutung seines Leidens und Sterbens. Wohl aber, daß Gott ihn auferweckt und erhöht hat. Seine hervortretenden christologischen Namen sind Prophet und Knecht Gottes. Jesus als Prophet und Diener Gottes, seine Erhöhung durch Gott nach seinem Lebensende sind alles Themen, die auch der Koran ausdrücklich betont. Sie sind aber eingebettet in die eigenständige koranische Gestaltung des Heils, der wir uns nun zuwenden wollen.

III. Der einzige Gott und das Heil im Islam

Der Islam ruft zum Heil auf: einen Aufruf, den der *muadhdhin* fünfmal pro Tag vom Minarett hören läßt. Dieses Heil ist unmittelbar mit Gott verbunden, so daß sich eine besondere Beziehung zwischen Heil und Allah gebildet hat. Die eigenständige Gestaltung dieses Heils in den Blick zu bekommen ist die sich jetzt stellende Aufgabe. Sie zu vollbringen verlangt eine kurze Rekapitulation des Vorangegangenen.

Das Alte Testament hat den Schwerpunkt der Heilstaten Jahwes in der Periode der Heilsgeschichte von Abraham über Mose bis auf die Landnahme gesehen. Dazu kam ein Auftakt in der Urgeschichte, besonders in Gestalt des Noahbundes und in der Schöpfung; ein vorläufiger Ausklang fand im Davidsbund statt. Obwohl in der späteren Weisheitsliteratur das Heil in der Schöpfung mit der Heilsgeschichte Israels und seiner Torah gleichgestellt wurde, hat das Hauptinteresse doch immer der besonderen Geschichte Israels gegolten. Im Neuen Testament ist das eine, unangefochtene Kraftzentrum des Heils Gottes Offenbarung in Jesus Christus. Zurückblickend ist Christus die Erfüllung der Verheißung an Abraham, die Erfüllung und Neuinterpretation der Torah des Mose und die Inkarnation des göttlichen Schöpfungswortes. In seinem Leben realisiert sich das Heil Gottes in Heilungen, Auferweckungen der Toten, Wundertaten und Vergebung der Sünden. In die Zukunft blickend, ist in ihm die eschatologische Heilszeit des nahegekommenen Gottesreiches angebrochen. Das endzeitliche Heil wird sich im weiteren Verlauf der Geschichte, bis zum Kommen des verheißenen Christus, durch den von dem erhöhten Herrn verliehenen Geist in der Gemeinde verwirklichen.

Bemerken wir zuerst, daß alle in den alttestamentlichen Summarien auftretenden Berufenen — von Adam bis David und Salomo — auch im Koran mit dem Heil Gottes in Verbindung gebracht werden. Am Anfang fehlt auch die vom göttlichen Machtwort hervorgerufene Schöpfung nicht. Jesus, seine Geburt und deren wunderbarer Charakter, seine Heilungen, Wundertaten und Auferweckungen von Toten, sogar sein Lebensende als Erhöhung durch Gott, all dies kehrt im Koran wieder. Es ist also klar, daß wir es im Koran mit einer Fortsetzung des biblischen Traditionsstranges zu tun haben. So sieht jedenfalls eine Seite des Bildes aus. Das vollständige Bild kann erst skizziert werden, wenn man, darüber hinaus, sich vergegenwärtigt, wie diese Kette in der Gesamtverkündigung funktioniert.

Die grundlegende Heilstat Allahs ist weder primär in der Heilsgeschichte Israels, noch in Gottes Selbstoffenbarung in Jesus Christus verankert, sondern ihr dynamisches Ausstrahlungszentrum ist Allah, der einzige und allmächtige Schöpfer. Diese Blickrichtung, konsequent aus dem Glauben an den einzigen Schöpfergott vollzogen, hat sich bereits in den allerersten, Muhammad teilgewordenen Offenbarungen kundgetan. Es ist hier nicht die Stelle[178], ausführlich die Fragen zu diskutieren, welche Sure als erste offenbart wurde und ob die Predigt von Allah, dem Schöpfer und gerechten Richter, zu der ursprünglichsten Botschaft gehörte.[179] Wenn wir uns an die übliche, von den muslimischen und den meisten westlichen Orientalisten vertretene — obwohl nicht ganz unwidersprochene — Auffassung halten, daß die 96. Sure, die Verse 1-8, die allererste Offenbarung bildet,[180] dann liegt die Basis des Heils fest in dem Schöpfergott und seiner Schöpfung verankert. Denn da lesen wir:

„Trag vor im Namen deines Herrn,
der erschaffen hat; erschaffen
hat den Menschen aus einem
geronnenen Blutstropfen"[181].

Die Zielsetzung dieser neuen Offenbarung ist nun, daß der Mensch sowohl über die Tatsache seiner Schöpfung, wie über die Edelmütigkeit seines Schöpfers belehrt wird, denn es folgt der Vers:

„Trag vor! Und dein Herr ist
der Edelmütigste".

Es handelt sich also um die Offenbarung des Schöpfergottes und seiner Güte den Menschen gegenüber, wie er bereits durch den Schreiber der vorangegangenen Heiligen Schriften belehrt hatte, was der Mensch — hier vielleicht der noch unwissende Araber — nicht wußte (Verse 4-5)[182].

Dieses Hauptthema ist in mehreren Suren der ersten Offenbarungsperiode in Mekka ein Kernstück der Verkündigung. In Sure 80,17-32 wird ihre Komposition deutlich dargestellt: Allah hat den Menschen aus einem Tropfen[183] geschaffen und ihn nach den richtigen Maßen gebildet. Darauf macht er ihm seinen Weg leicht.[184] Er läßt ihn sterben, und so er will, erweckt er ihn. Ein nächstes Element in der Predigt ist der Aufruf zur Dankbarkeit diesem Gott gegenüber, denn: der Mensch möge sich doch einmal überlegen, wie gut Allah für seine Nahrung sorgt. Er läßt Wasser und Ströme vom Himmel herabkommen, so daß die Erde sich aufspaltet und Korn wachsen kann, dazu auch Weinstöcke, Futterpflanzen,[185] Ölbäume und Dattelpalmen, Früchte und Weideplätze. Der Mensch und sein Vieh dürfen sich dies alles zunutze machen (24-32). In der Schöpfung von Mensch und Welt, in der er leben kann, manifestiert sich bereits die Heilstat Gottes. Schon aufgrund dieser Urerfahrung soll der Mensch Gott mit Dankbarkeit anerkennen.[186]

Diese Heilstat Allahs hat Muhammad im eigenen Leben erfahren, denn eine Offenbarung hält ihm vor: Dein Herr hat dich nicht verabscheut; er hat dich als Waise gefunden und Aufnahme gewährt, bedürftig gefunden und reich gemacht (93,3-8).[187]

Während aller Perioden der Offenbarung, in Mekka sowohl wie in Medina, wird von Allah als dem mächtigen und einzigen Schöpfergott gesprochen. Schon rein zahlenmäßig durchläuft dieses Thema viele Suren[188], dementgegen in der Bibel von Gott als dem Schöpfer zahlenmäßig häufig nur in den Büchern Genesis, Psalter, Jesaja sowie Kolosser- und Epheserbrief berichtet wird. Als Schöpfer wird Allah Lob gepriesen (87,1-2). Er ist der Schöpfer von Himmel und Erde, und es gibt keinen anderen Schöpfer außer ihm, darum sollen die Menschen der Gnade gedenken, die Gott ihnen erwiesen hat, denn er hat den Menschen den Lebensunterhalt, der ihnen aus Himmel und Erde zuteil wird, gegeben (35,3). Aus der Art und Weise, wie die Menschen aus augenscheinlich unbedeutendem Wasser entstehen und geboren werden, wird ersichtlich, daß Allah seine Macht vortrefflich benutzt (77,20-23). In der ganzen Schöpfung kann der Mensch die Zeichen der Natur beobachten, die die gute Fürsorge des Schöpfers bezeugen. Allah hat die Samenkörner und Dattelkerne sprießen lassen; in der Natur bringt er das Lebendige aus dem Toten hervor; er spaltet die Morgendämmerung und hat die Nacht zur Ruhe gegeben; er hat die Sterne gemacht, damit sie den Menschen in der Finsternis des Landes und des Meeres leuchten. Aus dem Himmel läßt Allah Wasser herabkommen, durch das er Pflanzen, Grün, Körner, Dattelpalmen, Weinstöcke, Oliven- und Granatapfelbäume samt allen ihren Früchten zum Wachstum bringt. In allen diesen Vorgängen liegen Zeichen für Leute, die glauben (6,95-99). Die grundlegende Heilstat Allahs ist in seiner Schöpfungsmacht fundiert, von der aus der Mensch in seinen wunderbaren Entstehungsprozeß und in die Zeichen der Fürsorge in der Natur einen Einblick bekommt.

Die Güte Allahs dem Menschen gegenüber ist in der Erschaffung Adams fest begründet. Darüber berichtet der Koran seit der zweiten mekkanischen Periode. In Übereinstimmung mit der Bibel wurde Adam aus dem Staub der Erde erschaffen (3,59), und, nachdem er gebildet war, blies Allah in ihn von seinem Geiste (32,9).[189] Ähnlich ist auch, daß Adam im Vergleich zu der übrigen Schöpfung eine Vorrangsposition innehat. Der Koran beschreibt Allahs Absicht mit der Erschaffung des Menschen damit, daß er ihn als *khalifa* auf Erden einzusetzen gedenkt. Diese Absicht bekundet Allah in einem Gespräch mit den Engeln, die aber Bedenken erheben, weil der zukünftige Mensch auf Erden Unheil anrichten und Blut vergießen wird (2,30).[190] Es herrscht über Übersetzung und Bedeutung des Wortes *khalifa* keine Übereinstimmung. Im Plural kommt das Wort im Koran häufig vor und benennt solche Personen damit als „Nachfolger", insofern als sie die Segnungen ererben, deren sich auch ihre Vorfahren erfreuten (z. B. 6,165; 24,55). Der Singular wird für Adam gebraucht und kann entweder „Nachfolger", oder „Statthalter" bedeuten. *Paret* denkt an „Nachfolger", und dies ist so zu verstehen, „daß Adam (und mit ihm das Geschlecht der Menschen) künftig die Engel (oder ganz allgemein die Geister) als Bewohner der Erde ablösen solle. Dem würde die Vorstellung zugrunde liegen, daß vor der Erschaffung des Menschen die Engel (oder Geister) als die einzigen vernunftbegabten Wesen existiert und (unter anderem auch) die Erde bevölkert haben" [191].

Die Bedeutung „Statthalter Gottes" kann in Beziehung zu 38,26 erklärt werden. Die Parallelisierung, selbst im Aufbau des Satzes, mit der Adamserzählung in 2,30 springt ins Auge. Im Falle Davids wie Adams sagte Allah: „Wir haben zu khalifa auf Erden gemacht".[192] Im Falle Davids folgt dann die Bestimmung, was diese Auszeichnung beinhaltet. Er soll mit Weisheit Rechtsentscheidungen[193] zwischen den Menschen mit wahrhaftiger Wirklichkeit[194] treffen, im Gegensatz zu den willkürlichen Neigungen, die vom Wege Gottes ableiten. Diese Interpretation des Begriffs khalifa scheint mir auch im Falle Adams zuzutreffen, zumal auch die Blickrichtung der Erzählung in der zweiten Sure dies erhärtet. Damit den Engeln die Vorrangsposition Adams klar wird, lehrt Adam die Namen aller Dinge. Auf diese befragt, müssen die Engel zugestehen, daß sie von diesen Namen keine Kenntnis haben, denn nur Allah kann — nach ihren Worten — das Wissen und die Weisheit besitzen[195] und offenbaren. Und weil Adam dieses Wissen und diese Weisheit in der Belehrung der Namen offenbart wurde, sollen sich die Engel vor Adam niederwerfen. Adam ist in dem Sinne Stellvertreter Gottes auf Erden, indem er den Willen und das Wissen Allahs — das die das Recht begründende Weisheit einschließt — durch Belehrung empfangen hat. Als khalifa ist er also Träger der Heilstat Allahs, die zu Anbeginn der Schöpfung in Adam der Menschheit zuteil wurde.

Unterschiede und Übereinstimmungen mit der jüdischen Tradition werden in dieser Erzählung sichtbar. In der Genesiserzählung (Gen 2,19-20) nennt Adam selbst die Namen aller Tiere, und wie er sie nannte, so sollten sie auch heißen. In der semitischen Kultur steht der Name für die Macht eines Wesens, und wer den Namen ausrufen kann, hat die Macht über das Benannte. Wenn Adam in Genesis die Namen der Lebewesen nennen darf, und Jahwe diese Benennungen auch annimmt, bedeutet dies, daß Jahwe Adam einen Machtbereich über die anderen Lebewesen eingeräumt hat. Anders der Koran: Allah belehrt Adam, die Namen sind Allahs Wissen, so daß Allah keinen Bereich aus seiner Hand gibt; ein Hauptdogma, daß sich überall im Koran zu Wort meldet. Die Belehrung Allahs bezieht sich diesmal auf „alle Dinge"[196], denn die Heilstat in der Schöpfung des Menschen hat noch andere Komponenten.

Die Tragweite dieser Heilstat kann erst in ihrer vollen Bedeutung erfaßt werden, wenn sie vor dem Hintergrund der ganzen Adamsgeschichte gesehen wird. Denn sie behält ihre Gültigkeit und Wirksamkeit, ohne von dem Ungehorsam Adams samt seinen Folgen beeinträchtigt zu werden. Diese Heilstat, in die Schöpfung des Menschengeschlechts eingebettet, ist die *fitra*. Dieses Wort, in der arabischen Grammatik als *nomen speciei*[197] bekannt, kommt als solches im Koran nur in 30,30 vor. Der Vers hat folgenden Wortlaut:

> *„Richte dein Antlitz hinauf*
> *auf die Religion, wie ein hanif,*
> *gemäß der fitra Allahs,*
> *nach der er die Menschen erschaffen (fatara)[198] hat.*
> *Keine Abänderung gibt es*
> *bezüglich der Schöpfung Allahs,*
> *(denn) das ist die feststehende Religion.*
> *Aber die meisten Menschen wissen es nicht."*

In diesem Vers wird das Wort *fitra* von anderen Begriffen erläutert. Seine enge Beziehung mit dem Verbum *fatara* — erschaffen — läßt vermuten, daß *fitra* eine Schöpfungstat Allahs ist, die nicht mehr von Seiten der Menschen abgeändert werden kann. Ob hier eine Polemik gegen den biblischen Sündenfall oder die Erbsündenlehre vorliegt, läßt der Vers nicht erkennen. Sicher aber ist nach der Auffassung des ganzen Korans hinsichtlich der Allmacht Gottes, daß die Taten der Menschen, ihr Glauben und Unglauben, die Schöpfung, den Willen und das Dekret Allahs nicht abändern können. Des weiteren wird aus dem Vers deutlich, daß die *fitra* nicht nur mit der Schöpfung des Menschen, sondern auch mit seiner feststehenden, von Allah verlangten

Religion zu tun hat. Wer sein Antlitz auf diese Religion richtet, ist ein *hanif*.

Die Vorgeschichte und Bedeutung dieses Wortes ist nicht vollständig zu erklären.[199] Das Wort war vor Muhammads Zeit im syrisch-arabischen Raum im Umlauf und stammt wahrscheinlich aus dem Dialekt der Nabatäer. Das arabische Wort *hanif* ist eine Übersetzung des syrischen *hanpo* (Plural: *hanpe*) und hatte die Bedeutung „Heiden", zur Kennzeichnung der Personen, die sich der hellenistischen Kultur zugewandt hatten. Im syrisch-arabischen Raum wurde die Bedeutung des Begriffes „Heiden" immer mehr von der hellenistischen Kultur überschattet, so daß das Wort zur Andeutung von Personen, die sich dem Geiste des Hellenismus und besonders seinem philosophischen Monotheismus zugewandt hatten, gebraucht wurde.[200] Es ist diese zweite, überragende Bedeutung, die ihren Weg zum Koran gefunden hat, obwohl eine vorislamische Gruppe von Bekennern dieser Art nicht nachweisbar ist.

Der koranische Gebrauch aber ist ziemlich klar. Das Wort *hanif* (Plural: *hunafa'*) erscheint da zwölfmal, angefangen in den Suren der späten mekkanischen Periode. In besonderer Weise und in den meisten Texten[201] steht der Begriff in Beziehung zu Abraham und seiner Religion, die nicht zu der der Götzendiener gehörte. Dementsprechend kommt das Wort auch in neun Versen vor[202], in denen es das absolute Gegenteil bezeichnet derjenigen, die statt Allah die Götzen verehren, nicht nur zur Andeutung der Glaubenshaltung Abrahams, sondern darüberhinaus von Muhammad selbst samt seiner Gemeinde (10,104-5 und 22,31). Außer in Vers 30,30 wird das Wort noch einmal (6,79) in Beziehung zu Gott und seiner Schöpfung gebracht. Im Wortlaut:

> *„Ich (Abraham) habe mein Antlitz*
> *gewendet zu demjenigen, der*
> *erschaffen hat (fatara) die Himmel*
> *und die Erde, wie ein hanif, und*
> *nicht gehöre ich zu den Götzen-*
> *dienern."*

Aus dem Zusammenhang dieses Verses geht hervor, daß nach koranischem Verständnis der ein *hanif* ist, der, bereits vor dem Auftreten Muhammads, erkannt hat, daß Gott der einzige Schöpfer von Himmel und Erde ist. Nicht nur sie hat er geschaffen (*fatara*), sondern auch die natürliche Beschaffenheit (*fitra*) des Menschen. Auch diese wird auf die Schöpfungstat des einzigen Gottes zurückgeführt. Dank dieser natürlichen Beschaffenheit des Menschen wird es verständlich, daß Abraham als *hanif* weder ein Jude, noch ein Christ war (2,135; 3,67). Im Gegenteil, der Koran fordert die Leute der Schrift auf, sich daran zu erinnern, daß ihnen ursprünglich nur befohlen war, Allah zu dienen wie die *hunafa'*.

Diese gesamte Strukturierung entfaltet das Bild einer koranischen Urreligion, die Allah in der natürlichen Beschaffenheit des Menschen als Schöpfungstat errichtet hat. Inhalt dieses natürlichen Wissens ist die Verehrung des einzigen Schöpfergottes. Vor allem Abraham wußte um diese Religion; und Muhammad hat sie neu entdeckt und seinen Gläubigen vorgehalten. Dieses so gestaltete Urheil der Schöpfung wurde durch die zusätzliche Tradition der Juden und Christen korrumpiert. Der Koran fordert sie deshalb auf, zu der ihnen ursprünglich befohlenen Religion zurückzukehren und sich der Religion Abrahams und Muhammads anzuschließen. Denn Abraham war hanif und muslim (Sure 3,67).

Aus dieser Struktur wird auch klar, welchen Stellenwert der Begriff *fitra* im theologischen Sinn bekommen hat. Eine spätere Tradition gibt dazu folgende Erklärung: *„Jedes Kind wird gemäß der fitra geboren; es sind seine Eltern, die aus ihm einen Juden, Christen oder Parsi machen. Genauso gebären Rinder die Kälber ohne Makel"*[203].

Die spätere Theologie und Jurisprudenz hat diese Tradition mit einer Menge von theologischen und juristischen Bedenken überwuchert[204]. Ungeachtet dieser oft spitzfindigen Kontroversen ist der Islam fest davon überzeugt geblieben, daß die in der Schöpfung den Menschen verliehene natürliche Beschaffenheit (*fitra*) es ihnen ermöglicht, den einzigen Gott als ihren Schöpfer anzuerkennen. Besonders klar hat dies der Theologe und Mystiker al-Ghazali (gestorben 1111 A.D.) zum Ausdruck gebracht. Das Herz, aber nicht fleischlich gedacht, sondern als subtiles spirituelles Organ, ist die eigentliche Wirklichkeit des Menschen. Dieses Herz kann Gott auf Gedeih und Verderb, auf Leben und Tod kennen. Das Herz kennt Gott, seine Belohnungen und seine Bestrafungen, es ist der Weg des Wissens um die wahrhaftige göttliche Wirklichkeit[205]. Die koranische Botschaft trifft den Menschen in dieser seiner fitra. Sie ist das „notwendige Wissen" ('ilm daruri), das den Menschen angeboren ist und das nur eine falsche Tradition verdüstern kann. Sie bildet für jeden Menschen die natürliche Voraussetzung, die Verkündigung des Korans als die Wahrheit Gottes anzunehmen.

Das Urheil des Menschen liegt also fest in der Schöpfung begründet. Und wenn folglich die koranische Predigt auch auf die geschichtlichen Heilstaten Allahs hinweist, ist fast immer von ihm als dem einzigen Schöpfer die Rede. Die Schöpfung ist also seine „Urheilstat" für die Menschen.

Aus diesem Kraftfeld entstehen auch die im Verlauf der Geschichte den Menschen erwiesenen Heilstaten. Diejenigen, die sie verkünden, sind in der Regel immer dieselben, die in den Heilssummarien des Alten Testaments aufgeführt werden. Auch der Heilsträger des Neuen Testaments, Jesus, fehlt nicht. Aber sowohl die Summarien als auch das in ihnen verkündete Angebot des Heils stehen unter einem besonderen Vorzeichen: die Rückbesinnung auf Allah, den einzigen allmächtigen Schöpfergott. Denn so lautet die Aufgabe, die alle Propheten und Apostel als heilsame Verkündigung und bedrohende Warnung bekommen haben.

Obwohl also die meisten prophetischen Boten des Korans auch die Gestalten aus den Summarien der Heilstaten Jahwes des Alten Testaments sind, sind beide Reihen dennoch nur in beschränktem Maße miteinander vergleichbar. Die Unterschiede sind erheblich:

a) Zum ersten sind die vollständigen koranischen Reihen der Propheten, durch deren Mund Allah sein Heil verkünden ließ, weit umfassender. Hinzugefügt wurden drei Gestalten aus der arabischen — teils legendären — Vorzeit, drei Personen aus dem Neuen Testament (Zacharia, Johannes der Täufer und Jesus), während Muhammad als das „Siegel der Propheten" die Reihe endgültig und kulminierend abschließt. Achtzehn der Propheten stammen also aus dem Alten Testament.

b) Zum anderen treten diese alttestamentlichen Heilsträger nicht ausnahmslos innerhalb des festen Rahmens von Abraham bis zur Landnahme auf. Da Muhammad sein Wissen nur über das Hörensagen bezog, verläuft diese Reihe auch nur dem Vernommenen nach, ohne daß ein chronologisches Gefüge die Ereignisse in unveränderlichem Zeitablauf festhält. Dieses Gefüge hat sich erst später, gegen Ende der mekkanischen Zeit, völlig ausgebildet. Den Werdegang können wir noch anhand von einigen Beispielen verfolgen. Am Anfang der zweiten mekkanischen Periode wurde die 37. Sure offenbart. Sie erzählt die Geschichten der Propheten in folgender Reihenfolge: Noah, Abraham, Mose mit Aaron, Elia, Lot und Jonas (Verse 75-148). Aus derselben Zeit datiert die 38. Sure. Darin treten u. a. (Verse 12-48) auf: Noah, Lot, David, Salomo, Hiob, Abraham, Isaak, Jakob, Ismael, Al-Yasa' (Elisa).

Eine besondere Reihe bilden diejenigen koranischen Geschichten, die neben dem prophetischen Aufruf zum Heil Allahs auch von Unglauben und Gericht erzählen. Diese Straflegenden haben sich in der zweiten und dritten mekkanischen Periode zu einer Sechs- oder Siebenzahl entwickelt und in Sure 7,59 ff. ihre vollständige Darstellung erhalten. Es werden hier vorgeführt: Noah, Hud, Salih, Lot, Shu'aib und Mose. Auch die in dieser Sure nicht erzählte Geschichte Abrahams gehört in diese Kategorie.

c) Der Koran nennt noch eine dritte Kategorie der Prophetenreihe: die aus Adam hervorgegangene Prophetenfamilie, zu der Noah, das Geschlecht Abrahams und das Geschlecht 'Imrans gehören (3,33). Mit dem Namen 'Imran deutet der Koran zwei Geschlechter an: In Sure 66,12 wird Maria, die Mutter Jesu, Tochter des 'Imran genannt. In Sure 3,35 aber ist die Rede von der Frau 'Imrans, die ihren noch ungeborenen Sohn zum Dienste des Herrn weiht. Es kann sich hier nicht um ein und dieselbe Person handeln, denn Vers 45 nennt ausdrücklich Maria und Jesus. In der alttestamentlichen Genealogie ist Amran der Vater von Mose, Aaron und deren Schwester Miryam (Num 26,59). Nun nennt aber der Koran in Sure 19,28 Maria, die Mutter Jesu, auch Schwester des Aaron. Der Ausdruck aber „Miryam, Schwester des Aaron" kommt ebenfalls im Alten Testament (Ex 15,20) vor; dort tritt sie als Prophetin auf. Ob nun im Koran lediglich eine Verwechslung vorliegt, ist nicht mehr festzustellen. Da Muhammad seine Kenntnisse vom Hörensagen erhalten hat, ist eine Verwechslung nicht ohne weiteres auszuschließen. Andererseits wußte Muhammad zu gut Bescheid, als daß er Jesus als Sohn der Miryam, also als einen Neffen Moses einordnen würde. Wahrscheinlich ist daher, daß die Ähnlichkeit der Namen Muhammad veranlaßte, die prophetische Nachfolge in einer durchgängigen Perspektive zu sehen, so wie Jesus auch die Torah des Mose bestätigt hat. Diese Perspektive eröffnen zwei Suren: Sure 3,33 f. nennt die Prophetenfamilie von Adam über Noah, Abraham bis auf 'Imran, dessen Geschlecht sowohl Mose als auch Jesus mitumfaßt. In Sure 19 ist Maria, die Schwester des Aaron (Vers 28), der wiederum durch die Barmherzigkeit Allahs dem Mose als Bruder geschenkt worden war (Vers 53). Die Komposition dieser Sure geht von Zacharias über Johannes, Maria, Jesus, Abraham, Isaak und Jakob zurück bis auf Mose. Muhammad hat vermutlich — als Parallele zu dem Geschlecht Abrahams, der zu den Vorfahren Muhammads gehört (durch Ismael) — mit dem Geschlecht des 'Imran die Prophetenfamilie von Mose und Jesus verstanden, in der der letztere das Prophetenamt und die Offenbarung der Heiligen Schrift des ersteren bestätigt [206].

Aus diesen drei unterschiedlichen Gestaltungen der heilsgeschichtlichen Prophetenreihen ergibt sich, daß zwar eine bestimmte chronologische Folge vorliegt, aber von einer Zusammenfassung, nach der eine geschichtsimmanente Offenbarungsentwicklung der Heilstaten Gottes erkannt werden kann, nicht gesprochen werden kann. Der Grund für diese unterschiedliche Auffassung des Korans wird klar, wenn wir die Heilstaten Allahs mit den Propheten, die auch in der Bibel das Heil Gottes erfahren haben, vergleichen.

Daß Noah als Prophet[207] zu seinem Volk geschickt wird, ist eine Heilstat Allahs. Zu der Verkündigung in Allahs Namen befähigt ihn eine prophetische Inspiration (wahy), so Sure 11,36. Diese 11. Sure, die aus der dritten mekkanischen Periode datiert, berichtet in den Versen 25-49 ausführlich über Noah und seine Geschichte. Allah schickt ihn zu seinem Volk als einen deutlichen Warner (nadhir mubin, Vers 25) oder als einen treuen, zuverlässigen Gesandten (26,107). In Sure 17,3 wird er ein dankbarer Diener ('abd shakur) genannt. Seine prophetische Aufgabe besteht darin, den Menschen zu verkündigen, daß sie keinem anderen Gott außer Allah dienen sollten (11,26). Diese Predigt impliziert, daß, wenn man diesen Worten glaubt, einem die Strafe an einem schmerzhaften Tage erspart wird.

Wie in der Bibel stößt auch hier sein Wort auf Unglauben; und auch der Koran berichtet im Detail über Sintflut und Arche — womit Noah als erster Prophet in der Reihe der koranischen Straflegenden auftritt. Das in Noah geschehene Heil wird dennoch darin sichtbar, daß in ihm und in seiner Familie — samt den Tieren — die Rettung aus der verdienten Katastrophe verwirklicht wird. Die Gemeinde der Geretteten ist winzig klein (selbst der Sohn Noahs wird nicht gerettet, 11,42-43 und 11,45-47; in der Bibel wird von dem schlechten Lebenswandel Hams geredet, aber erst nachdem Noah mit seinen Söhnen aus der Flut gerettet wurde, Gen 9,18-29). Die nachbiblische Tradition hat die Legende weiter ausgesponnen: Nach Sanh. 108 b wird Ham bestraft, weil er gegen das Verbot den Geschlechtsakt in der Arche ausführte. Augustin nennt ihn einen typischen Häretiker[208]. Laut Qoh.r. VI, 3 wird aber Kain von der Flut weggeschwemmt. Ohne einen festen Bezug auf diese Traditionen hat Muhammad dem Gehörten eine eigene Gestalt verliehen[209]. Nicht nur der Sohn Noahs, sondern auch sein Weib gehören hier mit dem Weib Lots zu den Sündern (66,10).

Dennoch bildet diese kleine Gemeinde die Grundlage für das Heil, das Allah im weiteren Geschichtsverlauf erweisen wird. Die 11. Sure beendet die Noaherzählung mit den Worten (Vers 48):

„Und es wurde gesagt: Noah! Steige aus (aus der Arche) in einem Heile[210], das von Uns kommt und in Segnungen über dich und

über die Gemeinden (umam), die entstehen aus denjenigen, die mit dir sind ..."

Zum Schluß teilt (Vers 49) Muhammad noch mit, daß die Noah-geschichte erzählt wurde, damit diejenigen, die Allah fürchten, geduldig ausharren.

Von einem Noahbund mit der neuen Menschheit ist im Koran nicht ausdrücklich die Rede. Dennoch geht die koranische Auf-fassung der Offenbarungsgeschichte und der Gestaltung des Heils davon aus, daß Allah mit Noah einen Bund geschlossen hat, der gleich bewertet wird wie der Bund mit Muhammad, Abraham, Mose und Jesus (33,7).

Über Noah wird das Heil ausgerufen (37,79), genauso wie über Abraham (37,109), Mose und Aaron (37,120), wie auch über Elia (37,130). Alle diese Heilsaussagen gehören zu Propheten-geschichten, die in der 37. Sure als deren Ziel und Hauptaussa-gen komponiert worden sind. Denn alle oben erwähnten Gestal-ten wurden belohnt, weil sie Allah allein gläubig dienten (Noah, Vers 81; Abraham, Vers 84; Mose und Aaron, Vers 122 und Elia, Vers 132).

Auch hier bahnt sich eine Einheitlichkeit an, die in der Noah-geschichte bereits klar zutage getreten ist. Muhammad hat sei-ne eigene Sendung und Botschaft in der Perspektive derjenigen Noahs gesehen. Und dieser Weg der Einheitlichkeit in der Of-fenbarung des Heils erstreckt sich über die Gesandten Abra-ham, Mose und Jesus. Muhammad sagt zu seinen Hörern (42,13):

„Verordnet hat er euch von der Religion (din) dasjenige, was er dem Noah auferlegt hat und was wir dir als Offenbarung eingege-ben haben und was wir auferlegt haben Abraham, Mose und Je-sus ..."

Aus dem weiteren Verlauf des Verses geht hervor, daß Stand-festigkeit in dieser Religion in absolutem Gegensatz steht zu dem schweren Los, das den Götzendienern (mushrikun) be-schert ist. Alle diese Zeugen des Heils werden auch muslims — solche, die sich dem einzigen Gott ergeben haben — genannt. Wie bei Muhammad bedeutet auch bei Noah die Botschaft des

Heils der Glaube an den einzigen Gott, der imstande ist, seine Gläubigen jedesmal aus dem Unheil der Strafe zu retten. In diesem Sinn spielt Noah die Rolle Muhammads; und es muß die Einheitlichkeit des Heilsgeschehens notwendigerweise auf Muhammad hinauslaufen.

Wir haben auch gesehen, welchen wichtigen Platz Abraham in der Heilsgeschichte des Alten und Neuen Testaments innehat. Das gilt auch für den Koran und damit den ganzen islamischen Glauben. Am Beispiel seiner überragenden Gestalt ist die Heilstat Allahs sichtbar geworden. Zusammen mit Mose ist er der meistgenannte Prophet aus der Vorgeschichte[211].

Die koranische Interpretation der Geschichte Abrahams ist deshalb so bedeutsam, weil in ihr die Neuorientierung und endgültige Gestaltung des von Allah angebotenen Heils in scharfe Polemik zur Heilstradition und Heilserwartung der Juden und — in abgeschwächter Form — der Christen tritt.

Abrahams Geschichte wird besonders in der zweiten und dritten mekkanischen Periode mehr oder weniger ausführlich erzählt: Muhammad und seine Gemeinde werden darüber belehrt, wie Allah den Heilsweg offenbart. Die prophetische Berufung Abrahams — und damit die Gestaltung des Heils — konzentriert sich in der Absage an jede Form des Götzendienstes. Sie ist die notwendige Vorentscheidung zum Dienst und Glauben an den einzigen Gott[212].

Ausführlich wird in der zweiten mekkanischen Periode (19,41-50) über den Streit zwischen Abraham und seinem Vater — in Sure 6,74 wird er Azar genannt — erzählt. Abraham sagt zu ihm:

„O, mein Vater, warum verehrst du, was nicht hört und nicht sieht und dir in nichts nützen kann? O, mein Vater, wahrlich ich!, zu mir ist ein Wissen[213] gekommen, das zu dir nicht kam. So folge mir, so daß ich dich rechtleite auf einem geraden Weg" (42-43).

Von dieser Auseinandersetzung berichtet auch die nachbiblische, vorislamische Tradition. Das *„Jubiläenbuch"*[214] besitzt eine Legende, die in ihren wesentlichen Zügen mit der Erzählung im Koran übereinstimmt. Wir vernehmen dort, wie Abraham seinen Vater fragt, welche Hilfe und welchen Vorteil dieser von seinen Götzen haben könnte. In ihnen sei doch kein Geist. Statt dessen ruft er seinen Vater auf, den Gott des Himmels, der Regen und Tau auf die Erde herabbringt und alles auf der Erde macht und alles durch sein Wort geschaffen hat und von dessen Angesicht alles Leben ausgeht, anzubeten. Alle diese Argumente lassen sich nahtlos in die Struktur der koranischen Verkündigung einpassen. Auch Muhammad hat seinen Arabern vorgehalten, daß die Götzen nicht zum Heil beitragen können (45,10; 53,23). Und auch bei Muhammad ist die entscheidende Wendung, daß die klaren Beweise von Gott zu ihm gekommen sind (40,66). Übrigens beginnt die biblische Abrahamsgeschichte auch mit der Trennung von seiner Familie (Gen 12,1).

Das Heil, das Abraham nach koranischer Vorstellung seinen Volksgenossen verkündet, kann nur auf einem einzigen Wege zu ihnen gelangen: durch Vernichtung des Götzendienstes und Hinwendung zu dem einzigen Gott, der alles geschaffen hat. Das ist die feststehende Struktur der göttlichen Rechtleitung (6,80). In genau derselben Weise hat sich bei Muhammad das Heil der Rechtleitung vom Götzendienst weg und hin zur Verehrung des einzigen Gottes vollzogen. Gegen Ende der mekkanischen Periode gebietet ihm Allah, folgendes zu sagen:

„Wahrlich mein Herr hat mich auf einem geraden Wege rechtgeleitet: eine festgegründete Religion, die Religion Abrahams (millat Ibrahim), der ein hanif war und nicht zu den Götzendienern gehörte" (6,161).

In dieser Verkündigung hat das Heil seinen unverrückbaren Grundbestand. Dieses überragende Heilszentrum bestimmt nun auch den Verlauf der koranischen Abrahamsgeschichte. Denn auch wenn der Koran ausführlicher erzählt, wird auf diese zentrale Tatsache hingewiesen: Dies ist zum Beispiel der Fall, wenn die Erzählung Material aus der jüdischen Tradition verwendet. Die notwendige Folge ist, daß die Ausstrahlungskraft dieser Grundstruktur des Heils eine solche Wirkung bekommt, daß die übrigen Elemente der biblischen Abrahamsgeschichte — und hier besonders der Neuanfang Jahwes durch Abraham mit dem

Volk Israel — verblassen müssen, wie das folgende Beispiel beweist:

In Sure 21,51-70, die zu der zweiten mekkanischen Periode gehört, wird Abrahams Streit mit seinem Vater auf eine Auseinandersetzung mit seinem Volk ausgedehnt. Ausgangspunkt ist wieder die Nichtigkeit der Götzen und der Aufruf zu der heilsamen Bekehrung zum einzigen Gott, dem Herrn des Himmels und der Erde. Daraufhin schlägt Abraham alle Götzenbilder mit Ausnahme des Größten in Stücke. Als seine Volksgenossen die Zerstörung sehen und fragen, wer das getan habe, rufen sie Abraham zur Verantwortung. Seine Antwort: Der Größte habe es getan, er sei zu befragen. Nachdem die Leute erwidern, daß dieser aber nicht antworten könne, erreicht die Erzählung ihren Höhepunkt: Abraham donnert das vernichtende Argument auf sie herab: Dienet ihr denn irgendwelchen Gegenständen, die euch weder nützen noch schaden können? Pfui über euch und über das, was ihr verehrt außer Allah. Habt ihr denn keinen Verstand?!

Eine ähnliche Legende, nur im Detail unterschiedlich, findet sich bereits in der „Apokalypse Abrahams"[215]. Sie hat ihrerseits die Grundzüge der aggadischen Erzählung Genesis r. 38,19 aufgenommen. Das Kernstück ist immer wieder, daß Abraham die Götzen seines Vaters zerschlägt, außer dem Größten. Als er Terah aufruft, diesen zu befragen, kommt das schlagende Argument auch hier: Hören deine Ohren denn nicht, was dein Mund spricht?

Im Zusammenhang mit der Erfüllung dieses Heilsauftrages nennt der Koran bereits in der zweiten mekkanischen Periode (19,41) Abraham einen Getreuen, Wahrhaftigen (*siddiq*) und Propheten. Der koranische Ausdruck *siddiq* hat zweifelsohne Verbindung mit dem im Judentum geläufigen Begriff *tsaddiq*, der dort *„gerecht"* oder *„fromm"* bedeutet[216]. Abraham wird an dieser Stelle, wie auch Idris (19,56) in einer Zusammensetzung Wahrhaftiger und Prophet genannt. *Horowitz*[217] weist auf die Stelle Matthäus 13,17 hin, in der die Frommen der vorausgegangenen Generation auch als Propheten und Gerechte (*dikaioi*) bezeichnet werden. Während es sich aber dort um das Zeuge-Sein des messianischen Auftretens Jesu handelt, füllt der Koran den Begriff *siddiqun,* also die Pluralform, mit der Definition „welche an Allah und seine Boten glauben" (57,19).

Auch weiß der Koran bereits in der mekkanischen Zeit, daß das dem Abraham offenbarte Heil auch seinen Nachkommen zuteil geworden ist. In der Sure 37,83-113 wird die bekannte Auseinandersetzung mit seinem Vater und seinem Volk von der Bitte Abrahams gefolgt, Allah möge ihm einen rechtschaffenen Sohn schenken. Die Geburt eines „braven Knaben" wird angekündigt, und ohne daß sein Name erwähnt wird, folgt der Bericht, Abraham müsse seinen Sohn als Opfer darbringen. Erst viel später im Verlauf der Erzählung (Vers 112) wird ihm als Sohn Isaak — er wird Prophet sein und zu den Rechtschaffenen gehören — angekündigt. Demzufolge herrschte Unklarheit über die Frage, ob mit dem zu opfernden Sohn Abrahams Ismael oder Isaak gemeint war. *Paret* wird wohl recht haben, wenn er schreibt: „Vielleicht ist aber auf die Nennung des Namens bewußt verzichtet"[218]. Beides, Unkenntnis über den genauen Verlauf der biblischen Geschichte und die in Medina erfolgte Vorrangstellung des Ismael — aus Gründen, die wir noch sehen werden, — könnte zu dieser nicht geklärten Unsicherheit beigetragen haben.

Überblicken wir noch einmal diesen Abschnitt, dann betont seine Botschaft — außer der bereits bekannten Strukturierung — mit Nachdruck, daß Allah demjenigen, der das Gute vollbringt *(al-muhsinun)* dies auch entsprechend vergilt (Vers 105; 110)[219]. Und diese guten Taten werden mit den Begriffen „sich völlig Gott ergeben" — also als muslim handeln (Vers 103) — und „ein gläubiger Diener sein" (Vers 111), umschrieben. Dies sind Aussagen, die im allgemeinen für Propheten und Gläubige aller Zeiten und allerorten angewandt werden. Angesichts dieser allgemeinen Verheißung wird das Besondere der Heilserwartung Israels mittels Abrahams in den Hintergrund gedrängt.

Außer Isaak wird in mekkanischer Zeit einmal Ismael als Sohn Abrahams erwähnt (14,39), ohne daß ein direkter Bezug auf die biblische Geschichte genommen wird. In derselben Periode wird zwar über Ismael berichtet[220], aber mit Abraham wird er noch nicht in unmittelbare Verbindung gebracht. Neben Isaak wird auch Jakob als Nachkomme Abrahams erwähnt, und Muhammad scheint ihn eher als dessen Sohn statt Enkel betrachtet zu haben. In diesen Versen [221] wird über ihre Rechtleitung (6,84) in einer Aufzählung mit anderen Propheten berichtet (Noah, David, Salomo, Hiob, Josef, Mose und Aaron) [222] und die Tatsache festgehalten, daß Allah beide zu Propheten (ohne dabei näher auf Einzelheiten einzugehen; 19,49) oder zu Rechtschaffenen *(salihun 21,72)* gemacht hatte. Im folgenden Vers werden die Taten ihrer Rechtschaffenheit aufgezählt: gute Werke, das islamische Ritualgebet *(salat)*, die islamische Almosensteuer *(zakat)* und der Dienst an Allah. Hier wird also das Heil der Vergangenheit in der Abrahamsgeschichte zu einer Einheitlichkeit des islamischen Heilsverständnisses uminterpretiert. In 29,27 wird weiterhin erzählt, wie — ganz allgemein — das Prophetenamt und die Schrift zur Familie Abrahams gehören und das die Folge ist, daß sie in diesem Leben belohnt und im kommenden zu den Seligen gehören werden.

In der mekkanischen Periode wird also das Heilsgeschehen an Abraham und an seinen Nachkommen als eine wichtige Tat Allahs erwähnt. Inhaltlich findet aber eine Neuinterpretation statt, die unter Zuhilfenahme biblischen Traditionsgutes das Heil in die Struktur des spezifisch einheitlichen Verständnisses des Dienstes an dem einzigen Gott unterbringt. Demzufolge ist Abraham eher ein geschichtliches Beispiel der Glaubenserfahrung Muhammads, als eine Hauptgestalt in der Heilsgeschichte Israels. Sein Partikularismus ist vor der Grundstruktur des koranischen Heils zurückgetreten.

Die Grundzüge dieser Strukturierung lagen während der Zeit Muhammads in Mekka schon fest. Diese Tatsache ist bemerkenswert, weil er damals noch die Juden und die ihm bekannten Beispiele ihrer Geschichte als Kronzeugen für die Wahrheit des von ihm verkündeten Heils gegenüber den ungläubigen Mekkanern vor Augen geführt hatte.

Diese Sachlage ändert sich nun in Medina dramatisch. Angesichts der bedrohlichen Feindschaft der mekkanischen Handelsaristokratie, der Unentschlossenheit vieler seiner medinischen

Gastgeber[223] gegenüber seinem Prophetenamt und der schweren materiellen Lage derjenigen, die um seinetwillen in Mekka alle ihre Habe und ihren ganzen Besitz im Stich gelassen hatten, richtet er sich an die große jüdische Bevölkerungsgruppe in dieser Oasenstadt mit dem Vorschlag des gemeinsamen Vorgehens der wahren Gottesgläubigen gegen die polytheistischen Feinde[224]. Aber alle Versuche der Annäherung und der Bildung einer einheitlichen monotheistischen Glaubensgemeinde schlagen fehl. Statt dessen bleiben die Juden in dieser innerarabischen Auseinandersetzung neutral oder befürchten eine Bedrohung ihrer günstigen wirtschaftlichen Lage seitens des neu aufkommenden Machtzentrums. Nachdem die mekkanische Armee im zweiten Jahr nach der Hidjra (624) von einem kleinen Heer der Gottesgläubigen geschlagen worden war[225], sich damit die Bedenken vieler in Medina gelegt hatten und Muhammad nicht mehr so sehr auf die Mitwirkung der dortigen Juden angewiesen war, vollzieht sich aus der anfänglichen Enttäuschung ein totales Abwenden von den Juden und eine Zuwendung zur eigenen arabischen Vergangenheit und Umwelt. Diese dramatische Kehrtwende wird an der Interpretation der Abrahamgestalt exemplarisch.

Es ist darüber gestritten worden, ob sich mit dieser Neuinterpretation zugleich die völlige Verselbständigung und damit die Arabisierung des Islams vollzogen hat[226].

Dieses Problem hat zwei wichtige Komponenten. Klar ist auf jeden Fall, daß Muhammad seine Religion und die der Schriftbesitzer — Juden wie Christen — als wesensverwandt angesehen hat. In Mekka — wahrscheinlich in der dritten Periode erteilte Muhammad, laut Offenbarung, den Auftrag, nicht mit den Leuten der Schrift zu streiten, sondern zu sagen, daß der Gott der Muslime und der der Schriftbesitzer derselbe sei (29,46). Dementsprechend nimmt es nicht Wunder, daß Muhammad in der Gemeindeordnung von Medina den Juden seine Unterstützung — ohne daß ihnen Unrecht getan wird — anbietet[227]. In diesem Bündnis brauchen die Juden sich nicht zum Islam zu bekehren, denn sie sind Bundesgenossen auf der Grundlage: „Den Juden ihre Religion und den Muslimen ihre Religion"[228]. Gebetsrichtung nach Jerusalem und Übernahme des Fastens am Großen

Versöhnungstag weisen in dieselbe Richtung. Muhammad hat also die drei Religionen als Offenbarungen eines einheitlichen Glaubens an den einzigen Gott angesehen.

Klar ist auch, daß die Absage der Juden für Muhammad eine tief empfundene Enttäuschung bedeutete, die ihn veranlaßte, sich von den Juden zu trennen. Diese Trennung fiel ihm aber ziemlich leicht, weil bereits in Mekka die mit Abraham verknüpfte alttestamentliche Heilsgeschichte zugunsten der Verkündigung des einzigen Gottes zurückgetreten war. Die endgültige Lossagung von der alttestamentlichen Aussage — und damit die Verselbständigung und Arabisierung des Islams — bedeutete also keinen absoluten Bruch mit der mekkanischen Vergangenheit, sondern den tragisch-dramatischen Vollzug einer Entwicklung, die sich zwangsläufig anbahnen mußte, sobald sowohl von den Juden, als auch von Muhammad eine *politische* Entscheidung abverlangt wurde.

Nach dem Bruch mit den medinischen Juden wird der Schwerpunkt des an Abraham offenbarten Heils auf die Ka'ba nach Mekka, dem wichtigsten Heiligtum Arabiens, verlagert. Viele in Medina stattgefundene Offenbarungen berichten jetzt, wie Abraham — zusammen mit Ismael, der von nun an zusammen mit seinem Vater auftritt — von Allah den Auftrag empfangen hat, die Ka'ba in Mekka zu bauen (2,127). Die Verse aus der zweiten Sure berichten ausführlich über diese definitive Gestalt des Heils. Sie sind außerdem bedeutungsvoll, weil sie in den Jahren 1-3 nach der Hidjra offenbart wurden; ein Anzeichen dafür, wie wenig Zeit Muhammad brauchte, diesen Schwerpunkt des Heils in Mekka zu begründen. Inhaltlich besagt die neue Offenbarung, daß dieses Haus, die Ka'ba, von Allah verordnet wurde als eine Stätte der Einkehr und als Ort der Sicherheit (Vers 125). Da aber zu dieser Zeit die Ka'ba noch in den Händen der mekkanischen Götzendiener war, sollen bereits Abraham und Ismael den Auftrag erhalten haben, sie zu reinigen, das heißt, die Unreinheit des Heidentums zu beseitigen. Damit war auch für Muhammad der Anstoß gegeben, diese Ka'ba aus den Händen der Heiden zu befreien. Die so kultisch gereinigte Ka'ba soll Abraham dann zum Mittelpunkt des islamisch gestalteten Heils machen: Die Muslime sollen in der *salat* den einzigen Gott anbeten und die Prozession der Wallfahrt zur Ka'ba verrichten und in diesem Zentrum des Heils sich vor Allah niederwerfen (Vers 125).

Wie locker die Verbindung mit dem im Volk Israel offenbarten Heil war, zeigt ein Vergleich mit Sure 14,35-41, die aus der dritten mekkanischen Periode[229] stammt, also aus einer Zeit vor dem eigentlichen Bruch mit den Juden. Da betet Abraham für seine Nachkommenschaft, die angeblich in einem Tal wohnt, wo kein Getreide wächst und wo ein geheiligtes Haus, natürlich die Ka'ba, steht: Ziel des Gebets ist die Bitte, sie mögen doch die *salat* verrichten.

Aufgrund dieser lockeren Verbindung mit dem spezifischen Heil Israels konnte auch in Medina der letzte Schritt ohne entscheidende religiöse Schwierigkeiten vollzogen werden: Abraham wurde den Juden und den Christen genommen. Der Vers 3,67 enthält die Offenbarung:

„Nicht war Ibrahim ein Jude und nicht war er ein Christ. In Wahrheit war er ein hanif, ein muslim, und nicht gehörte er zu den Götzendienern."

Wie sehr eigentlich Muhammad die Einheitlichkeit und Universalität des Heils, fest begründet in der Verehrung des einzigen Gottes, immer gepredigt hatte, beweist ein Vergleich mit dem parallelen Vers 16,123 aus der dritten mekkanischen Periode: Hier wird die Religion Abrahams (*millat Ibrahim*) als Glauben an den einzigen Gott definiert, denn Abraham gehörte nicht zu den Götzendienern. Somit wird Abraham im Koran grundsätzlich immer zu dem entscheidenden Beispiel, anhand dessen Muhammad seine eigene Verkündigung des Heils geschichtlich gestaltet hat.

Anders Mose (*Musa*): Als koranischer Prophet ist er fest in der Geschichte der Heilstaten Gottes am Volk Israel eingebettet. Schon in der Zeit der ersten mekkanischen Periode wird er genannt[230], und in dieser Zeit wird seine Geschichte kurz erzählt (79,15-26): Mose wird von seinem Herrn aufgerufen, zum Pharao zu gehen, damit er ihn auf den rechten Weg zu seinem Herrn leite und dieser gottesfürchtig werde. Als Beweis seiner Mission führt er die Zeichen vor; Pharao aber erklärt dies alles zu einer Lüge und läßt vor seinen Leuten erklären, er selbst sei der höchste Herr; daraufhin trifft Allah ihn mit der Strafe des Jenseits und des Diesseits. Der letzte Vers fügt als Ziel dieser Erzählung hinzu, sie sei ein Exempel zum Nachdenken für einen jeden, der gottesfürchtig ist. In Vers 53,36 werden noch die Blätter des Mose — wahrscheinlich die ihm offenbarten Texte — erwähnt. Im Laufe der Zeiten schmückt der Koran diese Geschichte mit vielen biblischen und aggadischen Zügen aus, aber es bleibt bezeichnend, daß in der ersten Grundstruktur die typisch koranischen Elemente der Verkündigung auftreten. An erster Stelle handelt es sich um die Bekehrung zu Allah und um die nachfolgende Strafe, falls man den Boten als Lügner verhöhnen sollte. Das Besondere der Geschichte Israels ist noch nicht in Sichtweite gerückt. Herrscht hier noch Unkenntnis als Folge einer unvollständigen Information seitens der Schriftbesitzer am Anfang von Muhammads Laufbahn, oder läßt die Grundstruktur der koranischen Verkündigung keine entscheidenden Änderungen mehr zu, selbst als Muhammad über die biblischen Vorgänge besser Bescheid wußte?

Bald aber werden diesem Grundriß Details angefügt[231]. Bereits in der zweiten mekkanischen Periode sind die wesentlichsten Bestandteile in die Moseerzählung aufgenommen; die zwanzigste Sure berichtet hier am ausführlichsten (20,9-98). Diese Sure besteht insgesamt aus 135 Versen. Die Moseerzählung stellt ihren Hauptinhalt dar. Umrahmt wird sie von den nachfolgenden Themen der Verkündigung: Vers 1-8: Allah hat den Koran nicht auf Muhammad niedergesandt, um ihn unglücklich zu machen, denn er ist eine mahnende Erinnerung für einen, der gottesfürchtig ist, von dem gesandt, der Himmel und Erde geschaffen hat. Der Barmherzige hat sich auf seinen Thron gesetzt und ihm gehört, was in den Himmeln und auf der Erde ist. Es gibt keinen Gott außer ihm.

Nach diesem Prolog, in dem das Wesen Gottes und seiner Offenbarung in Gestalt des Korans festgelegt sind, wird dann die Mosegeschichte erzählt. In Medina wurden wahrscheinlich die Verse 80-82 offenbart, die eine Mahnung für die Juden enthalten, ihrer Rettung durch Gott zu gedenken und seinen Zorn nicht hereinbrechen zu lassen. Denn Allah vergibt nur denen, die sich bekehren, glauben, das Gute tun und sich rechtleiten lassen.

Der Moseerzählung folgt die Ankündigung des Tages der Auferstehung. Dann werden die Sünder eine schwere Last zu tragen haben, wer aber gläubig ist, hat weder Unrecht noch Gewalt zu befürchten (Vers 99-112). Der arabische Koran ist herabgesandt als eine neue Mahnung (Vers 113-114). Es folgen die Rebellion des Satans und die Haupzüge der Adamsgeschichte (Vers 115-123). Die Schlußverse (124-135) rufen dazu auf, diese Mahnung nicht zu vergessen und sich die Zeichen zu Herzen zu nehmen. Eine Chronologie der Heilsgeschichte bildet diese Sure nicht. Ihr Schwerpunkt ist die Offenbarung des arabischen Korans als Mahnung auch im Hinblick auf das letzte Gericht. Auch die Zeichen von Allahs Wohltaten sind in der vergangenen Geschichte klar herauszulesen. Ihr leuchtendes Beispiel ist die Mosegeschichte.

Wie sieht diese nun detailliert aus? Die Jugendgeschichte in Ägypten wird noch nicht erwähnt. Den Einstieg bildet die Erzählung vom brennenden Busch. Das Interesse Moses wird dadurch geweckt, daß er meint, von dem Feuer ein Stück Glut mitbringen zu können — übrigens auch für seine Begleiter, die im Exodusbuch fehlen — oder in der Hoffnung, am Feuer Rechtleitung zu finden. Daraufhin wird ihm folgendes offenbart:

„Ich bin Allah. Es gibt keinen Gott außer mir. Und deshalb diene mir und verrichte die salat, meiner gedenkend" (Vers 14).

Auch in diesem Vers und seinem Kontext wird also wieder die Einheitlichkeit der Offenbarung und der Glaubenspflichten, deutlich gemacht an den Propheten der Vorgeschichte, bekundet. Das gleiche gilt für den unmittelbar darauf folgenden Vers. Anlaß der Offenbarung ist:

„Wahrlich die Stunde ist kommend. Kaum kann ich sie noch verborgen halten[232], damit einem jeden das vergolten wird, wonach er strebe" (Vers 15).

„Die Stunde", die Allah dem Mose ankündigt, ist das Kommen des Tages des Gerichts. Denn in derselben zweiten mekkanischen Periode erzählt Muhammad in der 43. Sure kurz die Geschichten von Abraham, Mose und Jesus. Von Jesus wird erzählt, er sei ein Erscheinungszeichen der Stunde (Vers 61). Nach diesen Beispielen folgt dann (43,66 ff.) an die Zuhörer der Aufruf, nichts anderes zu erwarten, als die Stunde, die für die Diener Gottes das Paradies, für die Sünder aber die Strafe der Hölle bringen wird.

Ob hier, wie *Speyer* meint [233], ein Hinweis auf christlichen Einfluß sichtbar ist, kann dahingestellt bleiben. Wesentlich ist, daß diese Predigt von der eschatologischen Stunde mit ihrem distributiven, dichotomischen Gericht den ganzen Koran wie ein roter Faden durchzieht. Sie gehört zu der Einheitlichkeit aller Offenbarung, so daß auch Mose von diesem Kerninhalt erfährt. Auch hier tritt er als ein Beispiel der Vergangenheit auf, dessen Geschichte als Beweis für die Wahrheit der Verkündigung Muhammads vorgetragen werden kann.

Der folgende Abschnitt (20,17-23) berichtet von den beiden Zeichen, die Mose vorführen soll (vgl. Ex 4,1-8). Der so gestärkte Mose wird nun ausdrücklich mit *„unseren gewaltigen Zeichen"* zu Pharao geschickt, denn dieser ist überheblich, hat die Grenzen überschritten (Vers 24) [234]. Mose bittet nun Allah, ihm seine Aufgabe zu erleichtern, den Knoten von seiner Zunge zu lösen und ihm seinen Bruder Aaron als Helfer beiseite zu stellen (Vers 25-35, vgl. Ex 4,13-17). Diese Bitte wird ihm gewährt und zum Anlaß genommen, auf die Güte Allahs hinzuweisen. Denn Allah hatte vorher der Mutter Moses jene Weisung erteilt, ihn in einem Kasten im Meer schwimmen zu lassen. Seine Schwester veranlaßte, daß der Feind ihn zu seiner Mutter zurückbrachte. Und nachdem er einen Menschen umgebracht hatte, errettete Allah ihn aus seiner Bedrängnis und ließ ihn unter den Leuten von Madyan verweilen. Und so ist es mit Mose gekommen, wie es bestimmt war, denn Allah hat ihn sich selber ausgebildet (Vers 36-41, vgl. Ex 2,1-22). So gehen Mose und sein Bruder zum Pharao mit folgender Botschaft:

„Wahrlich wir sind Apostel (rasul) deines Herrn[235]. Also schicke mit uns weg die Kinder Israels und quäle sie nicht ...[236]. Und Heil (salam) über einen jeden, der der rechten Leitung folgt" (Vers 47).

Zugrunde liegt diesen Versen Exodus 3,10; 4,21 f. und 5,1 f. Nicht nur Mose, sondern auch die anderen Gesandten, zum Beispiel Abraham (37,109-110) verkünden, daß das Heil (salam) denjenigen zuteil wird, die das Gute tun. Diese Botschaft bildet eine Konstante in der koranischen Verkündigung.

Der Pharao bittet um Auskunft über den Gott Moses (Vers 49). Dessen Antwort enthält alle Wesenszeichen des von Muhammad verkündeten Gottes: Er ist der Herr, der jedem Ding seine kreatürliche Natur mitgegeben hat und daraufhin (die Menschen) rechtgeleitet,[237] der die Erde für die Menschen gemacht, aus dem Himmel Wasser herabkommen lassen und dadurch die verschiedenen Pflanzen hervorgebracht hat, so daß die Menschen essen und ihr Vieh davon weiden lassen können. Das sind Zeichen für Leute mit Verstand. Moses Herr ist also der gute, allmächtige Schöpfergott, der die Menschen aus der Erde erschaffen hat, sie wieder in sie zurückführen und aus ihr sie bei der Auferstehung zu neuem Leben erwecken will (Vers 50-55).

Pharaos Bitte um weitere Auskünfte über den Gott des Mose vermeldet auch der biblische Bericht (Ex 5,2). In der Bibel beschränkt sich die Antwort auf den Gott der Hebräer, der die Freilassung der Kinder Israels verlangt.

Die aggadische Legende aber hat die Antwort des Mose ausgeweitet, ohne daß der Hinweis auf Gottes Gebot, das Volk zu entlassen, damit es ihm diene, fehlt. Pharao erwidert darauf, die Götter Moabs, Ammons und Sidons samt ihren Wirkungsbereichen[238] zu kennen, wo aber, fragte er, liege die Wirkungsmacht des hebräischen Gottes? Mose antwortet:

„Die Kraft und die Macht unseres Gottes erfüllt die Welt. Er war, bevor noch die Welt geschaffen war, und er wird bei ihrem Ende noch sein, er hat dich gebildet und dir den Geist des Lebens gegeben. Er hat den Himmel ausgespannt und die Erde gegründet (Sach12,1) ...läßt Regen und Tau herabfallen, läßt Grünes hervorkommen, bildet den Embryo im Leib seiner Mutter und bringt ihn zur Welt" (Ex r. 5,18).[239]

Ausführlich wird nun über die Wunderzeichen des Mose und den vergeblichen Gegenstoß der ägyptischen Zauberer gesprochen (Vers 56-69). Die ägyptischen Zauberer wenden sich von Pharao ab. Dieser droht, ihnen Hände und Füße abhauen zu lassen und sie an Palmenstämmen zu kreuzigen (Vers 70-71). Wichtig ist in diesem Zusammenhang das Bekenntnis der Zauberer hinsichtlich Allahs und seines Heils. Sie glauben jetzt an ihn, weil er ihre Sünden und die Zauberei vergeben hat, denn den Sünder erwartet die Hölle, dem Gläubigen aber, der das Gute getan hat, winkt der Garten Eden. Das ist der Lohn derer, die sich rein halten (Vers 72-76). Unmittelbar darauf folgt der Bericht vom Durchzug durch das Meer und vom Untergang Pharaos mit seinem Heer (Vers 77-78), als Folge dessen, daß Pharao sein Volk nicht recht geleitet hatte (Vers 79).

Es hat den Anschein, als ob in den folgenden drei Versen (80-82) die zeitgenössischen Juden unmittelbar angesprochen werden. Vers 80 beginnt mit der Anrede: Ihr Kinder Israels! Vers 83 dagegen spricht Mose wieder unmittelbar an. Nun wird aber der Ausdruck „Kinder Israels" — wie übrigens im ganzen Exodusbuch — hauptsächlich für das Volk des Mose gebraucht. Nach dem Bruch mit den Juden in Medina werden die Zeitgenossen als „Juden" angesprochen. Es gibt aber in der mekkanischen Periode — zu der die 20. Sure gehört — einige Verse, in denen Muhammad seine zeitgenössischen Juden als Banu Isra il (Kinder Israels) anredet. Die vorliegende Perikope scheint zu dieser Kategorie zu gehören.[240] Wie auch immer, diese Verse fassen kurz die Heilstaten an dem Volk Israel zusammen: die Rettung aus der Hand seines Feindes, die Verabredung auf der rechten Seite des Berges und Gottes Fürsorge während der Wüstenwanderung, auf der er es mit Manna und Wachteln versorgte. Das letzte wird als Anlaß genommen, auf die jüdischen Speisevorschriften hinzuweisen, die ihnen die guten Dinge beschert haben.

Diese Verse stehen als eine ganz kurz gefaßte Zusammenfassung zwischen zwei breit angelegten Erzählungen. In der vorangegangenen ging es vor allen Dingen um die Auseinandersetzung zwischen der prophetischen Botschaft des Mose und dem Unglauben des Pharao, die in die Rettung der Kinder Israels mündete. Die nachfolgende Erzählung berichtet ausführlich über die Sünde Israels als der Anbetung des goldenen Kalbes. Die sehr kurze Erwähnung des Sinaigeschehens und Gottes Fürsorge während der Wüstenwanderung werden in dem inneren Zusammenhang dieser Sure in hohem Maße eingeengt und überstimmt.

Der zweite große Abschnitt (Vers 83-98) erzählt also die Sünde Israels als Folge der Anbetung des goldenen Kalbs und soll deswegen Gegenstand der Untersuchung im nächsten Kapitel sein.

Uns interessiert hier die Frage, ob diese unausgewogene Komposition der Mosegeschichte — zwei Hauptteile, die die sehr kurzen Berichte über Sinai und Wüstenwanderung einengen — dennoch einen einheitlichen Leitgedanken zum Ausdruck bringt. Dies scheint tatsächlich in Vers 98 der Fall zu sein. Er lautet:

> „Euer Gott ist Allah allein,
> außer dem es keinen Gott gibt.
> Er umfaßt alle Dinge mit seinem Wissen."

Dieser Vers bildet nicht nur den Abschluß der Mosegeschichte, sondern er faßt darüber hinaus die Hauptbotschaft der koranischen Verkündigung zusammen. In der dritten mekkanischen Periode wird demgemäß das Bekenntnis der Engel formuliert (40,7); so lautet auch die Lehre, die Abraham aus seiner Erfahrung mit den Götzen gezogen hat (6,80). So steht es auch in der Mosegeschichte. Seine Erfahrung und die seines Volkes sollen zu diesem Bekenntnis führen. Die Offenbarung an Muhammad hat die Vorgeschichte diesem Sinn entsprechend durchleuchtet, so daß es auch sein Bekenntnis geworden ist. Die zeitgenössischen Juden werden aufgefordert, sich diesem Bekenntnis anzuschließen. Daß Muhammad hier nur hoffnungsvolle Erwartungen hegen konnte, lag in der Natur der Sache, denn in seinem Bekenntnis war nichts vorhanden, was nicht vollends in den jüdischen Glauben paßte. Hat nun aber seine Betonung dennoch neue Akzente gesetzt, so daß die Heilsgeschichte Israels einer neuen Interpretation unterworfen wurde?

In der dritten mekkanischen Periode erzählt die 28. Sure die Mosegeschichte noch ausführlicher. Diese Sure, die 88 Verse umfaßt, widmet die Verse 3-42 der Mosegeschichte, die Verse 43-50 einer Mahnung an die Adresse der Mekkaner, daraus eine

Lehre ziehen, während die Verse 76-82 die Geschichte des Aufruhrs Korahs (Num16) erzählen.

Bezeichnend ist, daß diese Geschichte angekündigt wird als die Erzählung von Mose und Pharao, und diese Kunde wird vor sich gehen „gemäß der wahrhaftigen Wesentlichkeit (bi'l-haqq) für Leute die glauben" (Vers 3). Die koranische Interpretation hebt also aus dieser Vorgeschichte mit all ihren traditionsgebundenen Details dasjenige Wesentliche heraus, das für die gläubigen Zeitgenossen Muhammads, wenn nicht für den Glauben im allgemeinen von grundlegender Bedeutung ist. In dieser Sure wird hervorgehoben, daß Haman — bekannt als Feind der Juden aus der Zeit des persischen Königs Ahasveros (Esther 3) — als enger Mitarbeiter an der Seite des Pharao steht. Im Verlauf der Erzählung treten sie gemeinsam auf.

In einem einzigen Vers (4) wird von der Überheblichkeit des Pharao berichtet, der eine Gruppe seiner Einwohner unterdrückte, ihre Söhne abschlachtete und ihre Frauen am Leben ließ. Es handelt sich also um die in Exodus 1 erzählte Geschichte, ohne daß aber „diese Gruppe seiner Einwohner" näher als die hebräischen Sklaven bezeichnet wird. Demgegenüber tritt die Absicht Allahs klar hervor: Er will den Unterdrückten durch seine Wohltat Gnade erweisen und sie zu Vorbildern und Erben machen. Also werden Pharao, Haman und die Truppen durch die Macht Allahs dasjenige erleben, was sie befürchten, und zwar, daß diesen Unterdrückten die Macht im Lande gegeben wird (Vers 4-6).

Nachdem in dieser Weise Sinn und Absicht wiedergegeben sind, findet die detaillierte Erzählung statt. In Hauptzügen werden die Ereignisse, die aus den ersten Kapiteln des Exodusbuches bekannt sind, vorgetragen. Wir hören von der Angst der Mutter des Mose, die ihn in den Fluß aussetzt. Ihr Vorgehen geschieht aber als Folge einer göttlichen Offenbarung (Vers 7), die ihr die Angst nimmt, denn diese Offenbarung gibt ihr die Verheißung, daß Allah ihn ihr zurückgeben und zu einem Apostel machen wird. Diese göttliche Vorsehung war schon in der Aggadah zutage getreten. Dort prophezeite die Schwester Moses, Miryam, daß ihre Mutter einen Sohn gebären würde, der einst Israel helfen würde.[241] Beachtenswert ist nun, daß im Koran die ganze Mosegeschichte sich nach festem Wissen und Wollen Allahs entfaltet.[242] Die folgende Episode berichtet, wie die Verwandten Pharaos das Kind aufnehmen, alles nach dem Plan Allahs, denn er sollte Pharao und Haman ein Feind und Anlaß zu Trauer sein, denn sie, samt ihren Truppen waren Sünder (Vers 8). Also kommt Mose bei der Frau des Pharao unter, ohne daß sie merkt, was vor sich geht (Vers 9). Der göttliche Erzähler aber und der Zuhörer wissen indessen schon besser Bescheid.

An dieser Stelle wird der Zeitablauf unterbrochen und der Hörer wird wieder zu der Mutter Moses und ihrer Angst zurückgeführt. Sie hatte fast das Geheimnis preisgegeben, hätte Allah nicht ihr Herz stark gemacht, damit sie zu den Gläubigen gehöre (Vers 10).[243] So geht die Schwester dem Kinde nach (Vers 11; vgl. Ex 2,4). Inzwischen aber hatte Allah dafür gesorgt, daß Mose nicht von ägyptischen Ammen gesäugt wurde (Vers 12). Diese Besonderheit geht unmittelbar auf den Einfluß der jüdischen Aggadah zurück. Sota 12 b fragt, warum in Exodus 2,7 das Wort *„die hebräischen Frauen"* steht, und gibt die Antwort: *„Mose wollte bei den ägyptischen Ammen nicht saugen. Denn Gott sprach: Soll der Mund, der einst mit mir reden wird, an einer unreinen Sache saugen?"*[244]

Mit dieser Episode verläßt der Koran die Kindheitsgeschichte und wendet sich dem erwachsenen Mose zu. Vorweggeschickt wird, daß auch in dieser Lebensperiode Allah die Führung des Geschehens fest in der Hand behält, denn er verleiht dem Mose die für alle Prophetie unentbehrliche Urteilskraft *(hukm)* und Wissen *('ilm)*, (Vers 14).[245] Auch die jüdische Legende hebt die früh zutage getretenen Kräfte des Mose hervor, wobei allerdings *Josephus*[246] sein außerordentliches Wissen gemäß der Vorhersage Gottes betont. Wie in der Exoduserzählung (Ex 2,11-15), folgt im Koran unmittelbar der Bericht der Schlägereien des Mose, aber nicht ohne der Geschichte eine eigene Gestaltung zu verleihen. Unerwähnt bleibt, daß Mose zu seinen Brüdern hinausgeht, um ihren Fronarbeiten zuzusehen. (Ex 2,11). Der Koran berichtet lediglich, daß er in die Stadt eintrat, als ihre Bewohner unachtsam waren (so daß sie keine Notiz von ihm nahmen) (Vers 15)[247]. Nach der Koranerzählung sieht Mose auch am anderen Tage einen Juden mit einem Ägypter streiten und nicht, wie in Exodus, zwei Juden miteinander. Anders als in der jüdischen Legende[248] empfindet Mose nach seiner Tat Reue, denn der Satan hatte ihn verführt. Er bittet Allah um Vergebung. Allah vergab ihm, denn er ist barmherzig (Vers 16). Die jüdische Legende andererseits sucht die Tat des Mose zu rechtfertigen.

Wiederum in Übereinstimmung mit dem Verlauf der Exoduserzählung berichtet auch diese Sure die Flucht in die Richtung von Midian (Ex 2,15; Sure 28,22). Der Koran aber läßt den leeren Raum hinsichtlich der Unsicherheit seiner Lage nicht offen, sondern füllt ihn bereits am Anfang dieser Episode mit einem Hinweis auf die Rechtleitung Allahs. Somit bleibt von vornherein das ganze Geschehen — auch und gerade in der verworrenen Lage des Mose — fest in der Macht des göttlichen Wirkens und Führens. In der sich nun am Brunnen abspielenden Geschichte hat es den Anschein, als ob Muhammad die Begegnung mit den Töchtern Rehuels — der Name wird übrigens nicht genannt — mit dem Zusammentreffen des Knechtes Abraham mit Rebekka (Gen 24,11 ff.) und Jakobs mit Rahel (Gen 29,7 ff.) verwoben hat[249]. Auch hier endet die Geschichte mit der Heirat Moses.

Auch diese Midianepisode führt zu der Berufung Moses. Dieser Übergang aber ist bemerkenswert und wirft ein bezeichnendes Licht auf das Anliegen der koranischen Erzählung und die eigenständige Neuinterpretation der Verkündigung. Die Brücke zwischen den beiden Episoden bildet im Koran die Mitteilung: *„Und als Mose die Frist zu Ende geführt hatte und mit seinen Angehörigen dahinzog, nahm er auf der Seite des Berges ein Feuer wahr"* (Vers 29). Die Vergangenheit ist abgeschlossen und der Raum für ein neues Ereignis — die Stimme Allahs aus dem brennenden Busch — freigemacht. Beide Episoden stehen locker nebeneinander, beide in der Macht und in dem Wissen Allahs fest verankert, ohne unmittelbare Bezugnahme auf die Entfaltung des an Israel geschehenen Heils.[250]

Anders das Exodusbuch. Hier ist die Brücke der Hinweis auf die bedrückende Lage der hebräischen Sklaven, deren Hilferufe Gott gehört hat und seines Bundes mit Abraham, Isaak und Jakob gedacht hat. Dementsprechend hat auch der Inhalt der göttlichen Mitteilung in der koranischen Erzählung eine andere Blickrichtung. Die göttliche Stimme aus dem brennenden Baum macht sich mit den folgenden Worten dem Mose bekannt:

> *„O Mose! Wahrlich Ich,*
> *Ich bin es, Allah,*
> *der Herr der Welten"* (Vers 30)[251].

Auch an anderen Stellen, wo diese Begegnung erzählt wird, macht sich die göttliche Stimme mit nahezu derselben Umschreibung bekannt. In Vers 27,9 heißt es:

> *„O Moses! Wahrlich,*
> *ich bin Allah, der*
> *Gewaltige und Weise".*

Und laut Vers 20,12 sagt die Stimme:

> *„O Moses! Wahrlich ich,*
> *ich bin es, dein Herr!"*

Wir sahen schon, daß dieser Herr sich in der Erzählung dieser Sure 20 mit den klassischen Shahada-Worten: *„Es gibt keinen Gott außer mir"* (Vers 14) offenbart.

Alle diese Bezeichnungen stehen in einem unmittelbaren Zusammenhang mit der Exodusgeschichte sowie auch mit einem Namen, mit dem Abraham Jahwe angerufen hat. In Gen 21,33 lesen wir: *„Und er (Abraham) rief dort den Namen Jahwes an, el'olam."* Der biblische Term hat eine deutliche Verwandtschaft mit dem koranischen *rabb al-'alamin.* Die hebräische Bedeutung impliziert den Gedanken: Gott aller Zeiten. Auch die koranischen Bezeichnungen, der Gewaltige und Weise, sind biblischen Ursprungs. Bekanntlich hat das Judentum eine tiefe Scheu empfunden, den Namen Gottes auf menschliche Lippen zu nehmen und so zu profanisieren. Unter den vielen Umschreibungen ragt der Name hervor: *Ribbono shel Olam"* — und damit möchte wohl die Verbindung mit dem koranischen Sprachgebrauch hergestellt sein.

Mit diesem aus dem Judentum entlehnten Material geht nun der Koran seinen eigenen selbständigen Weg. In Exodus 3,6-7 offenbart sich die Stimme als der Gott Abrahams, Isaaks und Jakobs, der sich Mose bekannt gemacht hat, weil er das Elend seines Volkes gesehen und ihr Schreien gehört hat. Nicht so der Koran. Das Leiden des Volkes Israels wird in dieser Perikope gar nicht (wohl aber in 37,115) erwähnt; seine Befreiung aus der Macht Pharaos steht nur als implizite, als vorgegebene Tatsache in Zusammenhang mit dessen Vernichtung. Der von Allah dem Mose gegebene Auftrag richtete sich an erster Stelle an die Adresse des Pharao. Die beiden ihm verliehenen, sein Prophetenamt bestätigenden Wunderzeichen, sein Stock und seine Hand (Vers 31-32 = Ex 4,2 ff.) fungieren als zwei Beweise, nicht in erster Linie für das Volk, sondern vornehmlich für Pharao und seine Vornehmen, denn sie sind frevlerische Leute. Der weitere Verlauf der koranischen Geschichte spitzt sich nun zu auf die Auseinandersetzung zwischen Glauben und Unglauben. Auf der einen — guten — Seite Mose, wie im Exodusbuch von seinem Bruder Aaron unterstützt. Vor Pharao spricht er das richtige Glaubensbekenntnis aus:

„Mein Herr weiß am besten, wer seinetwegen mit der Rechtleitung kommt und für wen die letzte Behausung bestimmt ist. Den Frevlern wird es nicht wohl ergehen." (Vers 37)

Auf der anderen — schlechten — Seite der Unglaube, der durch den Mund des Pharao laut wird. Sein Unglaube ist die einzige Todsünde, für die der Koran keine Vergebung in Aussicht stellen kann. Von seiner Bereitschaft oder Weigerung das Volk aus der Sklaverei zu entlassen, keine Spur. Stattdessen der Unglaube par excellence:

„Ihr Vornehmen! Nicht kenne ich euch einen anderen Gott als mich selber." (Vers 38)[252]

Und weil er Allah nicht kennt, hält er Mose für einen Lügner, eine exakte Parallele zu der Lage Muhammads angesichts seiner mekkanischen Leugner.

Von diesem Punkt an kann die Erzählung keine andere Zielrichtung mehr nehmen. Es gilt jetzt die Allmacht Allahs in Hinblick auf die einzige Todsünde klar aus den Umständen emporzuheben. Pharao und sein Heer gehen im Meer zugrunde und damit hat die koranische Verkündigung eines ihrer Hauptmotive erreicht:

"Sehe also wie das Ende der Frevler aussieht!" (Vers 40)

Deswegen kann auch die Heilsgeschichte des Volkes Israels nicht mehr angesprochen werden. Im Gegenteil: Den mekkanischen Zuhörern soll in Aussicht gestellt werden, wie Allah mit den ungläubigen Frevlern verfahren hat.[253] Also ist das Anliegen der Mosegeschichte in dieser Sure, den Mekkanern das Handeln Gottes in der Vergangenheit und die daraus zu ziehenden Lehren für Gegenwart und Zukunft vor Augen zu führen. Hervorgehoben wird, daß Allah dem Mose das Heil geschenkt hat, nachdem er die früheren Generationen — wahrscheinlich an dieser Stelle in Hinblick auf die Ägypter — zugrunde hat gehen lassen. Dem Mose wurde die Schrift — die Offenbarung der Torah — gegeben, "als sichtbare Beweise für die Menschen und eine Rechtleitung und Barmherzigkeit" (Vers 43). Im Koran wie in der Geschichte Israels fungiert also die Offenbarung der Torah als eine hervorragende Heilstat Gottes. Das Wesentliche dieser Heilstat in der offenbarten Schrift wird in die koranische Verkündigung aufgenommen und bestätigt.[254]

In der medinischen Periode berichtet der Koran zusätzlich von dem Einzug in das Heilige Land. In Vers 5,21 ist die Rede von einem Gebot Allahs zu dem Volke:

"O mein Volk, tretet ein in das Heilige Land, das Allah euch be-schrieben hat."[255]

In dieser Perikope ist die Landnahme das letzte Ereignis in einer Reihe von Gnadentaten Allahs. Der vorangegangene Vers erzählt von der Gnade, die Allah dem Volk Israels erwiesen hat. Er hat Propheten auftreten lassen, setzte Könige ein und gab ihm mehr als allen Menschen in der Welt. Zu der Gnade Allahs gehört also auch das Wohnen im Heiligen Land. Der Koran hat mit diesem Ausdruck (al-ard al-muqaddasa) sich an den jüdischen Sprachgebrauch eng angeschlossen. An vielen Stellen des Midrash wird das Land Palästina "das Heilige Land" (erets ha-qidosha[256]) genannt.[257/288].

Vers 23 aber spricht vom Eintritt durch ein Tor, genauso wie in der mekkanischen Periode Sure 7,161 angesagt hatte. Hier wird wohl auf die Geschichte mit den Kundschaftern Bezug genommen worden sein [289].

Im weiteren Verlauf der koranischen Verkündigung werden noch einige Besonderheiten dem allgemeinen Rahmen der Erzählung hinzugefügt. Dies ist besonders der Fall gegen Ende der mekkanischen Zeit. In zwei Suren, 7 und 10, werden die Grundlagen der Verkündigung ausführlich dargelegt und die belehrenden Beispiele aus der Vergangenheit vorgeführt. Ausgangspunkt ist das Bekenntnis zu dem einzigen Gott, Schöpfer von Himmel, Erde und Menschen (10,3; 7,54; vgl. auch 7,10ff.). Diesen Gott haben die Boten früherer Zeiten verkündigt. So auch Mose. Er ruft sein Volk auf, angesichts der Macht des Pharao auf Allah zu vertrauen in Ergebenheit. Im arabischen Text (10,84) heißt es hier: wenn ihr euch als Muslime verhaltet. Die Antwort des Volkes lautet, daß man Allah vertrauen will, und infolgedessen kommt eine Offenbarung, die befiehlt, in den Häusern die Gebetsrichtung (*qibla*) einzunehmen und das *salat*-Gebet (das auch die Muslime unter Muhammad beten) zu verrichten (10,83-87). In Sure 7,127-35 wird zusätzlich noch von den Plagen in Ägypten berichtet. Sie werden aber nur kurz erwähnt, und es hat den Anschein, als ob Muhammad nicht genau über ihre Anzahl Bescheid wußte. Doch haben diese und andere Details das Grundkonzept der koranischen Mosegeschichte nicht geändert.

Wir erinnern uns, wie im Alten Testament Zusammenfassungen der Heilstaten Gottes erwähnt werden. Ihr fester Kern ist die Zeit von der Berufung Abrahams bis zur Landnahme. Als Auftakt ragt die Geschichte Noahs besonders hervor. In ihm und seinen Nachkommen geht die Geschichte Gottes mit der Menschheit weiter, um in Abraham und seinem Geschlecht dann eine neue, erwählte Mitte zu finden.

Der Koran kennt denselben Rahmen der Heilstaten Gottes. Anfangend mit Adam verläuft die Geschichte Allahs, in der er in seiner Offenbarung den Menschen das Heil anbietet, über Noah, Abraham, Mose bis auf die Landnahme. Aus dem gleichen Grundmaterial haben aber beide Bücher teilweise Unterschiedliches gestaltet. In den alttestamentlichen Heilssummarien gibt es ein einziges, überragendes Kraftfeld: die Geschichte Jahwes, in der ein unlösbares Ineinander von Gott, erwähltem Volk und Bundestreue sich immer wieder neu konstituiert. Im Koran treten bei genauerer Betrachtung zwei Kraftfelder auf. Das Hauptfeld ist die Offenbarung des einzigen Gottes, immer neu das Eine und Wesentliche seinen berufenen Propheten lehrend. Ihre Geschichte ist der großartig prophetische, die Horizonte der Menschheit umfassende Auftakt bis hin auf Muhammad, der das offenbarte Heil aus der Geschichte wieder aufnimmt und bestätigt. Das Bekenntnis zu diesem einzigen Gott und Schöpfer ist das Heil, das jedem Volk und jedem einzelnen Menschen offensteht. Daneben herrscht ein weiteres, untergeordnetes Kraftfeld: die Heilsgeschichte Israels. Obwohl erkannt und völlig gewürdigt, hat sie nur beispielhaften Charakter. Sie kann nur Hinweis auf die universelle Heilsgeschichte sein, Illustration in einem Geschichtsverlauf, der die Bedeutung Israels weit übertrifft. Israels Heilstatsachen sind keine fundamentalen Fakten, sondern lehrreiche Beispiele aus der Vergangenheit, seine Propheten keine unverrückbaren Pfeiler der Erwählung, sondern berufene Zeugen der Universalgeschichte Allahs.

IV. Die koranischen Aussagen über das Heil in Jesus

1. Die Namen Jesu im Koran und ihr Ursprung

Im Neuen Testament wird das Heil in Jesus Christus offenbart. Auch im Koran nimmt Jesus einen hervorragenden Platz in der Heilsgeschichte Allahs ein: Sein Leben wird in insgesamt 15 Suren erzählt; dieser Bericht umfaßt 93 Verse und reicht aus, eine eigenständige koranische Christologie aufzubauen[290]. Diese Sicht hat sich allmählich entwickelt: Jesu Name wird nämlich zuerst in der zweiten mekkanischen Periode erwähnt[291] und seine Geschichte am ausführlichsten in medinischen Suren erzählt. Nur 5 der Suren, die über ihn berichten, sind mekkanischen Ursprungs. Aus diesem chronologischen Aufbau ist zu entnehmen, daß sich die Geschichte Jesu neben dem Hauptstrom der koranischen Verkündigung entfaltet hat.

Das gleiche gilt für die wichtigsten der ihm im Koran zugeschriebenen Namen. Seit der zweiten mekkanischen Periode ist er als *Isa* bekannt. Über die Frage der Herkunft dieses Namens besteht noch keine Einigkeit. Wahrscheinlich ist der koranische Name aus dem syrischen *Yeshu*, das seinerseits vom hebräischen *Yeshu'a* herstammt, in den Sprachgebrauch des Korans eingedrungen.

Unter den vielen Ehrennamen hat sich *Ibn Maryam* — Sohn der Maria — am stärksten (insgesamt 33 mal) durchgesetzt, und zwar sechzehnmal in der Zusammensetzung *Isa ibn Maryam* und siebzehnmal *Ibn Maryam* (z. T. mit einem anderen Titel verbunden). Diese häufige Erwähnung steht merkwürdigerweise im Gegensatz zu der Sparsamkeit, mit der die Evangelien diesen Namen verwenden. „Der Sohn der Maria" wird nur in Markus 6,3 erwähnt und dort auch nur als verwunderte Frage von Jesu Landsleuten aus Nazareth.

Bishop[292] hat die These aufgestellt, daß diese Bezeichnung Jesu Muhammad von Seiten der äthiopischen Kirche erreicht habe, nachdem die zweite Gruppe der von Muhammad wegen der bedrohlichen Lage aus Mekka weggeschickten Gläubigen aus ihrem äthiopischen Zufluchtsort heimgekehrt war. Insgesamt sind aus Äthiopien 33 Gläubige nach Mekka zurückgekommen[293]. Übrigens findet man diese Bezeichnung noch fünfmal in dem apokryphen arabischen Evangelium der Kindheit und noch fünfzehnmal in dessen syrischer Fassung.

In medinischer Zeit wird diese Bezeichnung mit dem Titel *al-Masih* — der Messias — verbunden, und zwar in der Form *al-Masih Isa ibn Maryam* (3,45; 4,157; und 4,171) oder auch *al-Masih ibn Maryam* (5,17, 72, 75; 9,31). Dieses aus dem äthiopischen *masih* oder dem aramäischen *meshiha* übernommene Wort war bereits in vorislamischer Zeit bei den arabischen Christen verbreitet[294]. Auch bei diesen für den koranischen Sprachgebrauch wichtigen Titeln läßt sich also nachweisen, daß sie sich erst im Laufe der Zeit entwickelt haben. Aus dem oben Gesagten soll versucht werden, die Antwort auf die Frage zu finden, wie der Ursprung und die Entwicklung der für Jesus im Koran gebrauchten Ehrentitel zusammenhängt mit der Bedeutung seiner Person für die religiöse Gestaltung des Heils nach der koranischen Lehre.

2. Die Bedeutung der Person Jesu für die religiöse Gestaltung des Heils nach der Lehre des Korans

Viele der in den Evangelien hervorgehobenen Ereignisse aus dem Leben Jesu werden auch im Koran erzählt, und zwar in einer solchen Mannigfaltigkeit, daß man mit diesen Bausteinen eine koranische Christologie aufbauen kann. Wie in den Evangelien fängt die Lebensgeschichte Jesu an mit der Erzählung der Ankündigung seiner Geburt, der Empfängnis der Maria und seiner Geburt selbst. Immer muß dabei aber darauf geachtet werden, wie diese Erzählungen konstruiert sind und in welcher Gesamtstruktur der koranischen Verkündigung sie auftreten. An diesen Tatbestand ist die Methode der Untersuchung gebunden. Dies bedeutet, daß man die Jesuserzählungen nicht ohne weiteres aus den verschiedenen Suren herauslösen und sich ein nur auf diese Fakten beschränktes Bild machen kann, sondern auch den Kontext, das Klima, den Skopus innerhalb der Predigt einer Sure mitbeachten muß. Und dies bedeutet wiederum, daß man die koranische Jesuserzählung der jeweiligen Sure in ihrer Einheit untersuchen muß und nicht versucht sein darf, diese Einheit anhand außerkoranisch gewonnener Prinzipien zu zerlegen. Auf diese Weise kann man in einer Schau sowohl die Quellen aus der vorislamischen Geschichte als auch die koranische Neuinterpretation je nach ihrer Bedeutung zur Geltung bringen.

Die Ankündigung an Maria und die Geburt Jesu werden in zwei Suren — in Mekka und in Medina — ausführlich geschildert. Die 19. Sure, aus mekkanischer Zeit, trägt den Titel *Maryam*. Sie stammt aus der zweiten mekkanischen Periode und enthält zwei Hauptteile:

Der erste Teil berichtet von Geschichten aus der koranischen Vorzeit. Er beginnt mit der Ankündigung der Geburt des Johannes an seinen Vater Zacharias (Vers 2-15) und der Ankündigung der Geburt Jesu an Maria (Vers 16-26). Es folgt eine Erzählung über Jesus und eine Richtigstellung seiner Bedeutung in den Augen Allahs (Vers 27-40) sowie die Geschichte Abrahams (Vers 41-50) und zum Beschluß die des Mose und anderer Propheten (Vers 51-63).

Der zweite Teil handelt von den Engeln (Vers 64-65), dem letzten Gericht (Vers 66-72), dem weltlichen Schicksal der Ungläubigen und Gläubigen (Vers 73-76), der Verneinung, daß es auch den Ungläubigen wohlergehen wird (Vers 77-80), den Teufeln, die Allah über die Ungläubigen gesandt hat (Vers 81-84), der Fürbitte, die nur denjenigen zuteil wird, die einen Bund mit Allah erhalten haben (Vers 85-87), und er betont, daß Allah sich keinen Sohn genommen hat (Vers 88-96).

Dieser ganze Skopus muß beachtet werden, wenn man die Jesuserzählungen in ihrer koranischen Bedeutung verstehen will.

3. Maria als Mutter Jesu

Die Marienerzählung beginnt damit, daß Maria von ihrer Familie wegging und sich an einen östlichen Ort zurückzog; dort umgab sie sich mit einem Vorhang (Vers 16-17). Muhammad hat hier Legendäres aus christlicher Überlieferung in seine Erzählung aufgenommen. Man kann nur vermuten, was ihm dabei vorschwebte. *Rudolph* zitiert eine These *Dettingers*[296], die Alte Kirche habe den Vers (Ez 44,1): *„Hierauf führte er mich zurück* gegen das äußere Tor des Heiligtums, das nach Osten gerichtet war; es war aber verschlossen" dahingehend erklärt, daß dieses Tor nur von Gott geöffnet werden dürfe, so wie nur Christus den Mutterschoß der Magd geöffnet habe. Da Muhammad Legendengut recht einfach verwendet, muß bezweifelt werden, ob diese spitzfindige christliche Exegese ihm überhaupt bekannt war. *Blachère* vermutet, daß im arabischen Raum das Wissen um die Konsekration Mariae im Jerusalemer Tempel und ihre dortige Absonderung bis zu ihrer Pubertät bekannt war[297]. In dieser Richtung denkt auch *Yusuf Ali*: Er vermutet ein Privatzimmer, vielleicht im Tempel, wo Maria sich zum Gebet zurückgezogen hat[298]. Meines Erachtens hat Muhammad diese ihm vom Hörensagen bekannt gewordene Legende zum Auftakt[299] seiner eigenständigen Erzählung gemacht. Denn seine Zielsetzung ist die Begegnung zwischen Maria und dem Geist Allahs. Ihren ersten Höhepunkt erreicht die Erzählung in Vers 17:

„Und wir (Allah) sandten unseren Geist (ruh) zu ihr[300], *und der nahm vor ihr an das Gleichnis eines wohlgestalteten Menschen"*[301].

Der Hauptgedanke läßt sich auch im Lukasevangelium nachweisen. Der Engel Gabriel wird von Gott zu Maria gesandt (1,26) und teilt ihr mit, daß der Heilige Geist über sie kommen werde (1,35). Der zweite Teil des Koranverses ist späterer christlicher Tradition entnommen. Das Kindheitsevangelium sagt (V,3): *„Das Unkörperliche erschien ihr in Gestalt eines körperlichen Wesens"* und Pseudomatthäus (IX): *„ein junger Mann, dessen Schönheit man nicht beschreiben konnte."*

Im Lukasevangelium bildet die Ankündigung der Geburt des Johannes den Auftakt, genauso wie in der 19. Sure. Die Gestaltung der koranischen Erzählung kann an dieser Stelle unbeachtet bleiben, wichtig ist jedoch ihre Schlußfolgerung (Vers 15). Wenn wir nun die unmittelbar darauf folgende Jesusgeschichte betrachten, läßt sich feststellen, daß diese Erzählung mit einem Vers gleichen Inhalts (33) endet und der gleichzeitig die Brücke zum koranischen Kommentar der Jesusgeschichte schlägt. Dieser, die Johannes- und Jesuserzählung abschließende Vers lautet:

„Heil über ihn am Tag, da er (da ich, Vers 33) geboren wurde, am Tag, da er (ich) stirbt, und am Tag, da er (ich) zum Leben aufer-weckt wird."

Vor diesem Vers steht in beiden Fällen noch jeweils ein anderer Vers (14 und 32), der gleichlautend die Pietät Johannes und Jesu ihren Eltern gegenüber und ihre Gewaltlosigkeit betont. Damit rückt der Koran Geburt, Sterben und Auferstehung beider in die gleiche Perspektive.

4. Die Einordnung der Jesusgeschichte in die Heilsgeschichte

Der Geschichte der Maria soll Muhammad auch in der ihm of-fenbarten Schrift (Vers 16) gedenken. Hier wird in einer Formel — die nicht in der Zacharias- und Johanneserzählung gebraucht wird[295] — die Maria- und Jesuserzählung in die Heilsgeschichte der Propheten eingeordnet, denn dieselbe Formel wird auch be-nutzt zur Einführung in die Erzählungen des Abraham (Vers 41), Mose (Vers 51), Isma'il (Vers 54) und Idris (Vers 56). Der Vers 58 gibt abschließend Aufschluß, weshalb alle diese Propheten in einer Gesamtschau hintereinander erwähnt wurden. Sie waren es doch, denen Allah seine Gnade erwiesen hatte, der sie recht geleitet und erwählt hatte. Sie werden besonders als die Nach-kommenschaft von Adam und Abraham hervorgehoben.

Wie im Lukasevangelium entspinnt sich auch hier ein Gespräch zwischen der fragenden Maria und dem verkündenden Engel. Maryam deutet an, sie nehme in Gottesfurcht ihre Zuflucht beim Erbarmer (Vers 18) und wendet ein, sie könne keinen Sohn bekommen, wo doch kein Mann sie berührt habe (Vers 20).

Wichtig wird nun der zweite Höhepunkt, das von Allah beab-sichtigte Ziel dieses Geschehens (Vers 21):

„Also! Dein Herr sagt: Dies ist mir leicht, und Wir machen ihn zu einem Zeichen (aya) für die Menschen und zu Barmherzigkeit (rahma) von uns her"[302].

Auch hier berührt die Zielsetzung den Lukasbericht. Simeon wird später im Tempel zu Maria über Jesus sagen, er sei gesetzt zum Zeichen, dem man widersprechen wird (2,34), und die kora-nische Barmherzigkeit wird (Mt 1,21) als die Errettung von den

Sünden des Volkes und (Lk 1,32-33) als die Errichtung der Königsherrschaft seines Vaters David näher bezeichnet. Auch an dieser Stelle zeigt sich, wie schwierig die koranische Interpretation biblischen Gedankengutes zu beurteilen ist. Zwar hebt auch der Koran das Zeichenhafte der Erscheinung Jesu hervor und in ihr die Offenbarung der Barmherzigkeit Gottes, aber sie bedeuten nicht die Errettung von den Sünden, und auch die davidische Königsherrschaft wird nicht mehr erwähnt. Also dürfen wir die Begriffe „Zeichen" und „Barmherzigkeit" nicht aus dem Kontext der Erzählung herauslösen, sondern müssen es dem weiteren Fortgang überlassen, sie mit Inhalt zu füllen.

Es folgt dann (Vers 22-26) die Erzählung der Geburt Jesu. Maryam zieht sich zurück an einen fernen Ort. Die Wehen veranlassen sie, sich an den Stamm einer Palme zu setzen, und dort seufzt sie, daß es doch besser gewesen wäre, wenn sie vorher gestorben oder (von Seiten des Engels oder durch Allahs Absicht?) in Vergessenheit geraten wäre. Er — der neugeborene Jesus — läßt Wasser unter ihr fließen und frische Datteln vom Baume fallen, damit sie wieder frohen Mutes wird. Auch darf Maria mit niemandem sprechen, denn sie hat dem Barmherzigen das Fasten gelobt.

Auf die Verwandtschaft dieser Erzählung mit bestimmten Stellen des Pseudo-Matthäus XX ist mehrfach hingewiesen worden[303]. Die vorliegende lateinische Fassung stammt aus dem achten Jahrhundert, ist also jünger als der Koran. Aber sie enthält legendarisches Material, das sicherlich älter ist. Die von Muhammad erzählte Szene bezieht sich in Pseudo-Matthäus auf die Flucht nach Ägypten. Die ermüdete Maria setzt sich unter eine Dattelpalme. Jesus, auf ihrem Schoße sitzend, befiehlt dem Baum, sich herunterzubeugen und seiner Mutter ein paar Früchte zu geben. Auch heißt er ihn, aus seiner Wurzel Wasser zu spenden, und so entsteht eine Quelle. Ähnlich im arabischen Kindheitsevangelium veranlaßt Jesus einen Feigenbaum, Wasser zu spenden.

Darauf erzählt der Koran die Rückkehr Marias mit dem neugeborenen Jesus zu ihren Verwandten (Vers 27-33). In dieser Perikope dient das Legendäre dazu, das in Jesus erschienene Heil

Allahs zu deuten. Als Maria zurückkommt, werfen die Leute ihr vor, sie habe etwas Entsetzliches begangen[304]. Dieser Ausdruck enthält im Hinblick auf den kommenden Vers (28) einen drohenden Sinn. Das nun folgende Gotteswort spricht Maria aber von allem moralischen Schmutz frei: Ihr Vater war kein schlechter Mann und ihre Mutter keine Hure. Diese Offenbarung gehört zu dem beachtlichen Bemühen des Korans, Maria gegen moralische Verdächtigungen von Seiten der Juden in Schutz zu nehmen. In medinischer Zeit, als die Feindschaft der Juden gegen die neue Offenbarung deutlich geworden war, wird den Juden in der vierten Sure ein ganzer Sündenkatalog vorgehalten, in dem auch ihre „gewaltige Verleumdung gegen Maria" vorkommt (4,156). Demgegenüber bezeugt die koranische Offenbarung einige Male, daß sich Maria — im Gegenteil — keusch verhalten hat (21,91 sehr eng mit 66,12, bzw. in Mekka und Medina offenbart, verwandt)[305].

In der uns beschäftigenden Erzählung räumt ein Wunder des Jesuskindes[306] alle moralischen Zweifel aus. Maria weist auf Jesus, aber die Verwandten erklären, kein Gespräch mit jemandem führen zu können, der noch in der Wiege liegt. Nun aber beginnt Jesus aus der Wiege zu sprechen.

5. Die Zeichen um das Jesuskind

Muhammad scheint diesem Wunder große Bedeutung beigemessen zu haben. Noch zweimal (3,46 und 5,110) hat er es hervorgehoben. Aus der arabischen Tradition können wir entnehmen, daß Muhammad dieses Wunder von Seiten der Christen aus Nadjran gehört hat. *Ibn Ishaq* berichtet, daß eine Delegation dieser Christen zu Muhammad gekommen war und ihn zu überzeugen versuchte, daß Jesus der Sohn Gottes sei. Als Argumente hätten sie angeführt, er habe keinen Vater und *„er sprach in der Wiege, und dies ist etwas, was kein Kind Adams je getan hat"*[307]. Es wird angenommen, daß diese Legende unter arabischen Christen verbreitet war, denn es gibt eine Bemerkung im arabischen Text des Evangeliums der Kindheit, die besagt: *„Jesus sprach, als er in der Wiege lag, und er sagte zu seiner Mutter: Ich bin Jesus, der Sohn Gottes, das Wort, das du geboren hast, wie es dir der Engel Gabriel angekündigt hat"*[308].

An dieser Stelle läßt sich zeigen, wie Muhammad[309] das auf ihn gekommene Traditionsmaterial verarbeitet hat: Einerseits hat er sich die Erzählung vom Sprechen Jesu zu eigen gemacht, anderrerseits läßt er jedoch Jesus gerade diejenigen Worte sprechen, die sich nahtlos in den Rahmen seiner eigenen Verkündigung einpassen lassen. Die Worte des Jesuskindes umfassen in dieser Sure vier Verse (30-33), deren letztere zwei (32-33) eine Parallele zu den Johannesworten bilden (19,14-15). In den ersten offenbart das Jesuskind, wer es eigentlich ist (wie auch in der Bemerkung im Evangelium der Kindheit). Diesmal aber sagt das Kind:

„Wahrlich, ich bin der Diener Allahs. Er hat mir die Schrift (al-kitab) gegeben, und Er hat mich zu einem Propheten gemacht. Er hat mich zu einem Gesegneten gemacht, wo ich auch bin, und Er hat mir das liturgische Gebet (salat) und die Almosensteuer (zakat) anbefohlen, solange ich am Leben bleibe."

Was ist nun hier geschehen?

6. Jesus als Diener Allahs, nicht als Sohn Gottes

Zwar hat Muhammad die außerordentliche Bedeutung Jesu aufrecht erhalten, dennoch hat er ihn zum Zeugen seiner eigenen Heilsverkündigung gemacht. Denn alle entscheidenden Punkte bestätigen die Aussage des Korans. Doch nicht genug damit: Die gleichen Merkmale lassen sich auch aus den Evangelienberichten belegen, ohne daß dabei aber — und hier liegt die besondere Schwierigkeit nicht nur dieser, sondern aller religionsphänomenologischen Studien — die verwandten Begriffe dieselbe Botschaft vermitteln. Wie alle Propheten und auch Muhammad selbst bezeugt Jesus, ein Diener Gottes zu sein; wie Mose, David und Muhammad wurde auch ihm eine Schrift gegeben; wie seine Vorgänger und Muhammad steht er in der Reihe der Propheten. Besonders hervorgehoben ist, daß er gesegnet wurde. Auch das Gebet und die Liebesgabe lassen sich mit der Botschaft der Evangelien in Einklang bringen. Dennoch hat hier eine entscheidende Neuinterpretation stattgefunden.

Grundsätzlich bilden die Worte für Gebet (*salat*) und Liebesgabe — *zakat*, besser Almosensteuer — durchaus koranische Begriffe, die Muhammad in der Glaubenspraxis seiner Gemeinde ununterbrochen angewandt hat. Dieses Begriffspaar wird mehrere Male in Mekka sowie in Medina als eine Einheit der islamischen Frömmigkeit genannt[310]. Muhammad und seine Gemeinde werden in Offenbarungen aufgefordert, sie zu verrichten (z. B. 2,110). Die Offenbarung bezieht in diese Forderung auch die Söhne Israels mit ein (z. B. 2,43). Somit bestätigen die Worte, die das Jesuskind in der Wiege spricht, die Einheitlichkeit der Offenbarung Allahs und das Wesentliche der Frömmigkeit. Durch diese Worte hat Jesus sich als Prophet und Diener Allahs in die Gesamtstruktur der Prophetengeschichte von Adam bis Muhammad eingereiht.

Obwohl der Koran keine Mühe hat, seine Wundertaten — wie hier das Sprechen in der Wiege — unbefangen zu preisen, läßt er keine Gelegenheit ungenutzt, um Jesus in diese Einheitlichkeit und Gesamtstruktur einzustufen, so auch hier.

Nachdem im Vers 33 die Jesuserzählung beendet ist, folgt die Beurteilung aus koranischer Sicht:

„Das ist Jesus, der Sohn Marias, (so lautete) die Aussprache über das Wesentliche, über das sie[311] in Zweifel sind" (Vers 34).

Demzufolge wird das in Jesus offenbarte Wesentliche gegen die falschen Traditionen der Christen abgegrenzt. Der nächste Vers leugnet, daß Allah sich einen Sohn nehmen könnte, was direkt gegen den neutestamentlichen Begriff „Jesus, der Sohn Gottes" polemisiert. Dem stellt der Koran seine eigene Auffassung gegenüber, aus der hervorgeht, daß Muhammad diese Polemik auf den Schöpfungsprozeß einschränkt. Denn die Gegenerklärung, die jetzt folgt, paßt völlig in das biblische Verständnis der Schöpfung Gottes und sichert gleichzeitig die Jungfrauengeburt in koranischer Sicht. Diese Erklärung lautet:

„Nicht gebührt es Allah, daß er sich einen Sohn nehmen würde, Lob sei ihm! Wenn er eine Sache beschlossen hat, braucht er nur zu ihr zu sagen: Sei! und dann ist sie" (Vers 35).

Der nächste Vers schließt die Auseinandersetzung ab; Jesus bekommt die Feststellung in den Mund gelegt, daß Allah sein Herr und euer Herr sei. Ihm zu dienen, ist der gerade Weg.

Diese letzte Folgerung macht es wahrscheinlich, daß in diesem Abschnitt — wie *Paret* vermutet[312] — auch der Vers 35 eine Argumentation Jesu sein soll. Wenn dies der Fall ist, dann hat sich auch hier Jesus in den Rahmen der koranischen Verkündigung eingefügt, denn mit diesen Worten wird im Koran mehrfach argumentiert. In 2,116 und 117 wird auch die Polemik gegen die Lehre der Christen, Jesus sei der Sohn Gottes (vgl. Vers 113) gerichtet, aber diesmal spricht nicht Jesus, sondern verkündet Muhammad die Offenbarungsworte Allahs. Dieser Angriff wiederholt sich nochmals in Medina (in der 3. Sure) als Maria gelegentlich der Frage, wie sie denn ein Kind bekommen könne, vom Engel eine gleichlautende Argumentation als Antwort bekommt (Vers 47).

Diese Argumentation ist der Schöpfungsgeschichte der Menschheit entnommen. Wie der erste Mensch, so ist auch Jesus erschaffen worden. Dies sagt 3, 59:

„Wahrlich, das Gleichnis des Jesus bei Allah ist wie das Gleichnis des Adam. Er hat ihn aus Staub der Erde erschaffen. Daraufhin sagte er zu ihm: Sei! und er war."

Die Komposition dieses Verses läßt vermuten, das der Befehl: Sei! mit dem göttlichen Geist in Verbindung gesetzt werden muß, der nach der koranischen Schöpfungsgeschichte eingehaucht wird (32,9)[313].

Aber was an Adam und Jesus geschehen ist, ist nur ein besonderes Ereignis der Macht des göttlichen Schöpfungswortes.

7. Die Erschaffung Jesu als Erklärung der Schöpfungsmacht Allahs

In mekkanischer Zeit wurde die Botschaft Muhammads geleugnet, teils aufgrund der Meinung, daß die Toten nicht mehr zum Leben gebracht werden könnten. Wiederum wird das Argument der Allmacht des Schöpfungswortes: Sei! — und es wird werden — ins Feld geführt (16,38-40). Daß es sich hier tatsächlich um die Schöpfungsmacht Allahs handelt, beweist ein Vers aus der 36. Sure, die aus der zweiten mekkanischen Periode stammt; er ist ein Hinweis darauf, wie tief und von Anfang an diese Botschaft in Muhammad verwurzelt war. Ab Vers 77 wird von der

Erschaffung des Menschen gesprochen, und daraufhin wird das Thema auf die Erschaffung von Himmel und Erde erweitert, denn Allah ist der Schöpfer, der Wissende. Und das ganze Geschehen wird wiederum mit demselben Argument begründet (Vers 82). Eine ähnliche Betrachtungsweise mit abschließender Argumentation liefert der Abschnitt 40,61-68 aus der dritten mekkanischen Periode[314].

Kehren wir nun zurück zu dem Bericht der 19. Sure, so läßt sich feststellen, daß der Koran zwar die wunderbare Art der Erschaffung Jesu hervorhebt, aber daß dieses Wunder der allgemeinen Erklärung der Schöpfermacht Allahs untergeordnet wird. Auch die Schöpfung der Menschen wird auf das gleiche Machtwort zurückgeführt. Die Übereinstimmung mit Adam besteht darin, daß Jesus wie dieser unmittelbar von Allah, ohne menschlichen Vater, erschaffen wurde.

Diese Strukturierung der Argumentation soll uns zur Vorsicht mahnen, denn auch das Neue Testament vergleicht Jesus mit Adam[315]. *O'Shaughnessy* vermutet, daß der Koran Adam und Jesus nach nestorianischer Tradition als Geschaffene gleichsetzt[316]. Wenn aber Paulus (Röm 5 und 1Kor 15) Jesus und Adam vergleicht, so beabsichtigt er, der Sünde die Rechtfertigung gegenüberzustellen, dem Körper der Vergänglichkeit den geistigen Körper der Auferstehung Christi. Die koranische Neuinterpretation geht also, allerdings unter Beibehaltung ähnlicher Bilder, andere Wege.

Diese Neuinterpretation und ein anderer Skopus sind bei erneuter Betrachtung der Sure 19 nicht zu übersehen. Die Absicht Gottes, mit der Geburt Jesu (Mt 1,18-25 und Lk 1,26-38) von Sünden zu befreien und das neue Reich anzukündigen, fehlt in dieser Sure völlig. Der Koran betont das Wunder, fügt aber das Ganze als Teilstück in seine eigene Verkündigung ein. Das mit dieser Verkündigung nicht zu Vereinbarende wird zurückgewiesen und auf die — nutzlosen — Streitigkeiten der christlichen Sekten zurückgeführt (Vers 37-40). Und somit kann diese Sure mit einem pointiert wiederholten Hinweis enden, daß der Erbarmer sich keinen Sohn genommen hat. Dies braucht er auch gar nicht zu tun (Vers 88-92) aus Gründen, die der Koran klar zutage gefördert hat und die dann unten ausgearbeitet werden, wenn es um das Verständnis des Heils im Koran geht.

8. Die Geschichte Jesu und das im Koran offenbarte Heil

In Medina erzählt Muhammad noch einmal die Geschichte Jesu unter anderen Umständen. In den Jahren 2 und 3 nach der Hidjra (624-625) hatten sich für den neuen islamischen Glauben entscheidende Ereignisse vollzogen. Der Bruch mit den Juden Medinas war perfekt, und die Schlacht bei Badr hatte gezeigt, daß Allah auf der Seite der Muslime stand (3,13). Das Selbstbewußtsein der neuen Religion und ihres Propheten hatte sich dementsprechend gesteigert, und von diesem Selbstbewußtsein aus wird die Bedeutung Jesu im Koran beurteilt.

In dieser Zeit erzählt die 3. Sure in den Versen 42-64 die Geschichte Jesu und das in ihm offenbarte Heil wiederum als eine Einheit, eingebettet in die Struktur der eigenen Botschaft. Beides, Jesuserzählung und eigene Verkündigung, müssen in gegenseitigem Zusammenhang betrachtet werden, will man die Interpretation Jesu richtig verstehen. Wir greifen deshalb in unserer Untersuchung etwas voraus und skizzieren kurz das koranische Verständnis des Heils. Der Heilsbegriff bildet in der 3. Sure den gewaltigen Auftakt, in dessen Schatten die Jesuserzählung steht. Voran geht das Hauptbekenntnis: Allah! Keinen Gott gibt es außer ihm (Vers 2). Auf Muhammad hat er die Schrift mit der wesentlichen Wahrheit herabgesandt, und diese ist eine Bestätigung dessen, was zuvor in Torah und Evangelium herabgesandt worden war (Vers 3). Dies ist die rechte Leitung für die Menschen, eine entscheidende, von den Ungläubigen trennende Rettung[317] der Gläubigen, denn die Ungläubigen erwartet eine schlimme Strafe (Vers 3-4), und für sie gibt es keine Hilfe; Allah wird die Ungläubigen in der Hölle versammeln (Vers 10-12). Denen aber, die gottesfürchtig sind, wird bei ihrem Herrn der Paradiesgarten zuteil (Vers 15). Also ist die wahre Religion der Islam, und deshalb wird Muhammad beauftragt, den Leuten die die Schrift bereits besaßen, die Frage vorzulegen: Habt ihr den Islam angenommen? (Vers 20). Diese Strukturierung der Botschaft wird mit Aktualisierung in bezug auf die jetzt entstandene neue Lage abgeschlossen mit den Worten:

"Sag: Gehorcht Allah und dem Apostel (Muhammad). Und wenn ihr euch abwendet³¹⁸, wahrlich Allah liebt die Ungläubigen nicht (Vers 32)."

Erst an dieser Stelle findet der Rückblick in die Vergangenheit statt. Die Jesusgeschichte wird wiederum von der Geschichte des Zacharias eingeleitet, gefolgt von der des Abraham, nachdem die Schriftbesitzer aufgefordert wurden, keinem anderen als Allah zu dienen (Vers 64-68). Somit ist alles Material vorhanden, mit dessen Hilfe der zweite Teil dieser Sure die Angriffe gegen die Ungläubigen, insbesondere die Juden, aufbauen kann³¹⁹.

9. Jesus als „Wort", „Messias" und „Gesandter"

Diese Jesuserzählung fängt auch mit der Ankündigung der Geburt an (Vers 42-43). Danach wird die Erzählung unterbrochen durch eine Mitteilung an Muhammad, daß er solche Geschichten nur aus göttlicher Offenbarung erfahre (vgl. 11,49 und 12,102). Also sind diese und ähnliche Geschichten keine persönliche Illustration Muhammads, sondern gehören zu der Gesamtheit des offenbarten Wortes. Die Engel kündigen Maria Jesus an und bezeichnen seine außergewöhnliche Bedeutung mit den Worten:

„Maria! Wahrlich Allah verkündet dir ein Wort (kalima) von ihm ausgehend, dessen Name ist der Messias (masih), Jesus, der Sohn der Maria; hoch angesehen in dieser Welt und in der späteren, und er gehört zu denen, die (Gott) nahestehen" (Vers 45).

In diesem Verse verwendet der Koran zwei Begriffe: „Wort" und „Messias". Diese Begriffe sind auch im Neuen Testament als Bezeichnungen Jesu geläufig. Jesus verkündet das Wort des Königreiches (z.B. Mt 13,19), das Wort Gottes (z.B. Lk 5,1), von den johanneischen Schriften dahingehend interpretiert, daß dieser, der das Wort verkündet, auch das fleischgewordene Wort (Joh 1,14), das Wort des Lebens ist (1 Joh 1,1).

In unserer Sure wird in der Verkündigung an Zacharias Johannes (der Täufer) angedeutet als einer, der die Wahrheit eines Wortes von Allah bezeugen wird (Vers 39). Ein anderes Mal wird innerhalb dieser Jesuserzählung die Geburt Jesu mit dem Schöpferwort Allahs in Verbindung gebracht, und zwar in der bereits erwähnten Argumentation: Sei! und es ist (Vers 47). Damit weist der gesamte Kontext dieser Erzählung auf die Tatsache hin, daß der Koran, wenn er den Ausdruck *kalima* auf Jesus anwendet, ihn unmittelbar mit dem Schöpferwort Allahs in Verbindung bringt [320].

Der Vers 45 nennt Jesus auch *masih*. Was Muhammad unter dieser Bezeichnung verstanden hat, geht aus den Texten nicht klar hervor.

Im Alten Testament wird meistens der König oder der Hohepriester Gesalbter genannt. Andere Male werden David und seine Nachkommen, ein einziges Mal Cyrus (Jes 45,1) damit bezeichnet. Die griechische Übersetzung Christos wird zur herausragendsten Bezeichnung der Messianität Jesu. Diese Fülle der Charakterisierungen fehlt im Koran. Das Wort *masih* wird entweder ohne weitere Charakterisierung (4,172) oder unter Hinzufügung Ibn Maryam, Isa b. Maryam gebraucht. Im Koran wird der Begriff nicht gezielt erwähnt, es sei denn, der Name gehört zu jenen Titeln, mit denen die besondere Bedeutung der Person Jesu gekennzeichnet wird. So in dem vorliegenden Vers, wo er im Kontext des schöpferischen Gotteswortes und seines hohen Ranges vorkommt. Allerdings wird der Begriff einmal (9,30) negativ abgeschirmt. Es ist eine letzte Aussage — die Sure wurde nach 630 offenbart — an die Adresse der Christen. Allah bekämpft diese, weil sie sagen: Der *masih* ist der Sohn Gottes. Wie in der 19. Sure, so darf auch hier die Würde Jesu als *masih* die Grenze zur Gottessohnschaft nicht überschreiten. Dieselbe Beschränkung muß mitbedacht werden, wenn in 3,45 von Jesus gesagt wird, er gehöre zu den (Gott) Nahestehenden. Die dritte Sure spricht dann nur sehr kurz über das Wunder in der Wiege und prophezeit Maria, daß Jesus als Erwachsener zu den Rechtschaffenen (*al-salihina*) gehören werde. Das Gleiche wurde dem Zacharias über Johannes prophezeit (vgl. Vers 39 mit 46). Auch die dritte Sure widerlegt das Bedenken Marias mit dem Argument der Allmacht des Schöpferwortes.

Ausführlicher berichtet dann diese Sure über die Taten Jesu. Aus ihnen wird ersichtlich, wie der Koran das in Jesus erschienene Heil gestaltet. Voran geht eine Belehrung von Seiten Allahs (Vers 48):

„Und Er (Allah) wird ihn (Jesus) lehren die Schrift (al-kitab) und die Weisheit (al-hikma) und die Torah und das Evangelium."

Diese Belehrung wurde bereits in dem Kapitel über die Offenbarung besprochen und dort bemerkt, daß die vier Termini Ausdrucksformen sind, die in unterschiedlicher Gestalt die Einheitlichkeit der Offenbarung in Vergangenheit und Gegenwart darstellen. Nach koranischem Verständnis ist diese Einheitlichkeit unmittelbar mit der Einheit und Einzigkeit Allahs verknüpft.

Daraufhin folgt in Vers 49 eine Aufzählung der Taten Jesu, der als Gesandter (*rasul*) zu den Söhnen Israels geschickt worden ist, genauso wie Muhammad als *rasul* zu den Arabern gesandt wurde. Wie jeder Prophet weist er sich vor seinem Volk mit einem Zeichen (*aya*) aus. Dieses Zeichen wird aber nicht eigenständig von dem Propheten vorgeführt, sondern es ist eine *aya*, die ihm von Gott verliehen wurde. So sagt auch Jesus, daß er mit einem Zeichen von ihrem Herrn zu ihnen gekommen sei. Die nun folgende Liste seiner Wundertaten hat also auf jeden Fall jenen zeichenhaften Charakter, der ihn als einen von Allah zu seinem Volk geschickten Apostel ausweist. Der Inhalt dieser Liste soll dann klarstellen, ob damit — mit dem Hinweis auf Allah — seine Aufgabe erschöpft ist oder ob noch andere Gestaltungen des Heils miteinbezogen werden.

10. Die Wunder Jesu und ihre Grenzen

Das erste Wunder ist die Ankündigung, daß er aus Lehm etwas schaffen werde (*akhluqu*), was aussieht wie (die Gestalt der) Vögel. Er wird in den Lehm hineinhauchen (*anfukhu*), damit daraus Vögel werden. Dies alles geschieht mit Allahs Erlaubnis. Die Quelle dieses Berichts ist das Kindheitsevangelium des Thomas[321]. Dort ist diese Erzählung auf zwei Weisen überliefert[322]. Einmal spielt Jesus mit seinen Freunden und formt dabei aus Lehm Vögel. Auf Jesu Befehl fliegen sie davon, setzen sich wieder und picken. Die zweite Version berichtet, daß Jesus am Sabbat aus Lehm Vögel gestaltet. Es kommt ein Pharisäer vorbei und will sie vernichten. Jesus aber klatscht in die Hände, und die Lehmformen fliegen davon[323].

Es ist nicht unwichtig zu ergründen, was die Einfügung dieser Erzählung in den Koran zu bedeuten hat. Vor allen Dingen wird die einzige Allmacht Allahs abgesichert. Berichtet die christliche Tradition, daß auf Jesu Befehl die Vögel davonfliegen, so fundiert der Koran den ganzen Bericht mit der abschließenden Begründung: mit der Erlaubnis Allahs. Ungeachtet dieser Sicherstellung hat dennoch etwas sehr Beachtenswertes stattgefunden. Dadurch, daß der Koran diese christliche Erzählung als Wunderzeichen für Jesus übernommen hat, wurde Jesus in die Nähe der göttlichen Schöpferallmacht gerückt. Wie Allah den Menschen aus Lehm geformt hat und ihm daraufhin seinen Geist eingeblasen hat, so auch Jesus. Nicht nur der Vorgang an sich ist parallel, sondern auch der Wortlaut stimmt in beiden Fällen überein. In der Jesuserzählung erschafft Jesus aus Lehm (*akhluqu min al-tin*); so hat auch Allah den Menschen erschaffen (*khalaqakum min tin* 6,2; derselbe Wortlaut in 7,12; 23,12; 37,11; 38,71). Jesus bläst in die geschaffene Form hinein (*anfukhu fi-hi*), und genauso tut Allah (*nafakhtu fi-hi*, 15,29, *nafakha fi-hi* 32,9). Daß es sich hier tatsächlich um die Schöpfermacht handelt, zeigt das Ende des Vorganges. Nachdem Jesus die Vögel erschaffen und in sie hineingeblasen hat, da waren es Vögel (*fa yakun*). Mit diesem Wortlaut wird die erschaffene Existenz, wieder in übereinstimmendem Wortlaut mit der Schöpfungsmacht Allahs, festgelegt. Wenn Allah sein Schöpferwort: Sei! gesprochen hat, existieren die Dinge (*kun, fa yakun*, 16,40)[324]. Keinen Propheten hat der Koran so nah an diese Schöpfungsmacht herangerückt wie Jesus. Die einzige Absicherung gegen eine Teilhabe an der göttlichen Macht ist die immer wieder vorgebrachte Einschränkung: mit der Erlaubnis Allahs. Dies alles ist ein Hinweis darauf, daß der Koran, nachdem er Jesus in die Reihe der Propheten aufgenommen hatte, sich mit dessen außergewöhnlicher Gestalt auseinandersetzen mußte. Die Art und Weise dieser Auseinandersetzung macht der weitere Verlauf der vorliegenden Erzählung deutlich.

Auf das im Vers 49 aufgenommene „Zeichen Jesu" folgen die Ereignisse, die auch in den kanonischen Evangelien berichtet werden. Im Koran werden sie als Ankündigung dessen vorgestellt, was Jesus vor den Israeliten als Zeichen vorführen wird:

„Ich werde Blinde und Aussätzige heilen und die Toten lebendig machen..."

Allerdings läßt diese Ankündigung seiner zukünftigen Wunder-
taten eine detaillierte Beschreibung, wie in den kanonischen
Evangelien, vermissen. So wird zum Beispiel über die Heilung
der Blinden und deren Begleitumstände in Mt 9,27-31; 20, 29-34
(Mk 10,46-52; Lk 18,35-43) und Joh 9,1-41, über die Heilung der
Aussätzigen in Mt 8,1-4 (Mk 1,40-44; Lk 5,12-14) und Lk 17,11-19
ausführlich berichtet. Das gleiche gilt für die Auferweckung der
Toten durch Jesus. In den kanonischen Evangelien wird von drei
Totenerweckungen berichtet: der Tochter des Jairus, dem Sohn
der Witwe zu Nain und dem Lazarus (Mt 9,18-26; Mk 5,21-43; Lk
8,40-56; Lk 7,11-17 und Joh 11,1-44).

Durch das Fehlen des Kontextes — der Muhammad offensichtlich nicht bekannt war — hat der Koran auch die Beziehung dieser Wunder zur Sendung Jesu nicht herausstellen können. In
den kanonischen Evangelien werden die Taten Jesu u.a. erzählt,
weil sie vor Johannes dem Täufer Jesus als denjenigen ausweisen sollen, den alle Propheten erwartet haben und in dem der
Durchbruch des himmlischen Königreiches stattfinden wird (Mt
11,2-15). In diesem Zusammenhang steht die koranische Liste allem Anschein nach nicht. Statt dessen werden die drei Wunder
Jesu wieder mit der Einschränkung abgeschlossen: *„mit der Erlaubnis Allahs".*

Aber auch hier hat der Koran durch die Übernahme einzelner
Taten in sein Erzählgut Jesus, anders als die übrigen Propheten,
in die Nähe Allahs gerückt.

Denn das Auferwecken der Toten ist ein ausschließliches Privi-
leg der Allmacht Allahs. Bereits in der ersten mekkanischen Periode hat Muhammad, angesichts des Unglaubens seines Volkes
an das zukünftige Leben und das danach stattfindende Gericht
(das arabische Heidentum glaubte an das „Schicksal" der Zeit
(*dahr*), das dem Menschenleben einfach ein Ende setzt, ohne danach eine Belohnung oder Vergeltung zu erwarten[325]), immer
die Schöpferallmacht Allahs hervorgehoben. Aus dem Glauben
an die Schöpferallmacht stellt Muhammad die Frage:

*„Ist ein solcher dann nicht mächtig, die Toten lebendig zu ma-
chen?"*

Der arabische Wortlaut dieses Verses (75,40) stimmt mit dem Wortlaut der Tat Jesu überein[326]. In der dritten mekkanischen Periode wird dem Unglauben der Mekkaner nochmals die alles umfassende Schöpferallmacht Allahs vor Augen geführt. Er, der über alle Dinge herrscht, ist auch mächtig, die Toten wieder lebendig zu machen (übereinstimmend mit dem Jesuswort, Vs. 46,33). In der Predigt mekkanischer Zeit wird Allahs Allmacht im kommenden Gericht als eine Warnung mit seiner allumfassenden Schöpfungsmacht begründet:

„Wahrlich, Wir sind es, die Wir die Toten lebendig machen (nuhi al-mawta), und Wir schreiben auf, was sie früher getan und was ihre Spuren (hinterlassen) haben....." (36,12).

Diese Überzeugung wurde zu einem der Kernpunkte des koranischen Glaubens in medinischer Zeit zusammengefaßt in dem Bekenntnis:

„Du bringst das Lebendige aus dem Toten hervor und das Tote aus dem Lebendigen" (3,27).

Folgerichtig hat der Koran, indem er bestimmte Elemente der christlichen Jesusüberlieferung übernahm, Jesus in die Nähe Allahs gebracht. Wie Adam ist er unmittelbar aus dem Schöpferwort entstanden (der Anlaß war die Jungfrauengeburt), wie Allah hat er Lehm geformt und der Form Leben eingeblasen (der Anlaß war eine christliche Legende), und gleich Allah hat er die Toten wieder zum Leben erweckt (wie in den Evangelien). Daß der Koran mit diesen Erzählungen etwas anderes beabsichtigte und eine Neuinterpretation brachte, wird bereits aus der immer wiederholten Einschränkung „mit der Erlaubnis Allahs" deutlich. Der weitere Fortgang der Erzählung in der dritten Sure beweist dies.

Die letzte der in Vers 49 aufgezählten Taten ist die prophetische Kunde dessen, was man essen und in den Häusern speichern darf. *Paret* stellt fest, daß eine literarische Vorlage noch nicht nachgewiesen ist[327]. Ich vermute, daß dies eine Feststellung Muhammads ist, denn die Christen, gestützt auf die Autorität Jesu, verhielten sich in ihren Speisegewohnheiten anders als die Juden. Man vergleiche hierzu Mk 7,1-23.

11. Die Bedeutung von Jesu Wundertaten im Koran

Wie werden nun alle diese Taten Jesu im Koran interpretiert, welche Rolle spielt er hier in dem Gesamtbild koranischer Prophetie? Die Quellen sind deutlich. In dem Maße, wie sie den kanonischen Evangelien — vom Hörensagen her — entstammen, gehören sie zu einer das kommende Reich gestaltenden Heilsbotschaft. In welche Heilsstruktur sind sie im Koran eingebettet?

An Anfang und Ende dieses Verses (49) werden diese Taten als „Zeichen" angekündigt. Der Vers schließt mit den Worten: *„Wahrlich darin liegt für euch ein Zeichen (aya), wenn ihr gläubig seid".* Jesu Taten sind also, wie in der neutestamentlichen Heilsverkündigung, Zeichen. Ein Zeichen hat die Aufgabe, auf etwas hinzuweisen. In diesem Sinn hat das arabische *aya* ein Äquivalent in dem hebräischen *oth.* Im Alten Testament hat ein *oth* als Ding oder Ereignis über sich selbst hinaus auf eine andere Wirklichkeit hinzuweisen. Es kann u.a. Kennzeichen, Warnzeichen oder Wunderzeichen sein. Im Falle eines Wunderzeichens bezeugt es, daß die Macht Gottes hinter dem Ereignis wirksam ist (so insbesondere in den Büchern Exodus und Deuteronomium). Eine verwandte Bedeutung hat das koranische *aya.* In der 30. Sure werden eine ganze Reihe der Zeichen Allahs aufgezählt: die Erschaffung des Menschen, das Mann-Frau-Verhältnis, Schöpfung von Himmel und Erde, Tag und Nacht, Blitz und fruchtbar machender Regen, der Bestand von Himmel und Erde nach Allahs Willen. All dies sind Zeichen, die auf die Wirklichkeit der Allmacht Allahs und seiner Güte gegenüber Menschen hinweisen (30,20-27). Ebenso ist der Untergang der Ungläubigen, nachdem das prophetische Wort vergeblich zu ihnen gekommen ist, ein (Warn-) Zeichen, das zum Glauben an die Allmacht und Gerechtigkeit Allahs rufen soll (z.B. 26.67, 103, 121, 139, 158, 174, 190). Die Wunder, die Mose in Ägypten vollbringt, sind Zeichen Allahs, die ihn als Gesandten des Herrn der Welten ausweisen (7,103-4; 43,46). Als letzte Phase in dieser Entwicklung hat Muhammad die ihm offenbarten Koranworte als ein Zeichen Allahs verstanden, so daß schließlich jeder Koranvers die Funktion eines Zeichens erfüllt. Trotz aller Verschiedenheit hört man im Koran den Unterton der Einheitlichkeit, denn alle Zeichen weisen immer auf das Handeln Allahs, den einzigen Gott, hin.

Dies ist auch in der vorliegenden Jesuserzählung der Fall. Nachdem Jesus in Vers 50 noch einmal sagt, er sei gekommen, die Torah zu erfüllen und zu erlauben, was verboten war, wiederholt er die Worte: *„Ich bin zu euch gekommen mit einem Zeichen (aya) von eurem Herrn"*, und der Vers schließt mit dem Ziel seines Kommens, dem Skopus, in den das Ganze eingeordnet wird, also mit der Angabe des Kerngehaltes seines Auftretens: der Mahnung: *„Fürchtet Allah und gehorchet mir!"*

Auch dieses Ziel des Auftretens Jesu ordnet die koranische Heilsverkündigung in die Einheitlichkeit der Prophetengeschichte ein.

Dieses Bekenntnis zur Einheitlichkeit der Zielsetzung aller prophetischen Verkündigung wird bei Jesus nicht zufällig hervorgehoben. Bereits von Anfang an gehört sie zu der koranischen Predigt. Sie gehört höchstwahrscheinlich schon in der zweiten mekkanischen Periode zum Eckstein der gesamten Prophetengeschichte. Die 26. Sure datiert aus dieser Zeit und enthält im ersten Teil (Vers 10-191) eine Anzahl solcher Prophetengeschichten. In der Noahgeschichte kehren die gleichen Begriffe wieder. Zweimal erklärt Noah: *„Fürchtet Allah und gehorchet mir"* (26,108 und 110), und der Koran betont am Schluß, daß diese Geschichte ein Zeichen (aya) ist (Vers 121). Die gleiche Struktur findet sich in der Hud-Geschichte. Zweimal ruft dieser Prophet dazu auf, Allah zu fürchten und ihm zu gehorchen (Vers 126,131), und seine Geschichte wird auch als Zeichen (aya) gedeutet (Vers 139).

Das gleiche gilt für die Geschichte des Propheten Salih: zweimal die Zielbestimmung (Vers 144 und 150) und die Bewertung als Zeichen (Vers 158). Dieses Ziel hat auch das Kommen Lots (Vers 163). Seine Geschichte ist ebenfalls ein Zeichen (Vers 174). Denselben Aufruf tut Shu'aib (Vers 179), und auch seine Geschichte hat die Bedeutung eines Zeichens (Vers 190).

Darüber hinaus betont die Jesuserzählung nochmals das Ziel seiner Sendung in Vers 3,51. Bevor hier eine neue Episode aus seinem Leben geschildert wird, kommt dieser Teil zu einem vorläufigen Höhepunkt in den Worten:

„Wahrlich, Allah ist mein Herr und euer Herr. Also dienet ihm! Dies ist ein gerader Weg" (19,36; 43,64).

Wie auch die vorigen Elemente, so passen diese Worte nahtlos in die Struktur der einheitlichen koranischen Botschaft. Denn dieser Vers steht nicht nur einmal im Koran.

In einem anderen Kontext lesen wir ähnliche Worte in 36,61. Die Anrede gilt den Söhnen Adams, also der Menschheit. Ihr hat Allah die Pflicht auferlegt, dem Satan — dem Feind — nicht zu dienen. Statt dessen erteilt er den Auftrag:

„Mir zu dienen, denn das ist ein gerader Weg."

Bei allen anderen Gelegenheiten steht der Vers im Zusammenhang mit der Jesusgeschichte. Wir hatten schon Anlaß, bei der Betrachtung der Jesuserzählung in 19,27 ff. festzustellen, daß die eigentliche Erzählung in Vers 36 mit genau denselben Worten abgeschlossen wird. Auch in der dritten Sure bilden die gleichen Worte den vorläufigen Höhepunkt unmittelbar vor der ersten Zäsur. Dies kann als Hinweis dafür dienen, daß Muhammad einer solchen Feststellung großes Gewicht beigemessen hat.

In der 43. Sure werden mehrere, bereits bekannte Elemente in einer Jesuserzählung zusammengefügt. Der Vers 43,59 unterstreicht, wie dies auch in 19,30 der Fall ist, daß Jesus *„nichts anderes als ein Diener war, dem Wir Gnade erwiesen haben"*. In Vers 61 wird dann die Nachfolge Jesu als ein gerader Weg bezeichnet, allerdings in einem etwas unklaren Zusammenhang: Der Vers beginnt mit der Feststellung, daß er (Jesus?) ein Erkenntniszeichen für die Stunde (das Gericht?) ist. Dann folgt ein Aufruf, nicht daran zu zweifeln; dann wechselt das Subjekt, in dem Sinne, daß dieser Aufruf mit dem Gebot, mir (Jesus) zu folgen, abschließt. In Vers 62 steht nun in dem Jesuskontext das Gebot, sich hierbei nicht vom Satan — dem offensichtlichen Feind — abhalten zu lassen. Jesus macht sich hier also das allgemeine Gebot aus 36,61 zu eigen: Er erklärt das Ziel seiner Sendung mit den bekannten Worten, Allah zu fürchten und ihm zu gehorchen. Und wiederum wird in 43,64 ein Höhepunkt kurz vor dem Ende der Perikope mit genau denselben Worten wie 3,51 erreicht. Offensichtlich hat Muhammad sich hier an eine feststehende Struktur gehalten, die nach Datierung der 43. Sure bereits in der zweiten mekkanischen Periode in Grundzügen vorlag.

Die gleichen Gedanken werden zweimal in der 5. Sure ausgesprochen. Diese Offenbarungen haben sich in Medina ereignet und müssen in die letzten Lebensjahre Muhammads fallen. Sie sind also Ausdruck einer Zeit, in der die koranische Verkündigung ein klares Urteil über Bedeutung und Zielsetzung des Auftretens Jesu hatte. Vers 72 richtet sich polemisch gegen solche Christen, die ungläubig sind und sagen: *„Allah, das ist der masih"* (Messias Jesus). Unmittelbar darauf folgt die koranische Korrektur, die Jesus sagen läßt:

„O Söhne Israels, dienet Allah, meinem Herrn und eurem Herrn".

Dieser Ausspruch Jesu bestätigt das koranische Grunddogma, das Jesus an die Adresse der irregeführten Christen nochmals erhärtet: *„Wer Allah andere Götter zugesellt, dem hat Allah tatsächlich das Paradies verboten erklärt".* Der Satz: *„Dienet Allah, meinem Herrn und eurem Herrn"* wird in der 5. Sure, Vers 117 noch einmal wiederholt und hat auch den Charakter einer gegen Christen gerichteten Korrektur. Jesus rechtfertigt sich, er habe nichts anderes gesagt, als was ihm von Allah befohlen war, nämlich Allah alleine zu dienen. So wird der Kreis geschlossen, und es kehrt das in Jesus offenbarte Heil auf den Boden des koranischen Glaubensbekenntnisses zurück.

12. Allahs Alleinherrschaft und dienendes Prophetentum Jesu
In eben diesem Sinn sollen auch die in der dritten Sure erwähnten Zeugnisse über Jesus verstanden werden. Die von ihm vollbrachten Wunderzeichen hat er als Diener Allahs mit dem Ziel gesetzt, seine Zeitgenossen, die Söhne Israels, zum Dienst an Allah alleine aufzurufen. In Jesus hat die Offenbarung eines solchen Heils Gestalt angenommen.

Nun steht das Ganze nicht im Widerspruch mit dem Neuen Testament, nach dessen Zeugnis Jesus sich als Diener (*doulos*)

Gott untergeordnet hat (z.B. Mt 10,24-25; Joh 13,16). Paulus beschreibt in seiner kenotischen Theologie, wie Jesus freiwillig die Gestalt eines Dieners (morphén doulou) angenommen hatte. Aber diese Funktion des gehorsamen Dieners steht nicht ohne die Erlösung am Kreuz (Phil 2,6-11). Eine Absolutierung, eine einseitige Konzentration auf nur diese Funktion — ohne die in Christus geschehene Erlösung — kennt das Neue Testament allerdings nicht. Diese Entwicklung kann dagegen wohl bei den Glaubensaussagen der Judenchristen wahrgenommen werden. Sie stehen fest auf dem Boden des alttestamentlichen Shema (Dtn 6,4) und haben die göttliche Alleinherrschaft in dem Maße gegen die Jesusverkündigung der katholischen Großkirche verteidigt, wie sie die Rolle Jesu auf sein dienendes Prophetentum einschränkten[328].

Solche Ähnlichkeit bedeutet nicht, daß Muhammad diese Seite seines Jesusbildes aus dem Judenchristentum entlehnt hätte. Dazu fehlen noch handfeste Beweise[329].

Trotzdem läßt sich feststellen, daß im östlichen Christentum — zusammen mit dem Judentum — die Betonung der Allmacht und Einzigkeit Gottes so selbstverständlich war (z.B. in der nestorianischen Kirche), daß das Jesusbild notwendigerweise die Züge eines Dieners annehmen mußte. Mit diesem allgemeinen Klima ist Muhammad zweifelsohne vertraut gewesen. Statt von einer unmittelbaren Übernahme zu sprechen, ist es wichtiger, der Frage nachzugehen, wie die Grundzüge des Jesusbildes in der eigenständigen koranischen Verkündigung strukturiert sind. Die Botschaft läßt Allah von seinen Propheten und Gesandten verkündigen. Wir haben zwar schon gesehen, daß diese Botschaft im wesentlichen das Zeugnis von der Einzigkeit und Allmacht Allahs ist. Darauf haben alle hingewiesen und dazu aufgerufen, ihm zu dienen. Darum muß der Koran auch betonen, daß alle vor Muhammad — wie auch er selber — aufgetretenen Gesandten gewöhnliche Sterbliche waren (21,7-8; 25,20). Sie sind keine Ausnahme in Allahs Zielsetzung mit der ganzen Menschheit. Es gibt kein Wesen im Himmel und auf Erden, das nicht Diener des Barmherzigen ist (19,93). Auch Muhammad ist hiervon betroffen und als Mahner, Prophet und Gesandter dennoch ein gewöhnlicher Mensch mit dem Auftrag zu verkündigen, „daß euer Gott ein einziger Gott ist" (18,110). Auch unter diesem Aspekt der prophetischen Heilsverkündigung von der Urzeit bis auf Muhammad können wir das koranische Bestreben einer einheitlichen Strukturierung deutlich erkennen.

13. Das nicht einheitliche Jesusbild des Korans

Der Koran hat das Jesusbild in diese einheitliche Strukturierung eingefügt. Das ist nicht ohne Schwierigkeiten gegangen, denn die Risse dieser Einfügung sind noch sichtbar. Das koranische Jesusbild zeigt in sich eine deutliche Diskrepanz. Einerseits wird Jesus in drei Fällen in die Nähe Allahs gerückt: Seine Geburt als unmittelbarer Befehl des Gotteswortes, seine Schöpfermacht und seine Macht der Totenerweckung. Der Koran hat diese aus einer andersgearteten Tradition übernommen, und sie mußten in eine unterschiedliche Verkündigungsstruktur eingebaut werden. Daher wurden andererseits die außergewöhnlichen Züge Jesu abgeschwächt, um ihn in das neue Bild einzupassen. Dies geschah erstens durch die immer wiederholte Bezeugung „mit der Erlaubnis Allahs", zweitens durch die Betonung, er sei nur ein Diener gewesen.

Infolge dieser Zusammenfügung zweier Elemente, nämlich die Übernahme bestimmter Aspekte christlicher Tradition und die konsequente Durchsetzung der einheitlichen Struktur des Prophetentums, ist eine zur neutestamentlichen Heilsbotschaft unterschiedliche Neuinterpretation Jesu entstanden. Alle in 3,49 berichteten Wunderzeichen haben den Endzweck, ein Zeugnis für die Einzigkeit und Allmacht Allahs abzugeben. Diese Wunderzeichen sollen alle Menschen veranlassen, Allah allein zu dienen, einschließlich Jesus und aller anderen Propheten, denn nur dies ist der gerade Weg zum Heil. Diesen Zeichen ist das Besondere christlicher Verkündigung genommen. Sie sind in die Einheitlichkeit der Heilsgeschichte eingestuft worden.

Die Jesuserzählung in der dritten Sure geht zusätzlich noch auf zwei weitere Episoden ein: die Rolle der Jünger und den Bericht des Lebensausgangs Jesu, der unten im Kapitel über die Versöhnung (VII) untersucht wird. In einem abschließenden Teil (Vers 59-63) stellt der Koran nun die Bedeutung des Kommens Jesu fest. Muhammad erklärt sich bereit, für die Wahrheit seiner Jesusinterpretation mit seinen Gegnern — wohl den Christen aus Nadjran — einen Gemeinsamseid zu schwören. Nach altsemitischer Tradition[330] glaubt man, daß bei einem solchen Streit die Partei, die auf Seiten der Unwahrheit steht, sich durch den Eid den Fluch Gottes zuzieht. Nicht abwartend, ob die Christen von Nadjran auf die Forderung eingehen[331], stellt der Koran autoritativ die Bedeutung Jesu fest: (Vers 62)

„Wahrlich, dies ist der Bericht, der die Wahrheit enthält: Es gibt keinen Gott außer Allah. Und wahrlich: Allah! Er ist der Mächtige und der Weise."

Der Kreis hat sich also geschlossen. Alles über Jesus Erwähnte und Vorgetragene hat kein anderes Ziel, als ein Zeichen für die Wahrheit der islamischen *shahada* abzugeben: Es gibt keinen Gott außer Allah. Hier liegt das Urfundament allen Heils. Und wie alle Propheten nur Diener und Zeugen dieser Urwahrheit gewesen waren, so muß auch Jesus sich in diese Einheitlichkeit des Heils zu den übrigen Propheten einfügen. Die Außerordentlichkeit seiner Zeichen weist nicht in die Zukunft eines kommenden Reiches, sondern zurück auf die Urwahrheit, die die Grundlage der Schöpfung ist: Allah, der einzige Gott und Schöpfer.

Alles weist nun darauf hin, daß in Medina die Grundformel des islamischen Glaubens, der erste Satz der *shahada*, nicht nur in ihrer Hauptbedeutung als Basis des islamischen Heils, sondern zugleich als Stützpunkt für die Angriffe gegen den christlichen Glauben dient. Aus dieser Zeit stammt auch die 5. Sure. Sie enthält Abschnitte, in denen die Juden und Christen wegen ihres Glaubens und Verhaltens dem jungen Islam gegenüber angegriffen werden: z. B. die Christen in den Versen 5,72-77. Kriterium der koranischen Beschuldigungen ist der erste Satz der *shahada*, vorgetragen in Vers 73. Hiervon ausgehend werden nun alle diejenigen für ungläubig erklärt, die sagen: „Allah ist einer von dreien." Der Koran versteht die christliche Trinität als Gott, Maria und Jesus[332]. Wer solches glaubt, den werde eine schmerzhafte Strafe treffen (Vers 73). Und nochmals wird die Bedeutung des Kommens Jesu klargestellt: der *masih* war nichts anderes als ein Gesandter (*rasul*), wie es schon andere vor ihm waren (Vers 75). Das ist die Wahrheit, zu der die Christen aufgerufen werden zurückzukehren (Vers 77).

14. Stärkung Jesu mit dem Geist der Heiligkeit

Fest eingebettet in diesen Bezugsrahmen wird in den Versen 5, 110-119 die Geschichte Jesu erzählt. Die Form ist die einer Anrede Allahs an Jesus. Der Vers 110 enthält Material, das in gleicher Form auch in 3,48 und 49 vorgetragen wurde. Als neues Element wird in 5,110 hervorgehoben, daß all dies ein Gnadenerweis seitens Allahs war. Jesus hat diese Wunderzeichen nur vollbringen können, weil Allah ihn mit dem Geist der Heiligkeit (*ruh al-qudus*) gestärkt hat.

Zweifelsohne wird mit diesem Ausdruck auf den biblischen Begriff des göttlichen Geistes Bezug genommen. Dieselbe Statusconstructus Verbindung kennt das Alte Testament, wenn es von dem Geiste Gottes spricht. Dieser wird z.B. in Jes 63,11 *ruah qodsho*, Geist seiner Heiligkeit, genannt. Ihn hat Gott seinem Volk ins Herz gelegt. Im Neuen Testament, besonders bei den Synoptikern, führt der Begriff „Geist" (*pneuma*) diesen alttestamentlichen Gedanken weiter: Genau wie im Koran ist der Geist die Gotteskraft, die zu besonderen Taten befähigt. Aus den vielen Beispielen sei nur Lukas 4 genannt: Dort wird berichtet, wie Jesus „voll des Heiligen Geistes" von dem Geist in die Wüste geführt und danach vom Teufel versucht wird (4,1). Und in der Synagoge von Nazareth bezeugt Jesus, daß die alttestamentliche Aussage „Der Geist des Herrn ruht auf mir", um große Taten zu vollbringen (Jes 61,1-2), in ihm erfüllt worden ist (Lk 4,17 f.). In diesem Sinne steht der Koranvers 5,110 in Einklang mit einer wichtigen biblischen Traditionskette. Im Neuen Testament wie im Koran ist dies aber nicht die einzige Aussage, in der Jesus mit dem Geist in Beziehung gesetzt wird.

Weil der Koran das Gleichnis zwischen Adam und Jesus herstellt und weil im vorliegenden Vers 5,110 das Lebendigmachen von Vögeln und die Auferweckung der Toten dank der Stärkung durch den Heiligen Geist möglich geworden ist, kann man zum Vergleich einen Text wie 1Kor 15,45 heranziehen, der dasselbe Gleichnis in Zusammenhang mit der Erweckung zum Leben durch den Geist bringt:

"Der erste Mensch, Adam, wurde zu einer lebendigen Seele, der letzte Adam (Jesus Christus, vgl. Röm 5,12-19) zu einem lebendigmachenden Geiste" (pneuma zooiopoioun).

Dieser Text gehört zu der Schlußfolgerung einer Argumentation des Paulus über die Bedeutung der Auferstehung Christi (vgl. Vers 57). Durch die Auferstehung wurde Christus zu einem lebendigmachenden Geist, ja, er ist dieser Geist. Im Neuen Testament gibt es also mehrere Strukturierungen in der Gestaltung des Geistes, deren Höhepunkt der Geist des auferstandenen Herrn (Kyrios) ist.

Der Koran hat, indem er Jesus in Zusammenhang mit dem Geist der Heiligkeit bringt, eine eigenständige Strukturierung geschaffen, die als Teilaspekt in das Gesamtbild der eigenen Verkündigung paßt. Er nennt den Geist (ruh) siebenmal in Zusammenhang mit Jesus. Dreimal (19,17; 21,91 und 66,12) empfängt Maria den Geist als Ankündigung der bevorstehenden Geburt Jesu. In einem ähnlichen Zusammenhang steht auch 4,171, wo festgestellt wird: Jesus ist nur ein Gesandter (rasul) Allahs und ein Wort, das er dir (Maria) eingegeben hat und ein Geist (ruh) von ihm (Allah). Hier kann die Bedeutung nur sein, daß Jesu Geburt durch den Geist und das allmächtige Schöpferwort zustande gekommen ist.

Der im Vers 5,110 geäußerte Gedanke, Allah habe Jesus mit dem Geist der Heiligkeit gestärkt, erscheint noch zweimal in den Versen 2,87 und 253. Vers 87 polemisiert gegen die Juden von Medina. Ihnen wird vorgehalten, daß Gott ihnen Mose und die Schrift, die Gesandten und Jesus, den Gott mit dem Geist der Heiligkeit gestärkt hat, bereits gegeben hat. Und trotzdem haben sie sich ihren Gesandten gegenüber immer lügnerisch verhalten. Auch 2,253 stellt Jesus in die Reihe der vorangegangenen Gesandten. Einigen von ihnen hat Allah einen höheren Rang verliehen. Offensichtlich gehört Jesus zu ihnen, denn er wird im unmittelbaren Zusammenhang mit ihnen genannt. Als Auszeichnung Jesu nennt der Koran beweisende Zeichen (bayyinat) und die Stärkung mit dem Geist der Heiligkeit. Mit diesen bayyinat sind die in 3,49 und 5,110 aufgezählten Wundergeschichten gemeint, wie aus dem Gebrauch des Wortes in 5,110 deutlich hervorgeht.

Dennoch bedeutet die Stärkung mit dem Heiligen Geist nicht mehr, als daß Jesus als Gesandter mit außergewöhnlichen Mitteln in den einheitlichen Verlauf der Offenbarungen und Taten Allahs eingeordnet ist. Denn alle in diesem Zusammenhang gemachten Aussagen über Jesus kommen auch in einer anderen Beziehung vor.

Wir können feststellen, daß der Koran immer wieder, wenn sich nur eine Gelegenheit bietet, auf die Schöpfungsallmacht Allahs zurückgreift und darin die ganze Schöpfung fundiert. So auch im Falle der Wirkung des göttlichen Geistes. Das Schicken des Geistes auf Maria als Schöpfungstat hat eine Parallele in dem allgemeinen Schöpfungsvorgang. Anläßlich der Schöpfungsgeschichte der Menschen hat Allah zu den Engeln gesagt:

„Wenn ich ihn dann geformt habe und ihm von meinem Geiste (min ruhi) eingeblasen habe" (15,29).

Derselbe Bericht wird in 38,72 nochmals erwähnt, denn er gehört zu den koranischen Leitgedanken[333] und damit konsequent die Traditionskette, die auf Gen 2,7 zurückgeht, fortgesetzt.

Auch bei Jesu Stärkung mit dem göttlichen Geist ist in 58,22 eine Parallele zu Allahs Handeln mit den Menschen sichtbar:

„...Ihnen (den Gläubigen) hat er den Glauben in ihre Herzen geschrieben und hat sie mit einem Geist von sich gestärkt...."

Somit wird immer die Einheitlichkeit des göttlichen Handelns betont und in Gottes alles umfassender Allmacht fundiert, dem einzigen Grund des Heils. Das Gleiche gilt auch für die Wirkung des Geistes durch die Offenbarungszeichen. In 5,110 haben wir gesehen, daß die Wundertaten Jesu durch die Kraft des Geistes beweiskräftige Zeichen für die Söhne Israels geworden sind. Nach Jesus kommt Muhammad mit dem Koran. In 26,193 wird berichtet:

„Mit ihm (dem Koran) ist niedergestiegen der zuverlässige Geist (al-ruh al-amin)".

Mit diesem zuverlässigen Geist ist der Erzengel Gabriel gemeint, ein Botschafter, in der Geschichte Jesu wie des Korans[334]. So wie Jesus die Offenbarung der Zeichen Allahs nur kraft des Geistes bringen konnte, so auch in 16,102 der Koran:

„Sag: Herabgesandt hat ihn (den Koran) der Geist der Heiligkeit (ruh al-qudus) von deinem Herrn..."

Und wie Jesus vom Geiste gestärkt wurde, so auch Muhammad:

„Und so haben wir dir eingegeben einen Geist von unserem Befehl (ruhan min amrina) (42,52).

Dieser Geist braucht aber nicht alleine auf die Offenbarung an Muhammad beschränkt zu sein. Die Offenbarung des Geistes liegt völlig in der Allmacht Allahs, und alles geschieht jeweils nach seinem Willen, wie auch 40,15 deutlich wird:

„Erhaben ist er im Rang, der Inhaber des Thrones. Er wirft den Geist von seinem Befehl (al-ruh min amri-hi) auf wen er will von seinen Dienern, damit dieser warne vor dem Tage des Zusammentreffens".

Es unterliegt keinem Zweifel, daß mit diesem *ruh min amri-hi* der Geist der Offenbarung gemeint ist, den Allah seinen Gesandten mitteilt. Auch hier handelt es sich um ein einheitliches Geschehen, dessen Inhalt immer der gleiche ist:

„Er läßt die Engel mit dem Geist seines Befehls (bil-ruh min amri-hi) herabkommen auf wen er will von seinen Dienern: Warnt, daß es keinen Gott gibt außer mir! Mich sollt ihr fürchten!" (16,2).

Im Falle dieser Zusammensetzung von Geist mit *amr* findet eine Spezifikation statt, die dennoch nicht aus dem Gesamtbild heraustritt. Das arabische *„amr"* kann Befehl, Entscheidung sowie auch Angelegenheit und Sache bedeuten. In den gerade behandelten Texten dient diese Zusammensetzung dem Ausdruck des Offenbarungsgeschehens. Hier drängt sich ein Vergleich mit dem aramäischen *memra* auf, das auf denselben Wortstamm zurückgeht. Seine Bedeutung ist mit dem griechischen Logos-Begriff verwandt. Der koranische Gebrauch erinnert an die kosmologische Hypostase des Logos und könnte von der christlichen Logostheologie beeinflußt sein[335].

Wie die Kanäle der Tradition auch gewesen sein mögen — „eine genauere Definition von *amr* ist.... kaum möglich" *(Paret)*, die koranische Prägung ist in den Hauptzügen klar: Der Geist stärkt seine gläubigen Diener und übermittelt durch die Engel das offenbarte Wort seiner absoluten Einheit und seines bevorstehenden Strafgerichts. Alle diese Gedanken passen in den Gesamtkomplex der Verkündigung.

Am Beispiel Jesu und dem Heiligen Geist zeigt sich die Komplexität des Problems der biblischen Traditionen im Koran. Einerseits lassen sich für alle koranischen Aussagen mehr oder weniger gleichlautende Parallelen im Neuen Testament finden. Das Offenbarwerden des Geistes bei der Verkündigung an Maria sowie die Stärkung Jesu haben wir im Neuen Testament und im Koran bereits nachweisen können. Das gleiche gilt für die anderen koranischen Aussagen. Daß der Mensch allgemein von Gott den Geist eingehaucht bekommt, ist biblische Tradition bis hin zum Schöpfungsbericht in Genesis. Auch das Neue Testament bestätigt, daß die Gläubigen mit dem Heiligen Geist gestärkt werden (z. B. Apg 2,4;2,17-18; Röm 8,26; Eph 3,16). Ebenso gibt es Parallelen im Falle der Wirkung des Geistes bei der Berufung und Verkündigung einzelner Zeugen (z. B. in der Stephanusgeschichte: Apg 6,3 und 5; 7,55; Barnabas: Apg 11,24; die Gläubigen: Apg 8,15; Paulus: 1Kor 2,4; Philippus: Apg 8,29).

Andererseits hat sich ungeachtet dieser Gemeinsamkeiten im Koran die Blickrichtung umgekehrt. Im Neuen Testament gehören Jesus und der Geist untrennbar zusammen. In den synoptischen Evangelien hat dieser Zusammenhang mehr den Charakter des Geistes Gottes, der auf dem Messias ruht und ihn seine Aufgabe erfüllen läßt. In den paulinischen und johanneischen Schriften läßt Jesus, als der auferstandene Herr, den Heiligen Geist auf die Diener seiner Gemeinde ausschütten. Der Auferstandene *ist* der lebendigmachende Geist (Röm 8,2; 1Kor 15,45). Johannes beschreibt diesen engen Zusammenhang mit den Worten: „der heilige Geist, den der Vater in meinem Namen senden wird" (14,26). Dennoch wäre es verfehlt, scharf zwischen Synoptikern und den Letztgenannten zu trennen. Auch in den synoptischen Evangelien und in der Apostelgeschichte lassen sich Stellen belegen, in denen Jesus als messianischer Träger des Geistes diesen auch auf seine Diener herabfahren läßt (z. B. Mt 10,1; Lk 24,49; Apg 2,33).

Dies alles wird nun im Koran neu interpretiert. In Übereinstimmung mit seinem Grunddogma, ausgedrückt im ersten Satz der *shahada,* sind Standort und Blickrichtung fest in der exklusiven Allmacht Allahs verankert. Der Zusammenhang zwischen Heiligem Geist und auferstandenem Herrn spielt überhaupt keine Rolle. Statt dessen steht Jesus als einer von vielen in der Reihe der einheitlichen Offenbarungsgeschichte Allahs, die in Muhammad ihre Kulmination erreicht. Daran ändert auch das Außergewöhnliche der Taten Jesu nichts. So ergibt sich im Koran eine Diskrepanz zwischen der außerordentlichen Person Jesu, die mehr als jede andere in die Nähe der göttlichen Allmacht gerückt wird, und der Bedeutung seines Auftretens, die die Gesamtverkündigung des Heils nicht übersteigt.

Es hat den Anschein, als ob sich im Koran die ebionitische Traditionskette durchgesetzt hat. Ihre Christologie hat immer wieder das rein Menschliche, das rein Prophetische in der Person Jesu hervorgehoben[336]. Aber selbst wenn das der Fall wäre, so hat dennoch der Koran eine eigenständige Neuinterpretation vorgenommen, die durch zwei Richtlinien bestimmt wurde: die absolute Allmacht und Einzigkeit Allahs und seine einheitlichen Offenbarungen bis auf Muhammad.

15. Die Inspiration der Jünger Jesu und Allahs Sorge für sie

Nachdem der Rahmen, innerhalb dessen das Verhältnis zwischen Jesus und dem Geist bestimmt wird, abgesteckt ist, ist auch das Blickfeld, in das die Jesuserzählung der 5. Sure gefaßt wird, festgelegt. Der Auftakt zum zweiten Teil dieser Erzählung (Vers 111) enthält eine Aussage, die in der gesamten koranischen Prophetengeschichte immer wieder auftaucht: die Inspiration Allahs an die Jünger. Ihnen wird befohlen, an Allah und seinen Gesandten (d.h. Jesus) zu glauben[337]. Ihre Antwort lautet:

„Wir glauben, und bezeuge du (Jesus), daß wir Muslime sind!"

Auch mittels dieses einleitenden Verses wird das Jesusgeschehen in die Einheitlichkeit der ganzen Prophetengeschichte eingebettet. Nie hat Allah einen Gesandten zu irgendeinem Volk geschickt, ohne den Befehl, ihm gehorsam zu sein (4,64, vgl. 7,35). Diejenigen, die im Verlauf der ganzen Offenbarungsgeschichte an Allah und seinen jeweiligen Gesandten geglaubt haben, werden *muslimun* (Muslime) genannt (10,72: Noah; 2,128:

Abraham und Ismael; 7,126: die Zauberer Pharaos; 22,78: Seit Abraham werden solche *muslimun* genannt).

In dieser Atmosphäre spielt der zweite Teil der Erzählung (Vers 112-115). Sie erzählt von einem Tisch, der mit Speisen aus dem Himmel herabgesandt wird, ein Ereignis, dem die 5. Sure ihren Titel „Der Tisch" verdankt. Anlaß ist eine Frage der Jünger an Jesus, ob er nicht Allah darum bitten könne, einen Tisch aus dem Himmel herabzusenden, damit sie davon äßen und so Gewißheit erhielten, daß Jesus ihnen die Wahrheit gesagt habe und sie dann den Vorgang bezeugen könnten. Jesus erfüllt ihre Bitte und bittet Allah um einen Tisch aus dem Himmel.

Aber von diesem Moment an ist das Ziel der Erzählung nicht mehr deutlich. Vers 114 besagt am Anfang: Dieser Tisch, „*welcher ist für uns ein Fest, für den ersten und letzten von uns ein Zeichen (aya) Deinerseits"*. Der Vers schließt ab mit der Bemerkung, die zum Grundbestand der ganzen koranischen Verkündigung gehört: „*Erteile uns Lebensunterhalt, denn du (Allah) bist der beste der Sorgenden*[338]. In welchem Verhältnis stehen beide Aussagen zueinander, und wie ist die Erzählung des Wunders vom Tisch im Hinblick auf diese Grundaussage über Allahs Sorge für den Lebensunterhalt zu bewerten? Die Schwierigkeiten der Beurteilung häufen sich, wenn man noch den folgenden, abschließenden Vers 115 hinzuzieht; hier sagt Allah:

„*Ich will ihn (den Tisch) auf euch hinabsenden. Aber derjenige von euch, der danach noch ungläubig ist, wahrhaftig ich werde ihn bestrafen mit einer Strafe, mit der ich keinen von den Weltbewohnern (al-alamin) strafen werde"*.

Mit dieser Drohung geht dieser Teil der Erzählung zu Ende. Wie ist sie insgesamt zu bewerten?

Einiges, wie z.B. „der Tisch wird als Fest gefeiert" könnte für eine Verwandtschaft mit dem christlichen Abendmahl sprechen. Dazu kommt der schwer zu interpretierende Satzteil: „für uns ein Fest, für den ersten und letzten von uns". Wenn man diese Stellen, wie *Paret*, temporal auffaßt, bedeuten sie die Fortsetzung unter den Generationen. In diesem Sinne wird zweimal der Plural in 56, 48-50 gebraucht. Aber das Suffix „von uns" —

und nicht die generelle Pluralform — läßt die Möglichkeit offen, ob nicht die Jünger an alle Anwesenden denken und dem Geschehen nicht die Kraft eines Zeichens — von Allah oder von Jesus — zugemessen wird? Diese Frage bleibt im Text unklar. Schließlich muß in diesem Zusammenhang die außergewöhnliche Härte der Strafe für den, der nach diesem Ereignis noch ungläubig bleibt, betont werden, eine Strafe, die unter Menschen nicht verhängt werden kann. Die Androhung steht in der Singularform. Ist hier an den Verräter Judas gedacht? Dennoch sind alle Elemente zu vage, um daraus ein konkretes Abendmahlsgeschehen herzuleiten. Darüber hinaus fehlen die wichtigsten Begriffe, nämlich das Opfer Jesu und die Versöhnung in seinem Fleisch und Blut.

Es fragt sich aber, ob noch andere Möglichkeiten der Interpretation bleiben. Denken wir z.B. an den Satz: Allah ist der beste der für den Lebensunterhalt Sorgenden. Hiernach könnte es sich um eine Episode aus dem Leben Jesu handeln. An mehreren Stellen erzählen auch die kanonischen Evangelien, daß Jesus die Menge gespeist hat (Mk 6,30 f; Joh 6,1 f.).

Wenn man das Bild eines Tisches vom Himmel zum Ausgangspunkt nimmt, könnte man auch an die Geschichte aus Apg 10 denken: Petrus sieht vom Himmel ein großes leinenes Tuch herabschweben.

Alle Einzelelemente sind jedoch zu fragmentarisch, als daß sie auf ein bestimmtes Ereignis hinweisen könnten; ohnehin verhindert das Durcheinander dieser unterschiedlichen Elemente eine einheitliche Interpretation. Muhammad könnte zwar von einer christlichen Tradition beeinflußt sein, denn immerhin wurde die 5. Sure in Medina, diese Jesusgeschichte vielleicht im Jahr 631 offenbart. Und hatten nicht, wie Zeichnungen in den römischen Katakomben nachweisen lassen, die Christen die Speisung der 5000 und das letzte Abendmahl in einem Bild vereint? Indessen, die Traditionskette zu Muhammad ist zu unsicher, um hier klare Verbindungen schaffen zu können[339].

Man sollte daher die Eigenständigkeit dieser koranischen Erzählung zum Ausgangspunkt nehmen, um zu sehen, wie Teile christlicher Tradition der neuen Verkündigung dienstbar gemacht worden sind. Wenn man nämlich diese Erzählung im ganzen liest, fällt auf, wie das Material christlicher Herkunft fest in die koranische Interpretation eingefügt ist. Die Pfeiler, auf denen das ganze Gebilde ruht, sind folgende Hauptmotive koranischer Lehre: — Glauben an Allah und seinen jeweiligen Boten; — Allah als der Beste, der Lebensunterhalt zu spenden vermag; — wer die Zeichen Allahs nicht glaubt, wird schwer bestraft werden.

Die Tatsache, daß im vorliegenden Fall die Strafe ausnahmsweise schwer sein wird, könnte als durchschlagendes Argument und, mit gewissen Einschränkungen, als Hinweis auf die Bestrafung des Judas gewertet werden. Der gesamte Koran dennoch spricht von der fast unerträglichen Bestrafung der Ungläubigen[340].

Im Dienste dieser Verkündigung steht der Bericht über Jesus. Die Unklarheiten lösen sich, wenn man bedenkt, welche Funktion ihm zugedacht ist. Das Geschehen ist darauf ausgerichtet, für die in den oben genannten Komponenten beschriebene Offenbarungsaktivität Allahs ein Zeichen (aya) aufzurichten. Vers 114 berichtet über Worte, die Jesus zu Allah gesprochen hat. Der Tisch aus dem Himmel ist ein Wunderzeichen von Seiten Allahs und bezeugt, daß dieser der beste aller Sorgenden ist. Somit hat dieser Tisch als Zeichen der Allmacht und Fürsorge Allahs dieselbe Funktion, wie z. B. die Hand und der Stab des Mose für Pharao ein Zeichen von Allahs Allmacht sind (79,20).

16. Die Polemik gegen die Trinitätslehre

Nachdem die Geschichte einen solchen Charakter angenommen hat, fügt sie sich harmonisch in die nächste Episode ein (Vers 116-119)[341]. Dieser Abschnitt wird, wie die vorhergehenden (Vers 110, 111 und 112) mit der idh-Formel — und als — eingeleitet[342]. Wiederum ist die Form stilistisch ein Zwiegespräch zwischen Allah und Jesus. Jesus wird von Allah nach einer Lehre befragt, die — nach Muhammads Meinung — im Christentum geglaubt wird: Neben Gott werden Jesus und seine Mutter als Götter verehrt. Auch hier, wie schon so oft, nimmt der Koran den Kampf gegen diese christliche Lehre auf. Bereits in 5,73 werden alle als ungläubig hingestellt, die sagen: „Allah ist einer von dreien". Offensichtlich ist hier in der Trinitätslehre Maria an die Stelle des Heiligen Geistes getreten. Ob Muhammad hiermit eine eigene Position im christologischen Streit bezogen hat, ist allerdings fraglich. Wahrscheinlich hat er mit seiner Zurückweisung auf die hervorragende Rolle der Maria in der Liturgie und die exponierte Aufstellung der Marienstatuen in den Kirchen reagiert[343].

Damit geht von Anfang an die gesamte Diskussion des Korans mit dem Christentum von falschen Voraussetzungen aus[344].

Dennoch berührt diese besondere Form der Polemik nicht das Herzstück der Auseinandersetzung. Entscheidender ist, daß Jesus auf eine Grundposition der koranischen Lehre zurückgerufen wird. Der Koran verneint zuerst die ihm vorgehaltene Trinitätslehre. Im folgenden Vers 117 — die Szene scheint in die Zeit der Entrückung in den Himmel gelegt worden zu sein — bestätigt Jesus nochmals, daß er nur verkündigt habe, was ihm befohlen war: die koranische Grundlehre par excellence; in anderer Form der erste Satz der *shahada: „Dienet Allah, meinem und eurem Herrn!"* (5,72; 3,51; 19,36; 43,64!).

17. Die Erfüllung des in Jesus gebrachten Heils durch Muhammad

Alles in allem sieht so das von Jesus verkündete Heil im Koran aus. Danach wird auch der Tod Jesu und was danach geschah in der Erzählung kurz beleuchtet[345].

Es ist also festzuhalten, daß das von Jesus verkündete Heil die Botschaft des ersten Satzes der *shahada* ist. Als Verkünder dieser Wahrheit steht er auch innerhalb des Rahmens, der mit dem Nachsatz *„Muhammad rasul Allah"* (Muhammad ist der Bote Allahs) vollendet wird.

Diese beiden Gedanken werden im sechsten Vers der 61. Sure vereinigt. Diese Sure wird der medinischen Zeit zugerechnet, wahrscheinlich sogar nach dem Bruch mit den dortigen Juden, und ist infolgedessen ein Ausdruck des Prozesses der sich heranbildenden völligen eigenständigen Identität des Islams. Nach diesem Vers hat Jesus sich den Söhnen Israels bekannt gemacht als *rasul Allah* mit den Worten: *„O, Söhne Israels, ich bin der rasul Allah zu euch"*.

Der weitere Verlauf dieses Verses macht Jesus zu einem Glied in der einheitlichen Offenbarungsgeschichte. In Hinblick auf die Vergangenheit ist es seine Aufgabe, die Torah zu bestätigen. Im Blick auf die Zukunft soll er eine neue Episode ankündigen:

„zu verkündigen einen rasul, der nach mir kommen wird, und sein Name ist Aḣmad".

Betrachten wir zuerst die geschichtliche Bedeutung der Sendung Jesu. Ungeachtet der Epitheta „Wort" und „Geist" und ungeachtet seiner Taten — die ihn in die Nähe Allahs rücken — steigt seine Bedeutung nicht über die Aufgabe, ein Bindeglied zu sein, hinaus. Die Vergangenheit bestätigend, weist er in eine größere Zukunft, die die Torah und ihn selbst bestätigen wird. Denn, so jedenfalls die einhellige Meinung der heutigen islamischen Kommentatoren, diese Erwartung ruht auf dem Namen Ahmad.

Sie setzen den Namen Ahmad mit Muhammad aus dem einfachen Grunde gleich, weil beide Namen aus derselben arabischen Wurzel h-m-d abzuleiten sind. Diese Deutung ist jedoch das Endergebnis einer linguistisch-theologischen Vorgeschichte. W. *Montgomery Watt* dagegen hat in einer namensgeschichtlichen Untersuchung[346] nachgewiesen, daß der Personenname Ahmad unter den Muslimen erst in der Zeit um 125 (740 A.D.) auftaucht. Es ist daher wahrscheinlich richtiger, den Vers wie folgt zu übersetzen: *„mit einem noch preisenswerteren Namen*[347]. Was schwebte nun Muhammad vor, als er dieses Wort Jesus in den Mund legte? Wenn vermutet wird, daß Muhammad von arabischen oder syrischen Christen etwas von den Worten Jesu über seine Zukunft gehört haben könnte, dann wäre dieser Vers eine vage Wiedergabe der Verheißung des Paraklets (Joh 14,16; 16,7). Aber auch hier ist in Muhammads Worten bereits eine Umdeutung vollzogen, indem er — in welcher Weise auch immer von den johanneischen Berichten gehört haben mag — dieses Kommen als das eines *rasul,* der nach Jesus kommt und den Jesus selbst als einen Preisenswerteren ankündigt, aus eigener Blickrichtung interpretiert. Der Vers ermöglicht es also nicht, an die Zukunft Jesu selber zu denken. Muhammad, der zutiefst überzeugt war, daß nach der biblischen

Geschichte die Offenbarung weitergegangen ist und ihn auserkoren hatte, muß mit dem Worte *rasul* als Ankündigung Jesu „nach mir" aus seiner Sicht folgerichtig an sich selbst als *rasul* Allah gedacht haben. Die späte medinische Offenbarungszeit macht dieses Selbstbewußtsein durchaus erklärbar. Hinzuzufügen ist, daß zu dieser Zeit der Bruch mit den die Offenbarung verfälschenden Juden bereits vollzogen war und Muhammad schon längst die Christen wegen ihrer falschen Jesusinterpretation angegriffen hatte. So liegt es nahe, daß er sich selbst mit diesem preisenswerten Namen bedacht hatte.

Für diese Auffassung spricht auch eine alternative Redaktion dieses Verses 61,6. Sie stammt von *Ubayy ibn Ka'b* und lautet:[348]

„Und als Jesus, Sohn der Maria, sagte: O, Söhne Israels! Ich bin der rasul Allah zu euch und verkündige euch einen Propheten, dessen Gemeinde (umma) die letzte Gemeinde sein wird und mit dem Allah das Siegel der Propheten und Gesandten abschließen wird."

Wenn auch sekundär, birgt diese Variante genuin doch koranische Aussagen in sich. Muhammad wird auch in 33,40 ganz deutlich als das Siegel der Propheten angesehen und seine Gemeinde in 3,110 als die letzte und beste beschrieben. Kein Wunder, daß die spätere Koranexegese das johanneische — angeblich falsche — *parakletos* in *periklytos* — hochberühmt — umgeformt hat und damit die griechische Grundlage für das arabische *ahmad* meinte gefunden zu haben.[349]

Das in Jesus gebrachte Heil hat Allah also in Muhammad ausmünden lassen.

Hiermit haben wir die letzte Episode der Offenbarung des göttlichen Heils erreicht. Ihr Inhalt kann mit den Worten des zweiten Satzes der shahada ausgedrückt werden: *„Muhammad rasul Allah — Muhammad ist der Bote Allahs."*

Die wesentlichen Merkmale dieser Offenbarungsperiode können jetzt kürzer gefaßt werden, da auch in den Berichten über die Vergangenheit die koranische Botschaft immer mitgeklungen hat.

Wir haben also in der Glaubensaussage „Muhammad rasul Allah" sowohl eine Fortsetzung, als auch eine kulminierende und sogar korrigierende Bestätigung dessen, was der Koran aus den Heilssummarien des Alten Testaments und der Jesustradition übernommen hat.

Bereits von Beginn seiner Berufung an war Muhammad davon überzeugt, daß seine Sendung eine Offenbarung des göttlichen Heils war. In der zweiten mekkanischen Periode erhält er eine Offenbarung (21,105-112), die ihm diese Heilsbedeutung seiner Sendung klar vor Augen stellt; sie spricht ihn mit den Worten an (Vers 107):

„Und nicht haben wir dich gesandt anders als aus Barmherzigkeit (rahmatan) für die Weltbewohner."

Der Kontext dieses Verses stellt die unmittelbare Verbindung mit dem Offenbarungsgeschehen der Vergangenheit her. Muhammad wird mitgeteilt, daß Allah bereits im Psalter (al-zabur) geschrieben hatte:

„Die Erde werden erben meine Diener, die Rechtschaffenen[350] (oder: meine rechtschaffenen Diener)."

Hier liegt ein Zitat aus Psalm 37,29 a vor: Die Gerechten (tsaddiqim) werden das Land erben. Dieser Gedanke ist eines der Leitmotive des Psalms, denn er wird auch in den Versen 9, 11, 22 und 34 ausgesprochen. Die Gerechten werden also des weiteren umschrieben als die, die „des Herrn harren, die Gebeugten, die Gesegneten". Es handelt sich um eine Gruppe von Frommen, die mit mehreren Bezeichnungen umschrieben werden können.[351] Der Koran hat ihr Wesen sinngemäß erfaßt und sie salihun genannt, ein Ausdruck, der Rechtschaffenheit und Tugendhaftigkeit in sich birgt.

Im Anschluß an diese Offenbarung tritt nun Muhammad auf. Durch ihn läßt Allah in seiner Barmherzigkeit mitteilen — und nichts anderes wird ihm als Offenbarungsinspiration eingegeben —, daß der Inhalt des Heils, wie im ersten Satz der shahada, zusammengefaßt ist in den Worten: „Euer Gott ist ein einziger Gott" (Vers 108). Das Heil für die Menschen besteht infolgedessen nur darin, sich diesem Gott zu ergeben (muslimun: also Muslim zu werden).

Muhammad ist deswegen *rasul Allah*, weil auf ihn der Koran herabgesandt worden ist. Für sich selbst hat er nichts Außerordentliches, geschweige denn etwas Übernatürliches in Anspruch genommen. Er sei nur ein Menschenkind, wie alle anderen (18,110). Er erntet deswegen sogar Unglauben, weil er sich nur als menschlichen Boten bezeichnet (17,94; 21,3; 74,25).

Auch hat er nicht wunderbare Zeichen wie Mose und Jesus vorgeführt (z. B. 21,5 und 29,50). Sein *aya* ist nur der Koran, den Allah auf ihn herabgesandt hat (29,51; 62,2). In der letzten Episode der Offenbarungsgeschichte hat das von Allah bewirkte Heil in der Form des Korans Gestalt angenommen. Muhammad ist als *rasul Allah* nur das menschliche Instrument in diesem Geschehen. Aber letzten Endes ist alles Heil in der koranischen Verkündigung konzentriert. Der Koran ist Rechtleitung und Erweis göttlicher Barmherzigkeit (27,77). Die Tatsache, daß er auf Muhammad gesandt wurde, ist eine Barmherzigkeit von seiten seines Herrn (28,86). Er wurde beauftragt über ihn auszusagen: *„Er ist eine Rechtleitung und eine Heilung"* (41,44). Er ist eine Heilung und Barmherzigkeit (17,82). Allah hat den Koran zu einem Licht gemacht, mit dem er rechtleitet (42,52). Sogar die *djinn* (die Wüstengeister[352]) haben die Predigt des Korans gehört und sind zu der Überzeugung gelangt: *„Der auf den rechten Weg führt ... und werden unserem Herrn niemanden als göttliches Wesen beigesellen"* (72,1-2).

Mit diesem Vers ist die Frage nach dem Inhalt des Heils in dieser letzten Episode gestellt. Er gibt auch die Antwort, die in negativer Form dem ersten Satz der *shahada* entspricht. Auf Anhieb können wir also feststellen, daß die koranische Verkündigung des Heils auch als Grundlage der Botschaft der vorangegangenen Propheten fungiert hat. Oder, besser gesagt: Die Geschichten wurden unter dem Gesichtspunkt des Hauptdogmas des Korans neu strukturiert und interpretiert.

Der Koran enthält somit den Kernbestand aller Offenbarung. Er bringt *al-haqq*, das Wesentliche, Grundsätzliche, die wesentliche Wahrheit. Gegenüber Zweifeln, von mekkanischen Ungläubigen vorgebracht, antwortet diese Offenbarung: *„Im Gegenteil, es ist al-haqq, ausgegangen von deinem Herrn"* (32,3; vgl.

13,1). Von daher ist er als erleuchtende Offenbarungsschrift anzusehen, so daß nur die, die ihn nicht kennen, törichterweise über Allah streiten. Diese Schrift mit der wesentlichen Wahrheit, von Allah herabgesandt, soll zu dem gleichen Ergebnis führen, wie die Worte der Propheten: „Diene Allah und hüte dich davor, andere Verbündete zu nehmen" (39,2-3). Wie zuvor im Zusammenhang mit Jesus berichtet wurde, wird jetzt im vollen Umfang vom Koran gesagt (16,102):

„Sag: Herabgesandt hat ihn der Geist der Heiligkeit (ruh al-qudus), kommend von deinem Herrn mit dem Wesentlichen, um diejenigen, die glauben, zu festigen und als eine Rechtleitung und Frohbotschaft für diejenigen, die sich als Ergebene verhalten (al-muslimin)."

Wenn wir nun den Koran befragen, wie dieses Wesentliche, das Allah durch den Geist der Heiligkeit (den Erzengel Gabriel) als erleuchtende Schrift, Rechtleitung und Frohbotschaft herabsandte, inhaltlich umschrieben wird, dann geben die Mehrzahl der Stellen keine Antwort. Nicht, weil der Koran diese Antwort prinzipiell schuldig bliebe, sondern weil die meisten Verse in ihrem Kontext den Inhalt als selbstverständlich betrachten. Unter die wenigen Abschnitte, die eine klare Beschreibung vortragen, gehört auch die bereits erwähnte Sure 32 aus mekkanischer Zeit. Ihrzufolge beinhaltet das Wesentliche, das als Warnung und Rechtleitung dem bis jetzt noch unwissenden Volk der Araber[353] vorgetragen wird, alle bereits oben erwähnten Hauptlehren: Allah als der allmächtige Schöpfer, der Himmel, Erde und Menschen erschaffen hat (4-9); der die Macht hat, die Toten aufzuerwecken und die darauffolgende Belohnung oder Bestrafung in Paradies bzw. Hölle (10-22).

Diese Verkündigung sagt, laut koranischem Selbstverständnis, nichts anderes aus, als die vorangegangenen Boten auch. Das Herzstück der offenbarten Schrift insgesamt ist die Entscheidung: „Unser Herr ist Allah. Wer dies bezeugt, hat das Paradies in Aussicht" (46,12-14).

Dieser einheitliche Inhalt der offenbarten Schrift dient zu allen Zeiten als Kriterium sowie zur Beurteilung aller Menschen und entscheidet über das, worüber sie uneins waren (2,213). Die

Beurteilung geht von dieser Überzeugung aus: Alles, auch was nicht diesem Grunddogma des Heils entspricht, wird dennoch nach seinem Maßstab gemessen: Zuerst wird das polytheistische arabische Heidentum, dessen Götter als nutzlose Götzen, die weder das Heil bringen, noch am Unheilstage Schutz bieten, verdammt; dann sind die Juden an der Reihe: Der Koran hält den Söhnen Israels fast alles vor, worüber sie uneins sind (27,76); schließlich, wie bereits erwähnt, belehrt der Koran die Christen in allem, was sie nach islamischer Auffassung ungerechterweise über die Sohnschaft Jesu lehren, eines Besseren.

Angesichts dieser so gesehenen Uneinigkeiten und Fehler in der Interpretation des Heils vorislamischer Gemeinden bleibt der letzte und entscheidende Schritt des Korans angesichts seiner ihm innewohnender Dynamik die eigenständige Gestaltung des Heils und die Auseinandersetzung mit Juden und Christen in der Streitfrage der richtigen Interpretation früherer Offenbarungen.

Dies gilt zuerst für Muhammad als *rasul Allah*. Obwohl seine Vorläufer dies auch waren, muß in seiner Berufung das entscheidende Urteil der Neuinterpretation zum Ausdruck kommen. Nicht nur, daß er die Menschen zu Allah aufruft und ihnen deswegen eine helle Leuchte ist (33,46), sondern er ist darüberhinaus das Siegel der Propheten (33,40). Im Alten Orient war das Siegel oder der Siegelring das äußerliche Zeichen einer ganz besonderen Autorität[354]. Genesis 41,42 berichtet, wie der Pharao den Siegelring[355] vom Finger zog und ihn Joseph an die Hand steckte, als ein Zeichen dafür, daß Joseph im Namen des Pharao die Autorität in Ägypten innehatte. Aus diesem Brauch ist das Wort Siegel zum Symbol für Autorität schlechthin geworden. Auch für diese Begriffsentwicklung liefert das Alte Testament Belege. Haggai 2,23 sagt, daß Gott Serubbabel, seinen Knecht, nehmen wird, der ihm wie ein Siegel(ring) sein soll (*kahotam*). Und die Erklärung dieses Bildes folgt sofort: *„denn dich habe ich erwählt."* *Hirschfeld*[356] hat für die Deutung dieser Stelle auf Jeremia 22,24 hingewiesen. Dort könnte wohl Chonja, König von Juda, ein Siegel(ring) (hotam) an der rechten Hand Gottes genannt werden. Neben der Bedeutung *„von Gott verliehene Autorität"* heißt die Wahrheit in der jüdischen Überlieferung *„das Siegel Gottes".* Laut dem Jerusalemer Traktat Berakot

(I,4,8 b) darf ein Prophet nur, wenn er Gottes Schrift und Siegel vorzeigt, anerkannt werden. Nach Römer 4,11 ist die von Gott befohlene Beschneidung Abrahams *„ein Siegel der Gerechtigkeit des Glaubens"*. Die Gläubigen in Korinth (1 Kor 9,2) sind für Paulus ein Siegel, das sein Apostolat bezeugt. Die Offenbarung des Johannes spricht in 7,2 von einem Engel, der *„das Siegel des lebendigen Gottes"* trägt. Alle diese Stellen — und mit vielen von ihnen wird Muhammad kaum vertraut gewesen sein — haben als gemeinsames Merkmal, daß das Wort Siegel(ring) während einer langen Periode im Nahen Osten als Bild für göttliche Vollmacht, Wahrheit und Berufung gebraucht wurde.

Nun hat sich Muhammad aber das Siegel der Propheten genannt. Dieser Ausdruck kommt in der Bibel nicht vor. Die Eröffnungsworte des Hebräerbriefes ziehen eine Linie durch die Geschichte. „Nachdem Gott vor Zeiten auf vielerlei Weise durch die Propheten geredet hat, tat er dies am Ende durch seinen Erben, seinen Sohn" (Hebr 1,1-2). Eine ähnliche Kulmination findet sich bei den Synoptikern. Alle Propheten und das Gesetz haben bis hin zu Johannes prophezeit, dieser aber ist mehr als „nur" Prophet. Und trotzdem ist der Kleinste im Reich der Himmel größer als er (Mt 11,9; Lk 7,26 ff.). Hier wird ein Strich unter eine Periode der Heilsgeschichte gezogen. Prophetie bedeutet auf einmal nicht nur Vollmacht, Wahrheit, Berufung und Bestätigung, sondern Vollendung und Ziel.

Dieser Gedanke ist auch ausgesprochen mit dem Ausdruck *„Siegel der Propheten"*. Laut einer in syrisch verfaßten Schrift hat sich Mani als der von Christus angekündigte Paraklet und als das *„Siegel der Propheten"* proklamiert [357]. Wie bereits erwähnt, hat Muhammad (33,40) bzw. der spätere Islam [358] beide Bezeichnungen auf den islamischen Propheten angewandt. Doch ist es müßig, nach Quellen oder direkten Entlehnungen zu suchen. Zwei Überlegungen scheinen mir hier allerdings wichtig zu sein. Der Gedanke der Bestätigung und Vollendung der Prophetengeschichte auf eine bestimmte Person bezogen, gehörte ganz allgemein zum Glaubensgut des Orients und hat seine Ausdrucksweise in dem Wort *„Siegel"* gefunden. Andererseits hat aber auch die innere dynamische Entwicklung der koranischen Verkündigung angesichts der Vorgeschichte und der falschen Lehren früherer Gemeinden Muhammad veranlaßt, sich als Bestätigung und abschließende Vervollkommnung zu betrachten. All dies liegt in dem Ausdruck *„Siegel der Propheten"* beschlossen.

Diese Interpretation wird aus anderer Sicht vom Koran unterstützt. Muhammad als *„Siegel der Propheten"* ist deshalb eine helle Leuchte der Menschheit, weil er den Islam als Religion gepredigt hat. Dieser Islam ist die Religion (al-din), die bei Allah gilt (3,19). Die Menschen, auch die Propheten, können sich keine bessere wünschen als diesen Islam (3,83). Wie das Prophetenamt Muhammads die Bestätigung und der kulminierende Abschluß der Prophetengeschichte ist, genauso hat die Offenbarung in den Islam ihren Höhepunkt erreicht. Sie ist höchster Ausdruck göttlicher Gnade:

„Heute habe ich euch eure Religion (din) vollkommen gemacht und meine Gnade an euch vervollkommnet, und ich habe für euch den Islam als Religion mit Wohlgefallen erwählt" (5,3).

Dieser Aussage ging eine negative Parallele voran, auch mit dem feierlichen „heute" beginnend. Denn in ebenso entschiedener Weise werden alle von Allah zurückgewiesen, die nicht an den Islam glauben. Muhammad braucht sie nicht mehr zu fürchten. Diese einerseits positive und andererseits negative Entscheidung Allahs, die „heute" gefallen ist, weist, obwohl der genaue Zeitpunkt nicht festzustellen ist, auf einen Zeitpunkt in Muhammads Leben, als er endgültig über alle seine Feinde — Araber, Juden und Christen — gesiegt und seine Religion durchgesetzt hat. In diesen jahrelangen Auseinandersetzungen hat sich also, unter nicht falsch zu verstehender Bezeugung aller Muhammad zuteil gewordener Erfolge gezeigt, daß sich das Heil Allahs im Islam endgültig gestaltet hat.

Dieses Heil zeigt sich am deutlichsten in der *shahada*, deren erster Satz sagt, was das Heil ist (vgl. 3,64; 6,162 f.), und deren zweiterSatz auf den hinweist, der dieses Heil im Auftrag Allahs, als sein *rasul*, verkündigt hat.

Was ist nun im Rückblick auf dieses Kapitel geschehen? Sowohl die Geschichten der Gestalten der alttestamentlichen Heilssummarien, als auch die Geschichte Jesu nach dem Maßstab der *shahada* sind neu erzählt worden. Ihre Hauptbotschaft ist hier die absolute Einzigkeit Gottes. Ihre Gestaltungen und Erfahrungen präfigurieren das Leben Muhammads. Aber diese Hauptbotschaft des Korans ist nicht neu. Sie liegt tief in der jüdischen Offenbarung verankert. Doch hat der Koran eine Neuinterpretation des Heils vorgenommen, die darin besteht, daß das Besondere der Erwählung Israels sowie der Messianität Jesu dem koranischen Dogma untergeordnet werden. Das Heil liegt nicht an erster Stelle in diesen Besonderheiten, sondern in der Allgemeinheit und Einheitlichkeit der Einzigartigkeit Gottes.

[145] Diese Vielgestaltigkeit der Offenbarungsinhalte ist besonders im Alten und Neuen Testament auch in den unterschiedlichen Traditionsgruppen und den ihnen entsprechenden Textquellen begründet; der Koran ist dementgegen Bericht der Verkündigung eines einzigen Mannes in einer wohlumrissenen Zeit. Diesen Gruppen und Quellen nachzugehen würde den Rahmen des Buches sprengen. Auch wäre eine derartige Detailstudie hier unangebracht, da die Auseinandersetzungen zwischen Juden, Christen und Muslimen anfingen, als die jüdische und christliche Botschaft schon in der Endredaktion vorlagen und zur Verfügung standen. An diese Endredaktion wollen wir uns halten.

[146] Anlaß, dieses Bekenntnis auszusprechen, war die Darbringung der Erstlinge nach der Entrichtung des Zehnten.

[147] Auf diese grundlegende Tatsache werden wir zurückgreifen, wenn festgestellt werden wird, daß die koranischen Erzählungen über die Propheten Israels hauptsächlich die gleiche Zeitspanne umfassen.

[148] Auch diese Vorgeschichte kommt in den koranischen Erzählungen wieder zur Sprache.

[149] Zu dieser Folgerung kommt *R. Albertz* a. a. O. S. 161.

[150] Vgl. *von Rad* a. a. O. I, S. 151.

[151] Vgl. auch die Psalmen 8; 19; 24; 33; 104.

[152] *Von Rad* a. a. O. I, S. 464. Eine gleichartige Funktion bekommt später auch die Torah, als präexistent vor Menschen- und Weltschöpfung bereits vorhanden. Der Koran faßt Schöpfungs- und Offenbarungsworte in dem einzigmöglichen Zentrum, Allah, zusammen.

[153] „Für die Annahme, daß sie (die Weisen) diesen Offenbarungsträger (Kultus und Geschichte) polemisch/exklusiv allen anderen in Israel bisher bekannten entgegengestellt hätten, fehlt es an Anhaltspunkten. Eher wird man vermuten können, daß die Stimme dieser Offenbarung in eine Lücke trat, um theologisch einem Bedürfnis zu genügen, das sich gemeldet hatte", so: *von Rad*: Weisheit in Israel. 1970, S. 213.

[154] Siehe auch Ps 21,8; 89,25; 29,34; Jes 55,3: die Bundestreugnade an David, hasde-David.

[155] *Herrmann* a. a. O. S. 234ff.

[156] Ebenso S. 301ff.

[157] Ebenso S. 335ff. Merkwürdigerweise bricht auch im Koran die aus dem Alten Testament übernommene Prophetenreihe praktisch mit David und Salomo ab. Wie oben bereits erwähnt, wurde ein neuer Anknüpfungspunkt mit den

großen Schriftpropheten nicht gefunden. Dies ist auch der methodologische Grund, weshalb in dieser religionsphänomenologischen Studie das Heil nicht in einer unmittelbaren, ungebrochenen Schau zusammen mit den Begriffen Erlösung und Versöhnung untersucht werden kann.

[158] „retten" in 1,21 = das griechische „soosei". Das Verbum hat die Septuaginta bei den kanonischen Büchern in fast drei Fünftel der Texte als Wiedergabe des Verbs y-sh-'a gebraucht. Bei beiden Verben handelt es sich um die Begriffe: retten, befreien, helfen, zu Hilfe kommen, bewahren. Der Name „Jesus" bedeutet: yehoshu'a oder yeshu'a: Jahwe rettet.

[159] Der griechische Text erinnert in Wortgebrauch und Stilisierung an die semitisierende griechische Sprache der Septuagintaübersetzung des Alten Testaments.

[160] Vgl. Hier: *Werner Georg Kümmel*: Einleitung in das Neue Testament, Heidelberg, 1973, S. 106.

[161] Man beachte: im Hause Davids, seines Knechtes (1,69).

[162] Alle Namen haben eine alttestamentliche Vorgeschichte. Heiland weist auf das Verbum y-sh-'a: retten, hin. Christos ist eine griechische Übersetzung des hebräischen „Gesalbt" = Kennzeichen der Davidsverheißung. Kyrios bedeutet „Herr" als Bezeichnung für Gott und als deutende Umschreibung für den Gottesnamen im Sprachgebrauch der Septuaginta.

[163] Daß der Evangelist Johannes sich dabei einer Sprache bedient, die einen anderen Charakter hat als diejenige der Synoptiker, ändert nichts an der grundlegenden Tatsache: In Jesus Christus ist das Heil der Juden zur Erfüllung gekommen. „Die von ihm übernommene gnostische Sprache hat er in betont antignostischem Sinne verwendet". *Kümmel* a. a. O. S. 194.

[164] z. B. Ps 29; 33; 107; 147 und Jes 55,11; Jer 23,29.

[165] 1,1-5; 15,1; 24,1ff.; 34,8.

[166] Griechisch doxa ist die Übersetzung des hebräischen kabod. Von Jahwe ausgesagt, bedeutet es, daß, obwohl Gott unsichtbar ist, doch seine Herrlichkeit mit numinoser Wucht in Erscheinung treten kann. Diese doxa (kabod) war Mose nach dem Empfang des Gesetzes sichtbar (vgl. 2 Kor 3,4-18).

[167] Siehe dazu *Klaus Berger*: Exegese des Neuen Testaments, UTB 658, Heidelberg 1977, S. 27-28.

[168] Deshalb auch das Jesuswort: „Ich bin das Licht des Kosmos" (8,12). Dieses Geschehen ist das Opfer für die Sünde der Welt. Es ist das Lamm Gottes, das die Sünde der Welt hinwegnimmt (1,29). Hier stoßen wir auf die Sünde der Menschen und Gottes Antwort darauf, eine Tradition, die im Hinblick auf die koranische Botschaft erst später behandelt werden kann.

[169] Diese Traditions- und Quellengeschichten hier herauszuarbeiten oder gar zu erwähnen würde den Rahmen dieser Studie sprengen.

[170] Ein besonderes Anliegen von Lukas und der Apostelgeschichte, die Geschichte Jesu als den Anfang der endgültigen Heilsgeschichte hinzustellen.

[171] Weil der orientalische Mensch sich gern in der Form der Erzählung ausdrückt,ist es müßig, hier eine logische Diskrepanz mit der Lehre der Präexistenz oder der Inkarnation zu konstruieren.

[172] Man vergleiche z. B. Gen 17,19; Ps 2,7; Jes 7,14.

[173] Vgl. auch Mk 5,6ff. In der Komposition des Markusevangeliums wissen die Dämonen besser Bescheid um das von Jesus gebrachte Heil der Endzeit als die gesunden Menschen. Die von ihm geforderte Geheimhaltung seiner Messiaswürde wird immer von den Dämonen verletzt.

[174] Und wurde übrigens wie Mose vom eigenen Volk abgelehnt.

[175] Ausführlicher im nächsten Kapitel.

176 Der Text des Korans ist etwa fünf Jahrhunderte nach dem des Neuen Testaments fertiggestellt worden.

177 *Kümmel* a.a.O. S. 109ff.

178 Dazu *Johan Bouman*: Gott und Mensch im Koran, Darmstadt 1977, S. 102ff.

179 Eine Besprechung dieses Problems in *Paret*: Muhammad und der Koran, S. 62ff.

180 *W. H. Watt*: Muhammad at Mecca, S. 60ff. In einem persönlichen Gespräch hat er mir mitgeteilt, bereit zu sein, diese Meinung gegebenenfalls zu revidieren.

181 *Paret* erklärt: Embryo. Dazu auch a.a.O., S. 47f. und *Watt*: a.a.O., s. 62.

182 Siehe für andere Interpretations- und Übersetzungsmöglichkeiten: *Paret* II, S. 515.

183 *Paret* erklärt: „Sperma", I, S. 500.

184 Dieser Weg könnte der Vorgang bei der Geburt sein (so: *Paret*), es kann aber auch der Lebensweg im allgemeinen gemeint sein, weil Allah gut für ihn sorgt (siehe die Verse 24ff.).

185 So: *Paret* ebenda.

186 Andere Beispiele aus derselben Periode und mit gleichem Inhalt sind u. a.: 87,1-5; 55,1-24, wobei zu beachten ist, daß die Tatsache, daß der Mensch mit Schiffen die Meere befahren kann, unmittelbar auf die wohltätige Schöpfermacht Allahs zurückgeführt wird; 88,17-20.
Watt fügt kommentierend hinzu: „Indeed, quantitatively this is by far the most prominent aspect of the message of the early passages", a.a.O. S. 63.

187 Nicht gelöst ist die Frage, ob es sich hier um Muhammads Heirat mit der reichen Kaufmannswitwe handelt, durch die er aus seinen ärmlichen Verhältnissen befreit wurde. *Harris Birkeland* macht diese Lebenswende zur Grundlage der Erklärung des ganzen Ductus: „Muhammad did not find a real „refuge" before his marriage", in: The Lord Guideth, Oslo 1956, S. 13-37. Siehe auch die Besprechung dieses Buches von *Rudi Paret*: Leitgedaken in Muhammads frühesten Verkündigungen, in: Der Koran, Wege der Forschung CCCXXVI, Darmstadt 1975, S. 219ff.

188 Z. B. 2, 6, 7, 10, 11, 12, 14, 16, 17, 25, 27, 29, 31, 32, 35, 39, 42, 43, 45, 50, 57, 62, 64, 67, 72, 77, 80, 96.

189 32,9: und er blies in ihn von seinem Geiste — *wa nafakha fihi min ruhi-hi* hat sogar mit Gen 2,7 das Verbum blasen (hebr. nafah) gemeinsam. Auch Gen 2,7 erzählt, daß Adam aus dem Staub der Erde gebildet wurde.

190 Nun berichtet der Koran an keiner Stelle, daß Adam tatsächlich Blut vergossen hat. Die Adamsgeschichten im Koran und in der jüdischen Tradition sehen Adam und das ganze Menschengeschlecht in mehreren Erzählungszügen in einer einheitlichen Schau.

191 a.a.O. II, S. 16.

192 In beiden Versen das Verbum *dja'al*: machen, einsetzen, mit der Ortsbestimmung: *fi al-ard*: auf Erden.

193 Das Verbum hat die Wurzel *h-k-m*, von der *hukm*, nachdem die Propheten, besonders Mose und Jesus, mit Weisheit Rechtsentscheidungen treffen, gebildet ist.

194 *haqq* als Wahrzeichen der Offenbarung.

195 Wiederum von der Wurzel *h-k-m* abgeleitet. Der Text hat *hakim*: einer, der durch *hukm* qualifiziert ist. Die Bezeichnung *khalifa* für David bedeutet, daß er „genauso wie Adam, zur Rechtsprechung aufgefordert wird." *Speyer* a.a.O. S. 51.

196 *Yusuf Ali* übersetzt denn auch: „the nature of all things" a.a.O. S. 24, Anm. 48.

141

[197] W. Wright: A Grammar of the Arabic Language, Cambridge 1951, I S. 123 D, der ism al-naw' mit „nouns of kind", Nomen der Art, übersetzt.

[198] Das Verbum, von dem fitra gebildet worden ist.

[199] N. A. Faris — Harold W. Glidden: The Development of the Meaning of Koranic Hanif, in: The Journal of the Palestine Oriental Society, 19 (1939/1940, pp. 1-13) in: Der Koran, Wege der Forschung CCCXXVI, S. 255-268.

[200] W. Montgomery Watt: art. Hanif, E.I².

[201] In acht Versen: 2,135; 3,67, 95; 4,125; 6,79, 161; 16,120, 123.

[202] 2,135; 3,67 95; 6,79, 161; 10,105; 16,120, 123; 22,31.

[203] Muslim: Qadar, 22; Wensnick: Creed, S. 42.

[204] Vgl. Artikel „Fitra" in EI².

[205] Ihya 'ulum al-din, Bd. III, Buch XXI: Mysterien des Herzens. G. H. Bousquet: Ghazali; Vivification des Sciences de la Foi; Paris 1955, S. 203f. G. C. Anawate et Louis Gardet: Mystique Musulmane, Paris 1968, S. 272. W. Montgomery Watt: The Faith and Practise of Al-Ghazali, London 1953.

[206] Zu der Frage der Verwechslung und Namensgleichheit: Horovitz a.a.O. S. 128; Blachère: Le Coran, 1949, II, S. 229, (1957, S. 331); Paret II S. 65; M. Hamidullah: Islamic Quarterly, I, 1954, S. 243: EI²: Art.'Imran.

[207] In der Bibel wird Noah kein Prophet genannt. Erst die spätere jüdische Literatur hat ihn als Propheten angesehen. So das tannaitische Seder 'Olam XXI.

[208] De civitate Dei XVI, 2.

[209] Siehe Speyer a.a.O. S. 105f.

[210] salam hat gleichzeitig die Bedeutung „Friede" und „Heil".

[211] Sein Name, seine Geschichte oder nur Bruchteile daraus kommen insgesamt in 25 Suren vor. Sein koranischer Name lautet Ibrahim, eine Form die auf Angleichung an Isma'il beruht, vgl. Horovitz a.a.O. S. 86-87.

[212] Die in mekkanischer Zeit erwähnten Geschichten kommen vor in den Suren: 37,83-98; 26,69-87; 19,41-50; 43,26-28; 21,51-73; 29,16-27; 6,74-84.

[213,] Speyer erläutert richtig: Das Wissen bezeichnet die richtige Religion als die Frucht der Erkenntnis. Dieses „Wissen" besaßen nach dem Koran fast nur biblische Persönlichkeiten. a.a.O. S. 130.

[214] 12ff. (Kautzsch II S. 61f.). Näheres bei Speyer S. 131f.

[215] ed. Bonwetsch S. 10; vgl. auch Speyer S. 134ff.

[216] Ausführlich Paret II, S. 126f.

[217] A.a.O. S. 49.

[218] A.a.O. II, S. 417 mit Literaturhinweisen.

[219] Paret übersetzt: die Frommen. Diese Art der Vergeltung wird im übrigen des öfteren wiederholt, so in 6,84; 12,22; 28,14; 37,80; 77,44, ein Anzeichen dafür, daß wir hier auf einen Hauptgedanken der Verkündigung gestoßen sind. Sie gilt den getreuen Propheten wie den Gläubigen.

[220] 19,54 f; 38,48; 21,85.

[221] 6,84; 11,71; 19,49; 21,72; 29,27.

[222] Man beachte, wie die Chronologie dieser Heilsgeschichte neben der allgemeinen Ankündigung der einheitlichen Rechtleitung als zweitranging angesehen wird.

[223] Sie werden im Koran „die Heuchler" (munafiqun) genannt.

[224] Muhammad schlägt den Juden in Medina in einer von ihm verfaßten Gemeindeordnung die Gründung einer monotheistischen Glaubensgemeinde vor, verordnet, wie die Juden, mit dem Gesicht nach Jerusalem zu beten und beauftragt die Muslime, mit den Juden das Fasten des großen Versöhnungstages einzuhalten; siehe hinsichtlich dieser Periode in Medina: W. M. Watt: Muhammad at Medina; bezüglich des Problems der Annäherung an die Juden: A. J. Wensinck: Mohammed en de Joden te Medina, Leiden 1908.

225 Die 8. Sure feiert und beschreibt dieses von Allah vollbrachte Wunder bei Badr.

226 Die wichtigste Literatur zu dieser Fragestellung: *C. Snouck Hurgronje*: Het mekkaansche Feest, Leiden 1880, in: Verspreide Geschriften, I, Bonn-Leipzig 1923, S. 1-124; *E. Beck*: Die Gestalt des Abraham am Wendepunkt der Entwicklung Muhammads, Le Muséon, LXV (1952) S. 73-94, sowie: Der Koran, Wege der Forschung, S. 111-133; *Y. Moubarac*: Abraham dans le Coran, Paris 1958; *R. Paret*: Mohammed und der Koran, S. 102ff.; *H. Speyer* a.a.O. S. 120-186; *J. Bouman*: Gott und Mensch im Koran, S. 76-88; *R. Paret*: EI², Art. Ibrahim.

227 Art. 16. *Wensinck* a.a.O. S. 76.

228 Art. 25. *Wensinck* S. 78.

229 Bezeichnenderweise heißt der Name der ganzen Sure: „Abraham".

230 Und zwar in den Suren: 87,19; 79,15-26; 53,36; 51,38-40. Siehe auch *Horovitz* a.a.O. S. 141-43. *Horovitz* rechnet die Verse aus Sure 51 der ersten, *Kramers* der zweiten mekkanischen Periode zu.

231 Ausführlich *Speyer* a.a.O. S. 225-363; *D. Masson*: Le Coran et la Révélation Judéo-chrétienne, Paris 1958 I, S. 392-423.

232 Die Übersetzung bereitet Schwierigkeiten. Das arabische Ukhfi-ha kann zweierlei bedeuten: „verborgen halten" und „offenbar machen". *Paret*, I, 254 hat sich für das erste entschlossen: „so daß kaum jemand etwas von ihr ahnt"; genau so *Yusuf Ali*, 792-3: „my design is to keep it hidden"; *Kramers* nauwelyks houd ik haar verborgen, S. 291 und *Speyer* S. 257 haben übersetzt: „offenbaren". Der Schluß des Verses macht diese Bedeutung wahrscheinlicher.

233 A.a.O. S. 258.

234 Dieselbe Anklage wird in Vers 43 wiederholt. Sie war in der früheren Mosegeschichte aus der ersten mekkanischen Periode schon laut geworden (79,17). In allen Versen wird das arabische Wort *tagha* — „alle Grenzen überschreiten, ungerecht sein" — gebraucht.

235 Allah tritt also ausdrücklich als Herr (rabbi-ka) des Pharao auf.

236 Es wird auf die Geschichte Ex 1 Bezug genommen, ohne daß die Unterdrückung der Kinder Israels in Ägypten erwähnt wird. Wahrscheinlich wird dieser Abschnitt aus der Geschichte als eine bekannte Tatsache angenommen. Erst später, in Medina, wird sie erzählt (2,49).

237 Hier wird die Beschreibung Moses von einer Zwischenfrage seitens Pharaos unterbrochen, die ihm die Gelegenheit gibt, auszusagen, daß das Wissen um die früheren Generationen bei seinem Herrn in einer Schrift festgelegt ist (Vers 51-52); vgl. *Paret* II, 333.

238 Die Götter der altsemitischen Kulturen bildeten ein Pantheon, innerhalb dessen jeder Gott seinen eigenen Machtbereich besaß. Besonders die Götter der Fruchtbarkeit hatten ihr eigenes Gebiet. Die Ablehnung des Pharao geht auf die Überlegung zurück, die hebräischen Sklaven in Ägypten hätten keinen eigenen Machtbereich, also auch keine Götter, die mächtig genug wären, sich der göttlichen Natur Pharaos und der ägyptischen göttlichen Welt zu widersetzen. Der Sinn der Antwort Moses ist, Pharao dem allmächtigen himmlischen Schöpfergott zu unterwerfen.

239 *Speyer* a.a.O. S. 270ff.

240 Siehe Art. Banu Isra'il in EI² von *S. D. Goitein*, der diese Perikope zeitlich nicht genau einordnet. *Kramers* betrachtet sie als einen Aufruf an die Juden, a.a.O. S. 295.

241 Ex r. 1,25; siehe *Speyer* a.a.O. S. 242.

242 Eine Tatsache, auf die auch *Masson* a.a.O. I S. 393, hinweist. Sie ist aber nicht auf diese Geschichte beschränkt, denn sie paßt in den Rahmen der ganzen koranischen Verkündigung, nach der alles Geschehen uneingeschränkt dem Wissen und der Allmacht Allahs unterworfen ist.

243 *Speyer* a.a.O. S. 244 vermutet hier christlichen Einfluß. Denn *Ephraim Syrus* (Opp. I. 197 A) schildert die Angst der Mutter sowie ihr frommes Gebet zu dem Gott Abrahams.

244 *Speyer* a.a.O. S. 244.

245 Auch wird an dieser Stelle die charakteristische Zielrichtung nicht vergessen, indem der Abschluß dieses Verses, wohl in Hinblick auf die Zuhörer, hinzugefügt: „So vergelten Wir (Allah) denen, die gut und richtig handeln (al-muhsinina)." Auch bei anderen Gelegenheiten anläßlich Erzählungen anderer Propheten wird ein Vers mit derselben Begründung beendet, so: 6,84 (die früheren Propheten), 12,22 (Joseph, dem auch *hukm* und *'ilm* geschenkt wurden), 37,80 (Noah), 37,105 und 110 (Abraham), 37,121 (Mose und Aaron), 37,131 (Elia) und 77,44 (die Paradiesbewohner).

246 Ant. II, 9,6, 6. Nähere Besonderheiten bei *Speyer* S. 245.

247 So die Erklärung von *Paret.*

248 Dazu *Speyer* a.a.O. S. 247.

249 *Speyer* a.a.O. S. 250; *Paret* aber bezweifelt, ob das Gebet Moses (Vers 24) aus der Elie'esergeschichte entnommen sei (II S. 378).

250 Der theologische Hintergrund ist hier wohl die überragende Priorität der Schöpfungsmacht Allahs, der alles Geschehen in absoluter Allmacht und Freiheit jedesmal neu zustande bringt.

251 *rabb al-'alamin, Paret* paraphrasiert — inhaltlich wohl zu Recht — „der Herr der Menschen in aller Welt". Demgemäß auch *Kramers:* „der Herr der Weltwesen". Der Muslim *Yusuf Ali* aber hat die Grundbedeutung: „the Lord of the Worlds" beibehalten, so auch Daryabadi.

252 Exodus erzählt nur, daß Pharao den Gott Moses nicht kenne und er deshalb nicht hören und das Volk gehen lassen will (5,2). In der Aggadah aber wird von der Überheblichkeit des Pharao ausführlich berichtet, dazu *Speyer* S. 270f.

253 Über das Wesen der Sünde und den Charakter der Sünder sowie die gerechte göttliche Strafe soll im nächsten Kapitel die Rede sein.

254 Vgl. zur Frage der Art und Weise, wie die einzelnen Torahgebote verstreut im Koran erwähnt werden, *Speyer* a.a.O. S. 312ff.

255 Arabisch: *kataba; Paret* übersetzt „bestimmt"; vgl. für die Landnahme im Alten Testament Num 13f.

256 Siehe auch *Horovitz:* Jewish proper Names and Derivatives in the Koran; Hebrew Union Collage Annual, Vol. II, Ohio 1925, S. 218 (Nachdruck: Hildesheim 1964).

257/

288 Durch Vorabdruck des folgenden Teils des Buches und nochmalige Überarbeitung des gesamten Textes vor Drucklegung haben sich im ersten Teil dieses Werkes Kürzungen ergeben.

289 Näheres bei Speyer, S. 337.

290 Dazu: *H. Parrinder:* Jesus in the Qur'an, London 1965, und *Henninger:* Spuren christlicher Glaubenswahrheiten im Koran, Freiburg 1951. Für das Christusbild in der islamischen Überlieferung: *Michel Hayek:* Le Christ de l'Islam, Edition du Seuil, Paris 1959.

291 *Horovitz:* Jewish proper names and Derivatives in the Koran; Hebrew Union Collage Annual, Vol. II, Ohio 1925, S. 128. (Nachdruck: Hildesheim 1964).

292 *E. F. F. Bishop:* The son of Mary, in: The Muslim World, 1934.

293 *Ibn Ishaq*: Sirat Rasul Allah, hrsg. von *Wüstenfeld,* 1858-60, S. 243; A. Guillaume: The Life of Muhammad, Oxford University Press, 1955, S. 169.

294 *Horovitz* a.a.O. S. 129.

295 Aus dieser Tatsache braucht man aber keine weitgehenden Konsequenzen zu ziehen. Siehe für die ganze Perikope *Wilhelm Rudolph*: Die Abhängigkeit des Korans von Judentum und Christentum, Stuttgart 1922, S. 77-80, sowie die einzelnen Bemerkungen bei *Paret* II S. 323 und *D. Masson*: Le Coran et la Révélation Judéo-Chrétienne, Paris 1958, I S. 197ff.

296 Beiträge zu einer Theologie des Corans, Tübinger Zeitschrift für Theologie, 1831, 3. Heft, S. 33. *Rudolph* a.a.O. S. 77.

297 *Régis Blachère*: Le Coran II, Paris 1949, S. 228.

298 a.a.O. S. 771 Anm. 2471.

299 Es kann nicht genug betont werden, daß die Erzählungen im Koran in ihrer ganzen strukturellen Einheit betrachtet werden müssen. Nur aus dieser Einheit kann die verkündigte Botschaft herausgehört werden. Jede analytische Methode muß in dieser Hinsicht sekundär bleiben.

300 *Yusuf Ali* übersetzt „an angel" (S. 771), aber dies ist schon eine — zwar richtige — Interpretation, wie der letzte Teil dieses Verses beweist.

301 Etwa die gleiche Aussage in 21,91; 66,12.

302 Vgl. aber auch *Paret*: „weil wir den Menschen Barmherzigkeit erweisen wollen" und *O'Shaughnessy*: The Koranic Concept of the World of God, Rom 1948, S. 55.

303 So *Rudolph* a.a.O. S. 79; *Blachère* II S. 229; *Parrinder* Kap. 8; *Paret* II S. 323.

304 Es gibt keine eindeutige Übersetzung des arabischen Wortes Fari (yan). *Lane* a.a.O. S. 2392: a thing hitherto unknown; a thing deemed strange, or a thing of great magnitude. So auch *Yusuf Ali*: an amazing thing. *Blachère* II S. 229 interpretiert anders: une chose monstreuse. *Paret*: etwas Unerhörtes. *Kramers*: iets ontstellends, Daryabadi: a thing unheard of.

305 Für die unselige Verwirrung über authentische Stellen in der jüdischen Literatur Jesus betreffend, die diesen Vorwurf nicht belegen, und über die Verleumdungen Mariae siehe: *Kurt Hruby*: Die Stellung der jüdischen Gesetzeslehrer zur werdenden Kirche, Zürich, 1971, bes. S. 33ff.

306 Bei diesem Wunder fehlt die übliche koranische Einschränkung „mit der Erlaubnis Allahs".

307 *Ibn Ishaq* a.a.O. S. 403; *Guillaume* a.a.O. S. 271.

308 Évangiles apocryphes: Évangile de l'Enfance (ed. Peeters) II S. 1. *Parrinder* a.a.O. Kap. 8.

309 So lautet die Argumentation moderner, analytischer und kritischer Wissenschaft, die kein gläubiger Muslim sich zu eigen machen würde. Statt dessen würde dieser sagen: „*wie die abschließende Offenbarung Gottes an Muhammad im Koran.*"

310 2,43, 83, 110, 177; 4,77; 5,12, 55; 9,5, 11, 18, 71; 22, 41, 78; 24,37, 56; 27,3; 31,4; 33,33; 58,13; 73,20; 98,5.

311 Die muslimischen Kommentatoren erklären, daß damit die Christen gemeint sind.

312 a.a.O. II S. 325.

313 *O'Shaughnessy*: The Development of the Meaning of Spirit in the Koran, Rom 1953 S. 60. Vgl. auch *Paret* II S. 70.

314 Ganz kurz zusammengefaßt in 6,73 (medinische Periode).

315 z.B. *Parrinder* a.a.O. Kap. 8.

316 a.a.O. S. 60. Vgl. *Paret* II S.70.

317 *furqan*: Trennung, Entscheidung, es bekommt auch die Bedeutung von Errettung in der Offenbarung Allahs. Siehe *Paret* II S. 19 mit Literaturhinweisen.

318 Nach dem Vorangegangenen müssen mit dieser Anrede sowohl die Ungläubigen Araber, als auch die ungläubigen Juden und Christen verstanden werden.

319 Man kann einwenden, daß diese Sure nicht insgesamt in dieser Geschlossenheit, sondern im Verlauf von zwei Jahren stückweise offenbart und erst später in dieser Form redaktionell zusammengesetzt worden ist, so daß die Jesuserzählung doch selbständiger betrachtet werden muß. Diese Bemerkung ist teilweise richtig. Doch wäre zu ergänzen, daß erstens diese Erzählung immer im Rahmen einer breiteren Verkündigung vorgetragen wurde und zweitens die spätere Redaktion, von der Struktur dieser Verkündigung ausgehend, die Teilstücke eingeordnet hat.

320 O'Shaughnessy: The Koranic Concept of the Word of God, Biblica et Orientalia 11, Rom, 1948, S. 55. Ob, wie Paret II, 66 meint, hier eine Verbindung mit der Logosvorstellung vorliegt, bleibt fraglich aufgrund der Tatsache, daß der Koran alle neutestamentlichen Aussagen in dieser Richtung, die über das Schöpferwort hinausgehen, entweder unbeachtet gelassen oder zurückgewiesen hat. Diese enge Beziehung zwischen dem Wort und dem göttlichen Wesen vermutet auch der islamische Glauben. Zu Vers 39 bemerkt Yusuf Ali: Notice! „A word from God "not" The word of God" und weist dann auf das Argument „Sei!" hin; a.a.O. S. 133 Anm. 381.

321 Hrsg. Peeters 2,2-4. Vgl. Rudolph a.a.O. S. 81.

322 Diese zweite Erzählung auch in Pseudo-Matthäus Kap. 27, und das Thomasevangelium Kap. 2,2.

323 Vgl. auch Blachère a.a.O. III S. 869 und Parrinder a.a.O. Kap. 9.

324 Genauso ist der Vorgang in der Schöpfungsgeschichte Gen 1,3: „Gott sprach; es werde Licht. Und es ward Licht."

325 W. Montgomery Watt: Free Will and Predestination in Early Islam, London 1949, S. 20ff.

326 75,40: yuhi al-mawta; 3,49: uhi al-mawta.

327 II S. 69. Auch Yusuf Ali kann auf keinen bestimmten Vorfall hinweisen, es sei „to a prophetic knowledge of what is not known to ordinary people" a.a.O. S. 135 Anm. 391.

328 Schoeps a.a.O. S. 108; Shlomo Pines a.a.O. S. 11 ff.

329 Obwohl die neu gefundenen Schriften des islamischen Theologen 'Abd al Djabbar (siehe die oben erwähnte Studie von Shlomo Pines) die Verwandtschaft näherrückt.

330 J. Petersen: Der Eid bei den Semiten, Straßburg, 1914, S. 180-186. J. Wellhausen: Reste arabischen Heidentums, 1927, S. 187-189. Yusuf Ali a.a.O. S. 138 Anm. 400. Paret II S. 71.

331 Ibn Ishaq: Sirat Rasul Allah, hrsg. von Wüstenfeld, S. 409-410. Guillaume: The Life of Muhammad, S. 277, berichtet, daß sie es nicht getan haben, sondern Muhammad bei seiner Religionsauffassung belassen haben und zurückgekehrt sind.

332 Dazu Rudolph a.a.O. S. 86 ff.

333 Vgl. auch 32,9.

334 Vgl. auch 2,97.

335 Vgl. Jeffery: Foreign Vocabulary, S. 69; J. W. Sweetman: Islam and Christian Theology, I 1945, S. 29; R. C. Zaehner: At Sundry Times, London, 1958, S. 214 f; J. M. S. Baljon: The amr of God in the Koran, Acta Orientalia, 23, 1959, S. 7-18; Thomas O'Shaughnessy: The Development of the Meaning of Spirit in the Koran, Rom, 1953; Paret II 25.

336 Schoeps a.a.O. S. 72, 89.

337 So auch Paret I, 102 Anm. 116.

338 Immer wieder taucht diese Beteuerung auf, z.B. 10,31; 20,132; 42,19; 67,21.

339 Vgl. für diese Problematik: *W. Rudolph* a.a.O. S. 81 f.; *Parrinder* a.a.O. Kap. 9; *Jeffrey*: Foreign Vocabulary of the Qur'an, S. 255.
340 Siehe auch nächstes Kapitel.
341 Wir wiederholen auch in diesem Falle: Auch wenn die beiden Abschnitte 111-115 und 116-119 zu verschiedenen Offenbarungszeiten gehören und später redaktionell zu der vorliegenden Einheit zusammengesetzt worden sind — was wahrscheinlich ist —, kann dennoch von einem harmonischen Übergang gesprochen werden, weil beide Teile eine gemeinsame grundsätzliche Struktur haben.
342 Dies deutet auf die grammatisch-strukturelle Einheit der ganzen Jesuserzählung hin.
343 Für das ganze Problem: *Rudolph* a.a.O. S. 86 f.
344 *W. M. Watt*: The Christianity criticized in the Qur'an, III, Congresso di Studi Arabi e Islamici, Napoli 1967 S. 653.
345 Dies soll im 7. Kapitel über die Versöhnung zur Sprache kommen.
346 His name is Ahmad, The Muslim World, 43, 1953, S. 110-117.
347 *ahmad* als bloßer Komparativ von *mahmudun* oder *hamidun.*
348 *Jeffery*: Materials, S. 170; *Blachère*, III, S. 909; *Paret*, II, S. 477.
349 So noch *Yusuf Ali* a.a.O. S. 1540 Anm. 5438 und Daryabadi: Ahmad is another form of Muhammad, S. 553, Anm. 1.
350 *al-salihun*
351 Derselbe Gedanke auch in Jes 60,21 und Mt 5,5. Wahrscheinlich muß auch Hen 5,7 mit berücksichtigt werden. Siehe auch *Rudolph* a.a.O. S. 10.
352 Dazu E.I.²s.v. *djinn*. *Yusuf Ali* bringt das Wort in Verbindung mit der Wurzel *djanna*. *Yadjunnu* bedeutet: „to be covered or hidden", und *djanna, yadjunnu*, aktiv: „to cover or hide" (6,76) Aus den koranischen Stellen hat sich für ihn ergeben: „a spirit or an invisible or hidden force", a.a.O. S. 319 Anm. 929.
353 Der Koran ist eine Offenbarungsschrift in deutlicher arabischer Sprache, z. B. 12,2; 16,103; 41,44.
354 dazu El², Art. *khatam.*
355 *Horovitz* a.a.O. S. 53 berichtet, daß das arabische Wort *khatam* in der Bedeutung „Siegelring" sich bereits in vorislamischer Poesie finde.
356 New Researches S, 23. Vgl. *Horovitz* S. 53; *Speyer* a.a.O. S. 422.
357 *Geo Widengren*: Mani und der Manichäismus, Urban-Taschenbuch 57, S. 79 f.
358 *Ibn Hisham* ed. *Wüstenfeld* S. 149 f.; Guillaume S. 104.

6. Kapitel
Der einzige Gott und die Sünde

Das Bekenntnis zum einzigen Gott: So lautet der Grundsatz der im Islam das Wesentliche aller Heilsgeschichte zusammenfaßt. Das bedeutet aber nicht, daß im Koran die Einzigkeit Allahs zu dem mathematischen Punkt „eins" zusammenschrumpft. Lediglich mit einem solchen inhaltslosen und toten Punkt kann eine Religion nicht leben. Diese Einheit und Einzigkeit als Herz einer Religion muß als Kraftzentrum ausstrahlen und seine dynamische Wirkung wird in der Auseinandersetzung mit den Menschen spürbar. In diesem lebendigen Verkehr zwischen Gott und den Menschen wird sich zeigen, welche Natur, welches Wesen dieser Gott hat, wie sich sein inneres Leben gestaltet. Er tritt aus der Neutralität des mathematischen Punktes heraus, um in seinem Handeln an den Menschen zu offenbaren, wer er ist. Dieses Geschehen soll in diesem und den noch folgenden zwei Kapiteln unter den Stichworten „Sünde", „Versöhnung" und „der lebendige Gott" (7. Kapitel: Der einzige Gott und die Versöhnung; 8. Kapitel: Der einzige Gott und sein heiliger Name) erörtert werden.

Es liegt in der Natur der Sache, daß eine lebendige Religion primär Zeugnis ablegen muß von der Quelle, aus der ihr Heil sprudelt. Von Anfang an und unentwegt ist der Mensch angesprochen, immer wieder wird er gefragt und gefordert. Die göttliche Offenbarung ist so überragend, daß alle Angesprochenen bezeugt haben, wie diese Antwort den Einsatz des ganzen Menschen in allen seinen Daseinsformen verlangt.

Hier werden Tiefen der menschlichen Existenz sichtbar, die den drei Hauptelementen „der einzige Gott", „seine Offenbarung" und „sein Heil" ihren wahren Sinn verleihen. Die Menschen entpuppen sich trotz ihres zum Glauben gerufenen Daseins als Versager, Rebell und Sünder. Deswegen kann über die Sünde nicht abstrakt geredet und nachgedacht werden. Sünde ist ein Phänomen, das erst in dem durch die Offenbarung gestifteten Verhältnis zwichen Gott und Mensch als negatives Phänomen sichtbar wird.

I. Die Sünde im Alten Testament

Die Komposition des Alten Testaments berichtet von dem Einbruch der Sünde bereits seit Anbeginn der Existenz des Menschen. Die Sünde ist so übermächtig, daß sie den Menschen nicht erst in seinem jetzigen Zustand, sondern bereits im Paradies, in der unmittelbaren Nähe Gottes, ergreift. Dies ist wohl als Indiz dafür zu verstehen, daß der Jahwist die Sünde als eine Urmacht verstanden hat.

Nun wird aber in den Schriften des Alten Testaments von der Sünde weder geredet, als gäbe es eine allgemeine Definition „Sünde", noch wird über sie abstrakt spekuliert. Sie realisiert sich vielmehr in der Mannigfaltigkeit des menschlichen Lebens, in allen seinen Situationen.

So bietet auch die großartige Erzählung des Jahwisten Genesis 3-11 weder eine theoretische Begriffsbildung noch eine abstrakte Verhandlung. Was seine Erzählung von dem Rest des Alten Testaments unterscheidet, ist seine Ausarbeitung eines Archetypus in Genesis 3, mitten in einer ganz besonderen Situation. Daß er das Geschehen nicht völlig in der Sphäre des Mythos untergehen läßt, beweisen seine Verbindung mit den geschichtlichen Ereignissen von Abel und Kain, der Ungerechtigkeit der Leute des Noah und der Überheblichkeit beim Turmbau zu Babel.

Als konstituierende Elemente seiner Erzählung ragen folgende Aspekte heraus:

1. Sünde nicht Gottes Schöpfung

Zunächst gehört die Sünde nicht zu Gottes Schöpfung. Der Duktus der Erzählung führt dies in aller Deutlichkeit aus. In Genesis 1,1 bis 2,23 ist das Subjekt der Sätze durchweg „Gott". Erst in Genesis 3,1 ändert sich das Subjekt in „Schlange". Die Sünde ist nicht integrierter Teil des schöpferischen Handelns Jahwes.

2. Paradies als Ort der Sündenhandlung

Wenden wir uns, zweitens, dem Ort zu, an dem sich Sünde erstmals ereignet: Kein besonders gefährlicher Ort, wo der Mann und die Frau besonderen Gefahren ausgesetzt gewesen wären. Im Gegenteil, der Erzähler berichtet ausdrücklich, daß sich dieses Geschehen im Paradies, also in der Nähe Gottes realisiert hat (vgl. Gen 3,8). Aus dieser Perspektive zerschneidet keine Zäsur Genesis 2 und 3. Es ist die Geschichte der Menschheit als solcher (vgl. Gen 2,4-7), die aus der Schöpfung Gottes unmittelbar entstanden ist. Hier also lauert die Bedrohung durch die Sünde. In dem Miteinander von Schöpfung, Nähe Gottes und Bedrohung zeigt der Jahwist, daß die Sünde als eine dämonische Urkraft aus dem Menschen verschlossenen Tiefen hervorbricht. Menschliche Existenz bedeutet durch die Sünde bedrohte Existenz. Somit stoßen wir auf eine Aporie der biblischen Verkündigung: Die Sünde gehört nicht zu der guten Schöpfung Gottes, und dennoch überwältigt sie den Menschen von Anfang an. Die Sünde hat derartig dämonische Tiefen, daß es keine Zeit, keinen Raum und keine Situation gibt, wo ihre Urkraft nicht emporsteigt. Der Jahwist erteilt hier ein Mahnwort an alle, die meinen, daß durch die Änderung der äußeren Umstände allein ein neues Paradies geschaffen werden könne. Diese dämonische Tiefe führt uns zum dritten Punkt.

3. Einflüsterung der Sünde aus un-heimischer Tiefe

Der unmittelbare Anlaß zur sündigen Tat ist eine Einflüsterung, die nicht vom Menschen selbst her kommt, sondern aus der Schlange zu ihm emporsteigt. Der Jahwist bedient sich hier der mythologischen Sprache. Dennoch hat er seinen Gedankengang so sehr in der Nähe der (be)greifbaren Wirklichkeit gehalten, daß der Sinn seiner Erzählung klar hervortritt. Die Schlange gehört zur Tierwelt (Gen 3,1), und auch diese Welt ist, wie der Mensch, Schöpfung Gottes. Als Teil der Schöpfung ist der Mensch einerseits mit dieser Tierwelt verwandt, andererseits fühlt er sich bei den Tieren nicht völlig zu Hause (Gen 2,20). Die Tierwelt bleibt ihm unter gewissen Aspekten un-heimisch. Und die Schlange, die aus den Tiefen der Erde emporsteigt, versinnbildlicht das Fremde, das Un-heimische, das Bedrohende. So kommt die Einflüsterung zu ihm aus der Tiefe der Erde, teilweise aus seiner eigenen Welt, teilweise aus der unerforschbaren, schauderhaften und numinosen Bedrohung. Unter diesem

Aspekt begegnen uns zwei komplementäre Gegebenheiten. Die Einflüsterung der Sünde kommt zwar aus un-heimischer Tiefe, trägt das Merkmal des Schauderhaften und des unerforschbar Numinosen, gehört aber dennoch zu einem Bereich, zu dem der Mensch sich verbunden fühlt, dessen Sprache er versteht. Somit bildet das Dämonische der Sünde den Übergang zum nächsten Aspekt.

4. Sünde als vernünftig begründbar und als Aggression

Der Inhalt dieser Einflüsterung kommt dem Menschen durchaus vernünftig vor. Im ersten Moment wird sie gar nicht als Sünde offenbar, hat auch keinen erschreckenden Charakter. Die Tat, zu der sie aufruft, erscheint als gut, lieblich und begehrenswert. Sie hat den Anschein, den Menschen klug zu machen (vgl. Gen 3,6). Paulus wird später sagen: der Satan verkleidet sich in einen Engel des Lichts (2Kor 11,14).

Worin besteht nun diese augenscheinlich gute und begehrenswerte Tat? Grundsätzlich muß festgestellt werden, daß die Sünde sich an dem Gebot Gottes entzündet. Das Wort Gottes, das in diesem Fall in der Form eines Verbotes steht, ist allerdings in das weite Feld des Erlaubten eingebettet. Der Mensch darf ja von allen Früchten der Bäume essen. Nur die Früchte „des Baumes mitten im Garten" waren dem Menschen verboten. Dies geschah nicht als Strafe oder Quälerei, sondern zu seinem eigenen Heil, damit er nicht sterbe (Gen 3,2-3). Also offenbart sich auch das Verbot, neben dem Gebot, als ein Weg des Heils.

In dieser Lage enthüllt die Sünde ihren Charakter als die entscheidende Versuchung. Sie ist eine Versuchung und eine Entscheidung, weil sie dem Menschen als Reizung einflüstert, daß das Überschreiten der von Gottes Verbot gesetzten Grenze nicht das Aufs-Spiel-Setzen des Heils, sondern vielmehr die Erweiterung des Heils bedeutet. Das Verbotene an sich zu ziehen hat den Reiz, mehr „herauszuholen", oder in den Worten des Jahwisten: „Euch werden die Augen aufgehen, und ihr werdet wie Gott sein und wissen, was gut und böse ist" (Gen 3,5). Die Sünde offenbart hier ihre Art, als eine dämonische Einflüsterung, im Wesen des Menschen den Aggressor heraufzubeschwören. Sünde ist Aggression; sie ist Versuchung, den Geltungsbereich über alle Maßen auch nach Gott hin auszuweiten, und sie wird sich entfalten als die völlige Abwesenheit der Ehrfurcht sowohl vor dem Nächsten als auch vor Gott. — Mit diesem *„Über-die-Grenzen-sich-Ausweiten"* greifen wir hier bereits kurz voraus und halten fest, daß der Begriff Sünde im Koran an erster Stelle mit dem Wortstamm *„kafara"* ausgedrückt wird. Er hat die Grundbedeutung: *aus dem eigenen Bereich heraustreten, um etwas anderes — z. B zum Zweck der Vernichtung — zu bedecken.*[359]

Diese Aggression, diese Grenzüberschreitung deutet der Erzähler mit den Formeln *„sein wie Gott"* und *„Wissen um Gut und Böse"* (Gen 3,5) an. Es ist anzunehmen, daß beide Formeln komplementär zu verstehen sind. Ihr Sinn wäre dann, daß der Mensch eigenmächtig, ohne Vollmacht Gottes, die zu seinem Heil aufgestellten Gebote und Verbote zur Seite schiebt und in eigener Autorität feststellt, was für ihn gut und böse ist. Dieser Schritt hat den Charakter einer Versuchung, denn er würde niemals zustande kommen, wenn sich nicht eine dämonische Reizung und Verzerrung in das Verhältnis Gott-Mensch geschoben hätte. Denn in dieser Lage kommt ein doppelter Zweifel auf: einmal die Frage, ob Gottes Gebote und Verbote wirklich des Menschen Heil fördern und demzufolge zu seinem Heil wirklich erforderlich sind[360], und zum anderen die Versuchung, ob der Mensch nicht aus eigener Autorität besser wisse, was gut für ihn ist. Das Dämonische an dieser Versuchung ist, daß der eingeflüsterte Zweifel durchaus sinnvoll klingt.

Somit ist die Sünde keine einfache, schlichte und unkomplizierte Tat. Sie ist zwar eigene Schuld, aber nicht ohne die Komponente einer den Menschen überfallenden Macht. Die Sünde zeigt den Menschen in seiner Verantwortlichkeit Gott und den Menschen gegenüber, aber nicht ohne die permanente Bedrohung des Versagens, der Ohnmacht, sich dieser Verantwortlichkeit zu stellen.

Die Sünde kann sich deshalb nur dort ereignen, wo der Mensch in dem Raum seiner eigenen Freiheit als Bundesgenosse im Raum der Liebe Gottes steht. Die sündige Tat enthüllt den Menschen als denjenigen, der mit der ihm verliehenen Freiheit nicht umgehen kann und der an den Tiefen der Liebe Gottes scheitert.

5. Die schicksalhaften Folgen der Sünde

Der letzte Aspekt zeigt die Folgen dieses komplizierten Geschehens. Im allgemeinen will der Jahwist sagen, daß das Verhältnis des Menschen nicht nur zu Gott, sondern zum Leben schlechthin gestört ist. Denn die sündhafte Tat zieht eine Reihe von schicksalhaften Folgen nach sich.

Die vielleicht schwerste Folge ist, daß dem Menschen der heilsame Zustand des Paradieses genommen wird. Als Strafe für Sünde wird er in einen unheilsträchtigen Zustand degradiert. Der Jahwist überläßt es Gott, dem Menschen die Folgen seines Ungehorsams klarzumachen. Wie eine Kette reihen sich Not und Mühe aneinander.

Aber nicht nur Gott tritt in dieser Beziehung aktiv auf. Der Mensch selbst beraubt sich durch seine sündhafte Tat des paradieshaften Zustandes. Noch bevor Gott sich zum Menschen gewandt hat, ist die erste Folge des Wissens um Gut und Böse, daß Adam und Eva gewahr werden, daß sie nackt sind. Die Sünde hat das ungebrochene, innige und gemeinschaftliche Leben des Menschen zerstört. Nach dem Schöpfungswillen Gottes schuf er den Menschen nach seinem Bilde in der Gemeinsamkeit von Mann und Frau (Gen 1,27). In anderer Form besagt die Schöpfungsgeschichte, daß Gott die Frau aus der Rippe des Menschen genommen hat und sofort erkannte der Mann seine Frau als *„Gebein von meinem Gebein und Fleisch von meinem Fleische"*. Deswegen der Auftrag, daß der Mann Vater und Mutter verlassen und seiner Frau anhangen und ein Leib mit ihr werden soll. Diese mit der Schöpfung gegebene, das ganze Wesen umfassende Einheit von Mann und Frau im menschlichen Dasein wird dann vergegenwärtigt durch die Feststellung *„und die beiden, der Mensch und sein Weib, waren nackt und schämten sich nicht"* (Gen 2,18-25)[361]. Erst vor diesem Hintergrund wird klar, daß die Sünde als Usurpator die fundamentale Einheit und Gemeinschaft des Menschen zerrüttet. Der Jahwist stellt nun den Antisatz auf *„sie wurden gewahr, daß sie nackt waren und sie hefteten Feigenblätter zusammen und machten sich Schurze"*

(Gen 3,7). Einheit und Gemeinsamkeit werden zum Abstand. Der erste heillose Riß und die schicksalsträchtige Trennung zerstören das Menschsein. Die auf uneingeschränkte Liebe gegründete Einheit und Gemeinsamkeit ist nicht mehr vorhanden und die Zerstörung wird zeichenhaft an den Feigenblättern sichtbar. Dasjenige, was das Wesen von Mann und Frau miteinander und füreinander zum Ausdruck bringt, wird verborgen gehalten. Der Nächste wird sichtbar auf Abstand gehalten.

Der tiefbohrende Blick unseres Erzählers wird erkenntlich, wenn dieser feststellt, daß das gebrochene Verhältnis und der Abstand der Menschen untereinander auch Gott gegenüber gehalten wird. Mann und Frau verbergen sich vor dem Angesicht Gottes (Gen 3,8), und zwar weil sie ihre Nacktheit sich selbst und Gott verheimlichen wollen.

Hat sich einmal dieses gestörte Verhältnis zwischen Gott und dem Nächsten sichtbar manifestiert, dann sind die Folgen für Gemeinschaft, Leben und Welt nicht mehr abzuwenden. Der Jahwist sieht sie als Strafe Gottes, nicht als zufälliges Unglück oder Schicksal.

Im allgemeinen kann man das nun Folgende in dem Satz zusammenfassen: das menschliche Leiden auf Erden und der Tod sind die Strafe Gottes, sind eine Antwort auf des Menschen sündige Überheblichkeit. Leben und Schöpfung sind gestört.

Wie die Scham das erste unheilsame Zeichen einer gebrochenen Gemeinschaft war, wird nun auch das Gebären von Kindern für die Frau eine qualvolle Aufgabe. Die ganze Leiblichkeit wird so vom Leiden betroffen, und vielleicht haben wir in dem Satz *„nach deinem Manne wirst du verlangen; er aber soll dein Herr sein"* (Gen 3,16) nicht nur den Widerhall der patriarchalischen Verhältnisse der semitischen Völker, sondern auch das Bewußtsein eines im Leben sich manifestierenden Bruches der menschlichen Leiblichkeit.

Auch der Mann muß als Folge der Sünde in seinem Dasein leiden. Nicht nur als Mann, sondern auch als Bild für den Menschen wird er in der Perikope Genesis 3,17-19 angesprochen. Den Hintergrund und Bezugsrahmen dieser Worte bildet ein in der Schöpfungsgeschichte geäußerter Gedanke, nach dem die Existenz des Menschen im allgemeinen grundlegend in seinem Gebundensein an die fruchtbare Ackererde verwurzelt ist. In Genesis 2,7 lesen wir, daß *Jahwe Elohim* den Menschen (*ha-adam*) aus Erde vom Ackerboden (*ha-adamah*) bildete. Also ist der Mensch auf die Ackererde existentiell angewiesen. Die Sünde hat nun auch dieses Verhältnis gestört. So wie Mann und Frau Abstand voneinander genommen haben, so auch der Mensch und sein Lebensboden. Als Folge der Sünde liegt ein Fluch auf der Ackererde (Gen 3,17), die von nun an statt leichtem Ertrag dem Menschen den mühevollen Kampf mit Dornen und Disteln aufbürdet.

Diese Last muß der Mensch solange tragen, bis er wieder zur Erde zurückkehrt. Hier hören wir den ersten Hinweis auf den Tod des Menschen. Der Text sagt nicht, daß der Tod unmittelbar und unumgänglich mit des Menschen Schöpfung aus *ha-adamah* verbunden ist. Der Vers Genesis 3,19 betont lediglich den Tatbestand, daß der Mensch aus *ha-adamah* genommen wurde und zum Erdenstoff — *afar* — zurückkehren muß. Der Mensch hat — und dies scheint wohl der Sinn dieses Gedankens zu sein — nicht die göttliche, sondern die mit der Schöpfung verbundene Natur. Dies bedeutet aber nicht, daß Gott ihm in seiner Beschaffenheit nicht das ewige Leben verschaffen könnte. Erst an dieser Nahtstelle entsteht ein solcher Bruch als Folge der Sünde. In Vers 22 wird dieser geheimnisvolle Zusammenhang beschrieben. Durch die Sünde seiner Usurpation ist der Mensch in dem Maße Gott geworden, daß er in freier Überheblichkeit weiß, was Gut und Böse ist. Im Paradies gibt es auch die Möglichkeit des ewigen Lebens. Damit der Mensch nicht nochmals seine Hand ausstrecke und auch in dieser Hinsicht wie Gott werde, dadurch, daß er vom Baum des Lebens nimmt und ewig lebt, ist die Folge der Sünde, daß er aus dem Paradies vertrieben wird und ihm das ewige Leben (*le-'olam*) verwehrt bleibt. Die Möglichkeit dieser göttlichen Gabe hat er durch seine Sünde verspielt. In diesem Sinn kann gesagt werden, daß der Tod der Sünde Sold ist (Röm 6,23).

Im Hinblick auf die Interpretation, die der Koran über Adam und dessen Sünde gibt, müssen hier zwei Fragen erörtert werden, die zwar nicht unmittelbar in der Genesisproblematik liegen, aber doch in der christlichen Theologie immer wieder gestellt werden.

6. Sünde als Verlust der Gottesebenbildlichkeit?

Die erste Frage ist, ob nach der Bibel der Mensch durch seine Sündtat die Gottesebenbildlichkeit verloren habe. Der Genesistext gibt keine Anhaltspunkte, diese Frage mit „ja" zu beantworten. Man vergleiche Texte wie Genesis 9,6 der noachitischen Epoche und Genesis 1,27 der Schöpfungsgeschichte miteinander. In beiden Fällen wird vom Menschen (*ha-adam*) als dem Bild Gottes (*be-tselem-elohim*) gesprochen.

Und dennoch wird der Mensch im Verlauf der Genesisgeschichte anders bewertet. Es scheint nicht mehr möglich zu sein, von der Menschengeschichte ohne die schweren Störungen zu Gott zu reden. Wie sich aber des Menschen Versagen und seine Rebellion zu der erwiesenen Gottesebenbildlichkeit verhalten, darüber redet das Alte Testament nicht.

7. Die Frage nach der Erbsünde

Somit sind wir zu der zweiten Frage gekommen: Gibt es Anhaltspunkte für eine allgemeine Lehre der Erbsünde im Alten Testament? Sie läßt sich in den Schriften des Alten Testaments ebensowenig finden wie der Verlust der Gottesebenbildlichkeit des Menschen. Statt einer Dogmatik finden sich immer wieder Situationen von konkreten Menschen unter konkreten Umständen in ihrem Verhältnis zu sich selbst, zum Mitmenschen und zu Gott. Und es stellt sich heraus, daß der Mensch jedesmal neu vor die Entscheidung gestellt wird, wie er diese Beziehungen gestaltet. Davon handelt die Urgeschichte der Menschheit nach der Adam-Epoche. Jedesmal, wenn der Mensch eine Entscheidung treffen muß, wird klar, wie tiefgreifend der Sündenfall des ersten Menschen diese Verhältnisse gestört, wenn nicht gar zerstört hat.

Die Grundmotive der ersten Sünde wiederholen sich in nur veränderten Formen. Immer wieder zeigt der Mensch seine Überheblichkeit, seine usurpatorische Aggression, seinen Unwillen, sich dem Gebot zu fügen.

a. Genesis

Alle diese Aspekte zeigen sich bereits in der Kainsgeschichte, die in Genesis 4 unmittelbar auf die Adamsgeschichte folgt. Sie macht klar, wie die Sünde, wenn die Fundamente des Verhältnisses von Gott zu den Menschen gestört sind, eine eigene, neue und schlimme Dynamik entwickelt. Die Aggressivität, die in der Adamsgeschichte bereits angedeutet ist, tritt jetzt offen zutage: Der Mensch wird zum Mörder seines Bruders. Der Grund dieses Mordes liegt in der Sünde. Bereits in der Adamsgeschichte haben wir gesehen, wie die sündige Tat die Menschen voneinander trennt und zwischen ihnen einen verhängnisvollen Abstand schafft. Diese Trennung hat sich in der menschlichen Kultur außerhalb des Paradieses (Gen 3,23-24) vertieft. Die Menschheit ist in verschiedene Berufsstände aufgespalten: des Hirten in der Steppe und des Bauern auf seinem Ackerland. Diese Trennung verursacht Neid und Eifersucht, in der Kainsgeschichte dargestellt durch die Tatsache, daß das Opfer des Hirten Abel angenommen, das des Ackerbauers Kain aber abgelehnt wird. Neid und Eifersucht, die sogar das Antlitz des Menschen entstellen (Gen 4,5), steigern sich zu Mord. Durch diesen Mord wird die Trennung noch tiefer und schicksalhafter. Der Mörder Kain wird vom fruchtbaren Ackerland vertrieben und muß in der Steppe umherirren (Gen 4,12).

Durch diesen Mord ist auch das Grundverhältnis von Mensch und Erde für immer zerrüttet. Statt eine existentielle Einheit zu sein, ruft das Blut des Ermordeten hinauf zu Gott aus der Erde (4,10: *min ha-adamah*). Die Erde hat das Bruderblut getrunken, der Mensch hat sich geweigert, seines Bruders Hüter zu sein (4,9), das Urverhältnis ist gestört.

Der Erzähler läßt auch keinen Zweifel daran aufkommen, daß die sündige Tat ihre eigene Dynamik erzeugt. Bei Kains Nachkommen wächst die Rachsucht ins Maßlose (4,23-24). Diese immanente Dynamik bildet zwar keine Theorie der Erbsünde, läßt aber erkennen, daß seit Adams Fall sich die Zerrüttung durch das ganze Humanum hindurchzieht.

Denn mit der Kainsgeschichte hat der Erzähler seinen Bericht über die verheerenden Folgen der Sünde noch nicht beendet. In jeder weiteren Geschichte aktualisiert sich die immanente Gewalt der Sünde aufs Neue. Ihre innere Dynamik sprengt die Grenzen von Raum und Zeit.

In der Einleitung der Noahgeschichte (Gen 6,5ff.) wird als Tatsache festgestellt, daß die Bosheit der Menschen auf Erden groß war und ihre Überlegungen im Herzen die ganze Zeit nur böse waren. Da sich diese Bosheit auf die gesamte Menschheit ausgedehnt hat, reute es Jahwe, daß er den Menschen geschaffen hatte. Der in Bosheit zerrüttete Mensch kann in Gottes Schöpfung nicht mehr leben, und so entschließt sich Jahwe zu einer „Anti-Schöpfung": Die Menschen werden im Gericht der Sintflut vertilgt, obwohl Jahwe darüber selbst bekümmert ist. Die Noahgeschichte hebt keine besonderen sündigen Taten der Menschen hervor. Der ihr vorangehende Zwischenteil (Gen 6,1-4) über die Vermischung der Elohimwesen mit den Menschen läßt darauf schließen, daß die Bosheit des Menschen (ra'ath haadam) auch die Zerstörung der schöpfungsmäßigen Lebensordnung beinhaltet.

Nur Noah und sein Haus werden weiter bewahrt, und der neuen von ihm abstammenden Menschheit hat Jahwe den weiteren Bestand der natürlichen Ordnungen feierlich garantiert. Genauso wie Gott dies in Kain garantiert hatte, als er ihn mit dem Zeichen des göttlichen Schutzes versah (Gen 4,15). Vor diesem Hintergrund der göttlichen Geduld und des Willens, die Menschheit am Leben zu erhalten, wird die verheerende Kraft der sich immer neu gestaltenden Sünde sichtbar. Die Erzählung in Genesis 3-11 berichtet zuletzt von einer vierten Katastrophe. Das Grundmotiv bleibt dasselbe. Hier, in der Turmbaugeschichte, ist es wiederum des Menschen Überheblichkeit und Usurpation. Die Menschen planen, einen Turm zu bauen, dessen Spitze bis in den Himmel reicht, und wollen sich dadurch einen Namen (shem) machen (Gen 11,4). Beides aber, der Himmel und der Name, gehören grundsätzlich zu den göttlichen Prärogativen, durch deren Zueignung sie sich eine selbständige und von Gott unabhängige Einheit erschaffen wollen. Doch Jahwe zerstört auch dieses Autonomiebestreben, indem er die Sprache verwirrt (11,7). Jahwe hat das getan, als er sah, daß diese Menschheit im Bewußtsein ihrer eigenen Kräfte vor nichts mehr zurückschrecken würde (Vers 6).

Dieser notwendige Eingriff Gottes ist die negative Seite der menschlichen Sprache. In der Schöpfungsgeschichte (Gen 2,19) erteilt Jahwe dem Menschen die Macht und die Fähigkeit, die in seinem Lebensraum auftretenden Geschöpfe mit einem Namen zu belegen. Und Jahwe erklärt sich bereit, die Namensordnung des Menschen gutzuheißen und anzuerkennen. Diese Prärogative, einen Namen aussprechen zu dürfen, bedeutet für den Menschen eine Macht und bezeichnet seine Würde. Die Sprache gehört also in der schöpfungsmäßigen Ordnung zu der menschlichen Elite.

Am Ende der Turmbaugeschichte erscheint die negative Seite der Sprache. Sie gehört nicht zu der schöpfungsmäßigen Ordnung, sondern ist Folge des vorbeugenden und strafenden Eingriffs Jahwes. Die Einheitlichkeit der Sprache hätte zur Usurpation menschlicher Macht in eigener Regie ohne Gott geführt.

Die Komposition der Erzählung läßt in der Aufeinanderfolge verschiedener Geschichten eine grundlegende Einheit erscheinen. Sie zeigt die überwältigende innere Dynamik der sündigen Kräfte, die immer wieder und unter jeweils anderen Umständen das Treiben und Trachten der Menschen in ihren Bann ziehen. Auch die Stoßrichtung bleibt dieselbe: Trieb zur Überheblichkeit, die Weigerung, sich der von Gott in der Schöpfung niedergelegten Ordnung zu fügen, in Usurpation die eigenen Grenzen zu überschreiten. Daß diese verheerende Kraft in unterschiedlichen Geschichten zuTage tritt, ist die Schau des Jahwisten, der hiermit nicht eine Theorie der Erbsünde aufstellen, sondern die Universalität der Sünde in Zeit und Raum schildern will.

War in den vorangegangenen Geschichten jeweils von der Rettung einzelner die Rede, so endet die Turmbaugeschichte erbarmungslos auf dem Tiefpunkt. Das stetige Anwachsen der Sünde endet in einer Katastrophe, die der Erzähler als noch nicht beendet ansieht: die heillose Verwirrung der Sprache als Ursache der Entfremdung unter den Menschen. Damit beendet die Komposition des Genesisbuches die Urgeschichte der Menschheit.

Aber die Komposition zeichnet zugleich auch einen neuen Anfang. Diesmal nicht innerhalb derselben Geschichte — wie bei Kain und Noah — sondern die Rettung fußt auf einem ganz neuen Plan. Sinnvolle Folge dieser katastrophalen Urgeschichte ist die Berufung Abrahams (Gen 12) und damit Gottes besonderer Weg mit dem Volk Israel. Dieser neue Weg ist keine Einschränkung, denn Ziel der Erwählung ist, durch Abraham alle Geschlechter auf Erden zu segnen.

Folge aber der Sünde ist nun auch, daß das Verhältnis Gott-Mensch dermaßen gestört ist, daß der neue Weg Abrahams nicht mehr innerhalb des eigenen Landes, seiner Verwandtschaft und seines Vaterhauses verlaufen kann. Die Sünde der Menschheit bedeutet den Exodus einzelner Heilsträger — wie später Moses Exodus aus Ägypten und Muhammads Weggang mit seiner Gemeinde aus Mekka.

Dennoch bedeutet dieser neue Weg nicht das Ende der Sünde. denn die Geschichte Israels wird auch die Geschichte der Sünde sein. Sie zu verfolgen, würde den Rahmen dieses Buches sprengen. Heben wir deshalb dasjenige hervor, was bei der Interpretation des Neuen Testaments und des Korans eine wichtige Rolle spielt.

b. Exodus

Das neue, in Abraham beginnende Verhältnis zwischen Gott und Israel wurde in der Berufung des Mose erneuert (Ex 3,15). Die auf das Sinaigeschehen folgende Wüstenwanderung läßt erkennen, wie sehr die unmeßbar tiefe Kraft der Sünde sich gerade im Verhältnis zu Gott verheerend auswirkt. Die Versündigung Israels beim Tanz um das „goldene Kalb" (Ex 32) hat das eben am Sinai begründete einmalige Verhältnis Jahwes zu Israel aufs tiefste erschüttert. Der Anlaß ist nicht gravierend. Nur das lange Verbleiben des Mose auf dem Berge ruft die Zweifel unter dem Volk hervor. In der Abwesenheit Moses vermuten sie auch die Abwesenheit Jahwes. Die Komposition des Exodusbuches beschreibt diesen Vorfall, nachdem der Bund zwischen Jahwe und Israel geschlossen worden war (Ex 24). In dieser neuen Situation hatte Israel sich also feierlich mit Jahwe verbunden und vor ihm ausgesagt, alles zu tun, was er gebiete.

Ungeachtet dieses Bundes (*berith*, Ex 24,7) verlangt nun das Volk, daß andere Götter (*elohim*) während der Wüstenwanderung vor ihm hergehen und den Heilsweg Jahwes übernehmen. Diese *elohim* bekommen die Gestalt eines Kalbes, das — so meinen sie — an die Stelle des abwesenden Gottes des Mose treten kann. Ein Opferfest feiert die neue Relation.

Diese Erzählung, in der Form, wie sie uns vorliegt, ist eine glaubwürdige Retrospektive[362] einer Religionskrise, die sich erst später im Land Kanaan zugetragen hat. *„Diese goldenen Kälber, richtiger gesagt, goldenen Stierbilder, gehörten nicht zu den Spezifika ältester Jahweverehrung."* Die jetzt vorliegende Erzählung *„bestätigt den Charakter dieser Bildwerke als einer gegenüber nomadischen Traditionen außergewöhnlichen Neuerung"* (Herrmann). Hinter dieser Neuerung steht die religionspolitische Frage, ob im Ackerlande Kanaan Baal statt Jahwe oder Baal neben Jahwe verehrt werden sollte. Schon die Frage an sich bedeutet eine Degradierung des Glaubens an den Heilsweg Jahwes. Uns interessiert jetzt im besonderen, wie diese retrospektive Erzählung das Wesen der Sünde und ihre Folge beschreibt. In anderer Gestalt erscheinen die gleichen oder ähnliche Komponenten. Grundsätzlich bewirkt die Sünde einen Abstand: zuerst zwischen dem Volk und seinem in Jahwes Namen auftretenden Heilsführer Mose, aber wesentlicher zwischen Israel und seinem Befreier Jahwe. Wiederum streckt der Mensch seine Hand aus und füllt eigenmächtig die durch seine Schuld entstandene Leere nach eigenem Gutdünken mit einem von ihm ausgesuchten Götzenbilde. Die Wurzel des ganzen Prozesses ist wiederum Unglauben an das von Jahwe gegebene Wort, das in Ungehorsam einmündet.

Auch diesmal hat die Sünde ihre Folgen: Im Verhältnis Jahwes zu Israel ist ein Riß entstanden, Jahwe weigert sich, Israel weiterhin persönlich zu leiten, denn seine Anwesenheit würde das sündige Volk zerstören (Ex 32,34; 33,2-3). Statt Jahwe zieht jetzt ein Engel vor ihnen her. Die Sünde hat also die Tiefe der Gemeinschaft zerstört.

Somit zieht das Faktum der Sünde sich durch die gesamte Geschichte Israels, genauso wie es als immer wiederkehrende

Bedrohung durch die Urgeschichte gezogen ist. Von daher versteht es sich, daß der Text des Alten Testaments keine Theorie der Sünde aufstellen will. Sie ist vielmehr in unterschiedlichen Situationen immer präsent und zeigt dieselben religionspsychologischen Grundzüge.

Bezeichnungen der Sünde

In den verschiedenen Berichten des Alten Testaments über die Sünde, werden oft die gleichen Begriffe für das Wesen der sündigen Tat gebraucht[363]. Hauptträger des Sündenbegriffs ist die Wurzel *hata*, die die Grundbedeutung *„den richtigen Punkt verfehlen"* hat. Aus dieser profanen Bedeutung hat sich der Begriff *„eine Verfehlung der Rechtsnorm"* abgeleitet. Und aus dem Vorstellungsgehalt der profanen Umgangssprache und der Rechtssprache hat sich ein religionspsychologischer Sprachgebrauch entwickelt.

Der falschgerichtete, zu Ungehorsam führende Wille findet seinen Ausdruck in dem Wort *pesha: „Rebellion üben."* Im tiefsten Sinne ist nach dieser Wurzel die Sünde die menschliche Rebellion gegen Gott. Der zugrunde liegende Gedanke ist, daß Gott der Herr ist, der in den Ge- und Verboten seinen Willen den Menschen kundgetan und deswegen von ihnen Gehorsam verlangt, damit das Verhältnis Gott-Mensch nicht zerrüttet wird. Ungehorsam, eigensinniger Wille, ist Rebellion gegen den Herrn und somit Sünde.

In der Erzählung Genesis 3 war auch von der Übermacht der Sünde die Rede, die sich unter anderem darin äußert, daß die sündige Tat als gut und begehrenswert erscheint. Sünde ist sowohl eigene Schuld wie Übermacht, die den Menschen zum Sklaven macht. Niederschlag dieses Aspekts ist die Wurzel *shagah*, die den Begriff des Irrens des Menschen im Umgang mit Gott zum Ausdruck bringt. Irren hat zur Voraussetzung den guten Willen des Handelnden. Daß er dennoch sein Ziel verfehlt und vor Gott sündig wird, enthüllt eine dämonische Tiefe, die teilweise im Menschen selber, teilweise in dem für den Menschen unbegreiflichen Handeln Gottes gesucht wird (z. B. Hiob 12,16 und Jes 28,7 f.).

Die moralische und religiöse Seite der Sünde betont das Nomen *'awon*, in dem sich auch der Gedanke der Schuld, der bösen Gesinnung, geltend macht.

Alle die oben genannten Begriffe benutzt das Alte Testament im profanen wie im religiösen Bereich. Diesen Tatbestand so zu bewerten, als ob der religiös-psychologische Inhalt nur hinzugefügt sei und daß infolgedessen in Israel der Begriff der Sünde nicht grundlegend wäre, bedeutete, die fundamentale, in allen prae-modernen Kulturen in Erscheinung tretende Einheit aller Lebensgebiete zu verkennen. Denn auch der profane Gebrauch der oben genannten Worte fügt sich in die alles Leben in Israel beherrschende Überzeugung ein, daß Jahwe der absolute Herr ist. Er hat seinem Volk seinen Willen bekannt gemacht und ihm auferlegt, unter allen Umständen gehorsam zu sein. Unter dem Volk Israel zu leben bedeutet also, in einer von Gott gewollten und offenbarten Ordnung zu leben. In solcher Ordnung allein kann das beabsichtigte Heil wirksam und sichtbar werden.

Die Sünde steht also nie in einem Leerraum. Sünde ist die Verletzung einer gottgewollten Ordnung. Schließlich ist jede Sünde — auch die sogenannte profane[364] — eine Sünde gegen Gott (Ps 51,6), die Zerstörung einer dem Menschen auferlegten Norm, Ungehorsam gegenüber Gott.

Das Charakteristikum der Sünde tritt klar zutage, wenn wir uns jetzt den Formen und bildlichen Darstellungen des sündigen Handelns Israels zuwenden.

Wir greifen einige Beispiele heraus:

c. Hosea

Die Verkündigung des Propheten Hosea hat als unverrückbare Basis das Heilshandeln Gottes. Wie Trauben in der Wüste hatte Gott einst Israel gefunden (9,10). Als Israel noch jung war, gewann Gott es lieb, aus Ägypten hat er seinen Sohn gerufen (11,1), Ephraim gehen gelehrt, auf die Arme genommen (11,3) und an sich gezogen mit Banden der Huld, mit Seilen der Liebe (11,4). Ist Gott doch sein Herr, von Ägypten her ... einen Helfer außer ihm gibt es nicht (13,4). *„Ich habe dich erwählt in der*

Wüste, dich geweidet in dem Lande der Glut. Als sie Weide hatten, wurden sie satt" (13,5-6).

In dieses Lebensverhältnis mit Gott als Befreier und Helfer tritt plötzlich die Sünde. Wiederum ist ihr Hereinbrechen Zerstörung, Abkehr und Abstand. Das Israel, das Hosea vorfindet, ist ein Volk, das Jahwe verlassen hat.

Hosea hat sowohl zum Ausdruck der Liebe und der Huld Gottes (11,4) als auch der Untreue Israels seine Bilder den innermenschlichen Verhältnissen entlehnt: Gott hat Israel wie ein Kind in der Wüste gefunden und liebgewonnen.

Diesen Bildern, der menschlichen Liebe entnommen, entspricht das Bild der Sünde Israels. Wie eine untreue Frau, die ihren Liebhabern nachläuft, hat Israel das tiefste Verhältnis der Liebe zerrüttet. Ohne Bildlichkeit ausgedrückt: Israel hat sein Heil verworfen.

Dennoch hat das Bild der zerstörten Ehe eine tiefe Bedeutung, denn es weist auf die Partnerschaft im Bunde hin. Hier kann nicht die Frage diskutiert werden, ob es sich um ein tatsächliches Geschehen oder um eine Allegorisierung handelt. Mitbedacht werden muß jedenfalls, daß zur Zeit Hoseas der Fruchtbarkeitskult Kanaans die liturgische Ausdrucksform der Ehe einer Gottheit mit einem irdischen Partner als Abbildung der der Fruchtbarkeit dienenden Ehe Baals mit der Erde angenommen hatte.

Wesentlich in der Bildlichkeit wie in den Worten Hoseas ist die Darstellung der Sünde Israels als ein Bruch des Bundes und der Treue und des Gehorsams. Zwischen Jahwe und sein Volk hat sich ein dritte Macht, nämlich die des Götzendienstes, geschoben, eine Macht, die einen verheerenden Einfluß auf das Leben des Volkes ausübt, genauso wie die Untreue der Frau die Ehe samt dem Schicksal der Kinder (1,3-12) vernichtet hat.

Hosea hat die Erzählung Genesis 3 nicht gekannt. Dennoch muß auf eine merkwürdige strukturelle Parallele hingewiesen werden. In beiden Fällen **verursacht** die Sünde einen Abstand zwischen Mann und Frau, zerbricht die in der Schöpfungsordnung gegebene Einheit, als greifbares Bild für den entstandenen Abstand zwischen Gott und Mensch.[365]

Aber nicht nur darum handelt es sich, wenn die destruktive Kraft der Sünde sich eine Bahn bricht. Von dem zerstörten Verhältnis zwischen Gott und Mensch werden auch alle zwischenmenschlichen Bindungen in Mitleidenschaft gezogen. Die warnende und anklagende Predigt fast aller Propheten legt davon ein beeindruckendes Zeugnis ab.

d. Amos

Seine erste große Rede hält der Prophet Amos in Bethel (1,3-2,16). Der Ort ist wahrscheinlich der Platz vor dem königlichen Heiligtum, Ziel der Pilgerfahrt der Ephraimiten. Seine Rede beginnt damit, daß er den umliegenden Völkern ihre Sünden, die Taten des Unrechts und der Grausamkeit vorwirft. Sie haben ganze Dörfer verschleppt oder vernichtet, den Bruder mit dem Schwert verfolgt, die schwangeren Frauen aufgeschlitzt. Am schwersten aber wiegt die Sünde Israels, weil seine Sünde gegen die Menschen auch eine gegen seinen Gott ist, der es ja befreit und erwählt hatte (3,2). Juda hat das Gesetz (Torah) Jahwes verworfen und seine Satzungen nicht gehalten (2,4). Israel hat die Unschuldigen um Geld verkauft, die Armen wegen eines Paares Schuhe. Die Elenden und Geringen drücken sie hinunter zur Erde. Die ganze Skala des sozialen Unrechts gegeneinander wird ihnen angelastet, weil jede Tat der Unterdrückung ein Verstoß gegen die Torah ist. Auch diesmal haben die Formen der Sünde ihren untergründigen, dämonischen Charakter. Augenscheinlich wird ihre sündige Natur gar nicht durchschaut, und sie kommen dem Volk als nebensächlich vor, weil sie meinen, mit Gottesdienst und liturgischen Festen dem Willen Jahwes Genüge zu tun. Amos verkündigt aber, daß Verehrung Gottes nie ohne Recht und Gerechtigkeit möglich ist (5,21 f.).

e. Jesaja

In all diesem wirkt viel mehr als eine oberflächliche sozialpolitische Forderung nach Gerechtigkeit, die heute so und morgen ganz anders ausfallen kann. Im tiefsten Sinne wird die Sünde mit der unantastbaren Heiligkeit Jahwes konfrontiert. So lautet die Lehre, die der Prophet Jesaja aus der Vision seiner Berufung gezogen hat. In dem Eröffnungssatz seines Berichtes haben wir vielleicht mehr als eine bloße Zeitangabe zu sehen. Wird dadurch doch ein Kontrast hervorgerufen, der zu den Leitgedanken seiner Verkündigung gehört. Dem Tod des Königs Usia (6,1) wird unmißverständlich die Herrlichkeit des heiligen Königs, des Herrn der Heerscharen gegenübergestellt. Die Konfrontation mit diesem König überzeugt Jesaja von seiner eigenen Unreinheit und der seines Volkes. Denn unrein war besonders der verstorbene König Usia. Laut einem Bericht in 2. Chronik 26,16 f. war die Ursache seines Todes die Krankheit des Aussatzes, die als Strafe für seine Überheblichkeit angesehen wird. Usias Macht war so groß, daß er ruchlos handelte und sich versündigte, indem er vor der Heiligkeit des Tempeldienstes keinen Halt machte. Demgegenüber ist Jahwe der absolute, der andere, souveräne König, dessen Herrlichkeit (kabhod) die ganze Erde erfüllt. Die Unreinheit des verstorbenen Königs war nur ein Aspekt einer Unreinheit, die als Ungerechtigkeit und Sünde ('awon, hattat) Propheten und Volk belastet (6,7). Aus der Erkenntnis der alles beherrschenden Heiligkeit Jahwes leitet sich die politische Verkündigung Jesajas ab. Die Sünde bekommt politische Gestalt, wenn der irdische König dem Willen des heiligen Königs nicht gehorcht.

f. Jeremia

Wie sehr die zerstörende innere Dynamik der Sünde zur Zeit Jeremias, also etwa ein Jahrhundert nach Jesaja, fortgewirkt hat, wird deutlich im Vergleich der Predigt beider Propheten. War bei Jesaja der Tempel noch Stätte der Präsenz der Heiligkeit Jahwes, auch wenn hier schon das Volk im Gegensatz zu Leviticus 11,44 f.; 19,2; 20,7 nicht mehr heilig genannt wird, so verkündigt Jeremia, daß die Sünde nun auch den Tempel zerstört habe. Noch ist er nicht verwüstet, aber die Zeit ist eine Zeit, um anzukündigen, „auszureißen und niederzureißen, zu verderben und zu zerstören, zu pflanzen und aufzubauen" (1,10). Wenn Jahwes Werk der Zerstörung in vollem Gange ist, und selbst Jeremias treuer Jünger und Sekretär die Ruhe sucht, ergeht das Gotteswort: „Siehe, was ich gebaut, ich reiße es nieder, und was ich gepflanzt, ich reiße es aus, und du begehrst Großes für dich. Begehre es nicht! Denn siehe, ich bringe Unheil über alles Fleisch ..." (45,4-5).

In der Zeit, als der Tempel noch nicht verwüstet war, hatte Jeremia die Alternative zwischen Sünde und Gehorsam in seiner Tempelrede angekündigt. Seine Lehre ist, daß die verheerende Dynamik des sündigen Handelns die Heiligkeit und Existenz des Tempels auch antasten könne. Falsch sei der Glaube, als ob dort eine sichtbare Fluchtstätte wäre, außerhalb derer man Unglaube und Ungehorsam praktiziere und innerhalb derer immer Unverletzbarkeit zu finden sei. Diese falsche Sicherheit muß Jeremia zerstören. Es hilft nichts, darauf zu vertrauen: *„Der Tempel des Herrn ist hier!"* Er mahnt: *„Bessert euren Wandel, bessert eure Taten. Wenn ihr wirklich Recht schafft zwischen den Leuten, wenn ihr Fremdling, Waise und Witwe nicht bedrückt und nicht unschuldiges Blut vergißt an dieser Stätte und nicht anderen Göttern nachlauft, euch selbst zum Unheil ..."* (7).

Auch nach diesen Worten besteht die zerstörende Kraft der Sünde darin, daß der Mensch seine Lebensführung in eigene Hände nimmt und zwischen Jahwe und sich, zwischen sich und den Schwächeren unter Mißachtung der Gebote einen Abstand setzt.

g. Hesekiel

Es geschah nach der Katastrophe der Vernichtung von Tempel und Jerusalem, mitten im Leid, in der Erniedrigung des Exils, daß der Prophet Hesekiel in die unerforschbaren Tiefen der Sünde schaute. Selbstverständlich wirkt sich die Sünde auch bei ihm auf das Gebiet der sozialen und sittlichen Gebote aus. Aber die Klage über die Verletzung solcher Gebote bildet nicht das Kernstück seiner Botschaft. Ihn bewegt die Anklage, daß die Sünden des Volkes vor allem ein Verstoß gegen die sakralen Ordnungen gewesen sind. Die tiefste Quelle der Sünde ist das Versagen Israels gegenüber der Heiligkeit seines Gottes. Weil da der Übergriff stattfindet, weil Israel sich vor Jahwe so unrein macht, hat es seine Bestrafung heraufbeschworen. Dementsprechend sieht der Sündenkatalog Hesekiels folgendermaßen aus:

Israel hat das Heiligtum dadurch verunreinigt (5,11), indem es sich anderen Kulten zuwandte (8,7ff.) und die Götzen ins Herz schloß (14,3ff.).

Zwar spricht hier ein Prophet, der aus der priesterlichen Tradition stammt. Aber dies ist keine ausreichende Erklärung für seine tiefe Schau in das Unwesen der Sünde. Sünde ist kein gesellschaftlicher und sozialer Irrtum. Zwar ist sie dies auch. Aber vor allem ist sie doch Rebellion gegen Jahwe. Israel ist zugrunde gegangen, weil es die Ordnungen (*huqqoth*), die Rechtssätze (*mishpatim*), die Jahwe seinem Volk zum Heil gegeben hatte, übertreten hat (5,6).

Im ganzen Alten Testament tritt die Sünde jeweils unter anderen Umständen in anderen Gestalten auf den Plan. Dennoch haben diese unterschiedlichen Aktualisierungen ein gemeinsames Fundament, so daß man von einer Grundeinheitlichkeit der Sünde in Israel sprechen kann. Sie steht in Antithesis zur Grundeinheitlichkeit der Offenbarung in der Torah, ungeachtet der Variationen und Spannungen in diesen Schriften. Immer handelt es sich um eine Gemeinschaft, die der heilige Gott mit seinem Volk — und darüber hinaus mit den Menschen — schließen will. In dieser Gemeinschaft liegt das Heil, das nur mittels des in der Torah festgelegten Willens Gottes sich verwirklichen kann. Immer handelt es sich auch von Seiten des Menschen um eine unerforschliche Weigerung, sich in gehorsamer Weise diese Gemeinschaft mit Gott zu eigen zu machen.

h. Das spätere Judentum

Auch das spätere Judentum hat um diesen Urgrund der Sünde gewußt. Die Rabbinen lehren, daß der Mensch ein Sünder ist. *„Denn alle, die geboren sind, sind von Gottlosigkeit entstellt, voll von Sünden, mit Schuld beladen"* (4Esr 7,68). Sie nennen die Wurzel der Sünde „den bösen Trieb." Die Sünde Adams hat ihre Folgen für alle Geschlechter. Gleicherweise wurde gelehrt, daß die Sünde mit dem goldenen Kalb das weitere Schicksal der Menschen negativ beeinflußt hat. *„Es gibt keine Generation, in der es keine Spur der Sünde mit dem goldenen Kalb gibt"* (p. Taan. 68 c). Grundlegend für das rabbinische Judentum ist die Überzeugung, daß jede Rebellion Sünde gegen Gott ist, gegen seinen in der Torah offenbarten Willen. Auf dieser Grundlage haben die Rabbinen dennoch eine Differenzierung in der Ernsthaftigkeit der Sünden vorgenommen. Im Anschluß an Leviticus 16,21 werden drei Arten von Sünden unterschieden:

— unverschämte Missetaten (*'aonoth*)
— aufrührerische Handlungen (*pish'ehem*) und
— unwissentliche Verstöße (*hatotam*).

Demgegenüber hat das Judentum über die drei Todsünden niemals Zweifel aufkommen lassen. Es wird berichtet, daß unter dem römischen Kaiser Hadrian, der am Anfang des zweiten Jahrhunderts die Ausübung der religiösen Pflichten seitens der Juden mit der Todesstrafe verfolgte, eine Synode der Rabbinen einberufen wurde, um der neuen schwierigen Lage Herr zu werden. Diese Synode hat die Regel aufgestellt, daß der Jude, wenn er sein Leben dadurch retten kann, gegen alle Gebote der Torah verstoßen darf, ausgenommen allein Götzendienst, Unzucht und Blutvergießen (Sanh 74 a)[366]. Die schwerste aller Sünden ist der Götzendienst (*'awodah zarah*). *„Wer die Sünde des Götzendienstes betreibt, verstößt gegen die Zehn Gebote sowie gegen die Vorschriften, die Mose, den Propheten und Patriarchen gegeben wurden"* (Sifre Num 111,32 a). Während es für die Sühnung anderer Sünden Reinigungsriten, gute Werke und Leiden als Möglichkeit gibt, können diese schweren Sünden nur mit dem Tod gesühnt werden (Sanh 74 a)[367]. Anders gesagt: Wer sich von dem innersten Leben des göttlichen Willens entfernt, hat seine Existenzberechtigung verspielt.

II. Die Sünde im Neuen Testament

Das Neue Testament setzt die Tradition des Alten Testaments und des Judentums fort. Wir brauchen nur daran zu erinnern, daß Jesus auf die Frage nach dem vornehmsten Gebot mit den Worten der *shema* antwortete (Mk 12,29; Dtn 6,4-5). Seine Antwort impliziert, daß der Verstoß gegen dieses wichtigste Gebot die schwerste Sünde ist. So lauten nicht nur die Berichte der Synoptiker, sondern auch schwerpunktmäßig die johanneischen Schriften. Das Hauptgebot ist die Liebe zu Gott (1 Joh 4,7-21), verbunden mit der Aufforderung, sich vor den Götzen zu hüten (1 Joh 5,21). Der Kontext läßt vermuten, daß mit dem Götzendienst die Sünde zum Tode gemeint ist (1 Joh 5,16). Genauso Paulus. In seinem einleitenden Kapitel des Römerbriefes klagt er *„alle Gottlosigkeit und Ungerechtigkeit der Menschen"* an, die darin besteht, daß sie Gott, den Schöpfer, mit Bild und Gestalt des Vergänglichen vertauscht haben und so meinten, weise zu sein (Röm 1,18ff.). Aus der Bergpredigt geht hervor, daß die Skala der im Alten Testament offenbarten Gebote auch im Neuen Testament nichts von ihrer Kraft verloren hat, sondern im Gegenteil noch intensiviert wird.

Diese und ähnliche Texte lassen schon darauf schließen, daß das neutestamentliche Verständnis der Sünde im Wesen nicht vom Verständnis des Alten Testaments und des Judentums abweicht. Aber im Neuen Testament hat, besonders in einzelnen Schriften, eine neue Sicht der Dinge stattgefunden, die versucht, die unergründliche Tiefe der Sünde zu erforschen und zwar in einem Maße, das wir vorher nicht feststellen konnten. Denn merkwürdigerweise wurde die Erzählung Genesis 3 in den übrigen alttestamentlichen Schriften nicht mehr völlig durchdacht und in ihrer Bedeutung nochmals überprüft.[368]

Der Apostel Paulus argumentiert immer vom Christusgeschehen aus. Dies ist auch der Fall, wenn im Römerbrief 5-8, mehr als in jeder anderen Schrift des Neuen Testaments, Paulus sich mit der Sünde auseinandersetzt. Den Ursprung der Sünde findet Paulus in der Adamsgeschichte. Mit der Sünde kommt auch der Tod in die Welt (6,23). Durch die sündige Tat Adams ist der Tod über das ganze Menschengeschlecht gekommen. Eine Theorie der Erbsünde bietet Paulus hier nicht. Vielmehr will er die Übermacht der Sünde zum Ausdruck bringen, der jede Generation jedesmal von neuem erlegen ist. Der Tod gehört, wie die Sünde, zu dieser die Menschen bedrohenden dämonischen Übermacht. Beide gehen auf Adam zurück, und beide haben mit despotischer Königsmacht über die Menschen geherrscht von Adam bis Mose (5,12-14).

Diese, die Menschheit in ihrer Gesamheit umfassende Tatsächlichkeit hat auch die Offenbarung des göttlichen, heilsamen Willens in der Torah nicht geändert. Eine pauschale und kompromißlose Gesetzesfeindlichkeit hat auch Paulus nicht gelehrt. Ist doch für ihn *„das Gesetz (Torah) heilig und das Gebot heilig und gerecht und gut"* (7,12). Gerade diese heilige und gerechte Torah offenbart die destruktive, dämonische Übermacht der Sünde im Menschen. Das Gute ist dem Menschen nicht zum

Tode geworden, sondern die Sünde (7,13). Die gute Torah zu vollbringen, danach strebt der Mensch. Aber erst dann wird es ihm bewußt, daß er das Gute, was er will, nicht tut, sondern das Böse, was er nicht will, vollbringt. Und das *„vollbringt die Sünde, die in mir wohnt"* (7,20). Ihre Übermacht ist so groß, daß Paulus von einem (Anti-)Gesetz spricht, das *„dem Gesetz meines Inneren widerstreitet und mich zum Gefangenen des Gesetzes der Sünde macht"* (7,23). Die verheerende Tiefe wird als so grausam erfahren, daß Paulus über sich selbst ausruft: *„Ich elender Mensch, wer wird mich erlösen von diesem Leib des Todes?"* (7,24).

Keine Stimme im Alten Testament und Judentum hat diese Radikalität überboten. Etwas ganz Neues aber hat hier dennoch nicht stattgefunden. Jedoch werden hier die letzten Konsequenzen gezogen, die m. E. auf zwei Gründe zurückgehen:

Erstens weiß Paulus aus der Lehre, die er aus der Geschichte Israels gezogen hat, daß sogar dieses Volk trotz des Vorrechtes der Offenbarung der Torah nicht gerecht gelebt hat. Ein Sündenkatalog des Alten Testaments bezeugt dies, so z.B. *„es ist keiner gerecht, auch nicht einer"* (3,10ff.), also ein Beweis, daß auch die Juden unter der Herrschaft der Sünde stehen.

Zweitens hat das Christusgeschehen zur Einsicht in die Tiefen der Sünde geführt. Die Tatsache, daß Jesus von Juden und Heiden gekreuzigt wurde, ist der tiefste Ausdruck des sündigen Menschen. Wie die Kraft der Sünde zuerst in Adam das Gebot Gottes und in der Geschichte Israels die Torah verneint hat, so haben die Menschen das in Jesus Christus ihnen angebotene Heil in den Tod geschickt. Gerade der Mensch mit all seiner Weisheit hat die wirkliche Bedeutung seines sündigen Handelns nicht ergründen können. Paulus sagt: Hätten die Herrscher dieser Welt in ihrer Weisheit dieser Welt die Weisheit Gottes erkannt, so *„hätten sie den Herrn der Herrlichkeit nicht gekreuzigt"* (1 Kor 2,8).

Durch die Berichte aller Evangelien klingt die Klage hindurch: Israel hat sein Heil verworfen. Alle Synoptiker zitieren den Vers aus Psalm 118,22-23: *„Den Stein, den die Bauleute verworfen haben, der ist zum Eckstein geworden"* (Mt 21,42; Mk 12,10;

Lk 20,17; vgl. auch 1Petr 2,7). Hier sprechen die Evangelien sogar von einem notwendigen unumgänglichen „Müssen". Der Evangelist Markus nennt das Jesuswort: *„Der Sohn des Menschen muß viel leiden und wird von den Ältesten und den Hohenpriestern und den Schriftgelehrten verworfen werden und getötet werden ..."* (8,31). Die Bedeutung dieser Worte und das unumgängliche Müssen liegen nicht weit ab. Sie stehen im Zentrum der von der Geschichte Israels und der Menschheit bezeugten Erfahrung, daß der Mensch immer, aus einem unerforschlichen Grund, getrieben von einer Kraft, die sich „Weisheit" (1Kor 2,8) oder „Engel des Lichts" (2Kor 11,14) nennt, das ihm von Gott angebotene Heil ausschlägt. Ein Gleichnis Jesu verdeutlicht dies: Gott pflanzte einen Weinberg und verpachtete ihn seinen Dienern. Als die Zeit gekommen war, wollte er seine Früchte in Empfang nehmen. Aber die Weingärtner ergriffen Gottes Knechte, schlugen den einen, den anderen töteten und den dritten steinigten sie. Solches wiederholte sich jedesmal, wenn Gott seine Früchte in Empfang nehmen wollte. Als er schließlich seinen eigenen Sohn schickte, in der Hoffnung, daß sie sich vor ihm scheuen würden, ergriffen sie auch ihn und schlugen ihn tot (Mt 21,33ff.; Mk 12,1ff.; Lk 20,9ff.).

Somit ist die ganze Struktur der Evangelien ein unaufhaltsames Sich-Bewegen auf einen absoluten Punkt hin: die Kreuzigung Jesu, der das entscheidende Heilsangebot Gottes ist. Als Jesus kurz vor seiner Hinrichtung Pilatus gegenübersteht, spricht er von dieser letzten Leidensstation folgendermaßen: *„Der, welcher mich dir überliefert hat, hat größere Sünde"* (Joh 19,11). Diese sündhafte Verwerfung des göttlichen Heilsangebotes ist seine Gottverlassenheit, die im Abgrund des Kreuzestodes stellvertretend für die Menschheit offenbar geworden ist (Mt 27,46).

III. Die Sünde im Koran

Schon eine nur oberflächliche Lektüre des Korans vermittelt den Eindruck, daß auch seine Verkündigung sich immer wieder mit dem sündhaften Verhalten der Menschen auseinandersetzen muß. Nicht nur Muhammad mit seinen Zeitgenossen, sondern auch die prophetischen Vorgänger samt ihren Völkern sind mit der Tatkraft der Sünde konfrontiert. Entsprechend der Allgemeinheit der Sünde hat auch der Koran einen terminus technicus zu ihrer Bezeichnung. Er benutzt dazu die Wurzel *kht'* mit der Grundbedeutung *„einen Fehler machen, das Ziel verpassen"*. Hier liegt also eine Verwandtschaft zu dem Alten Testament, und zwar mit *hata: verfehlen*, vor. Der Wortstamm *kht'* zusammen mit seiner Form *khati'a* umschreibt im Koran die üblichen Gestaltungen der Sünde. Die Definition von *khati'a* ist *„eine begangene Sünde"*. Die Formen des Stammes *kht'* können die Bedeutung haben: *„Sünde, Verfehlung"*, wie in 17,31 (vom Töten von Kindern gesagt); *„sündig"*, 96,16 (im Zusammenhang mit lügnerisch); *„Sünde"* im Zusammenhang mit dem Begehen einer schlechten Tat, 2,81; eine Verfehlung, die einen Unschuldigen in Verruf bringt, 4,112; die Sünden des Volkes von Noah, die darin bestanden, daß es auf Noah nicht hörte und eigenen Götzen diente, 71,25. Neben diesem Wortstamm benutzt der Koran noch *dhanb*, Plural *dhunub*. Es hat die Bedeutung *„Sünde"* im Sinne von Missetat, Verbrechen, Gesetzeswidrigkeit, Beleidigung, Vergehen, Ungehorsam. Die gleiche Bedeutung hat auch das Wort *ithm*, aber *dhanb* unterscheidet sich von diesem, indem derartige Sünden sowohl vorsätzlich als auch unabsichtlich begangen werden können. In 14,10 bedeutet *dhunub* Sünden, die im Unglauben an den einzigen Gott, Schöpfer von Himmel und Erde begangen worden sind[369]. *Ithm* deutet eine schwere Sünde an, in der Art von Verbrechen, Verfehlung, Ungehorsam, gesetzeswidrige Tat, die vorsätzlich begangen wird (53,32, wo sie im Gegensatz zu gelegentlichen Verstößen stehen).

Aus diesen Umschreibungen wird schon deutlich, daß der Koran eine ähnliche Charakterisierung der Sünden wie die ihm vorangehenden biblischen Traditionen besitzt. Die Verwandtschaft besonders mit dem späteren Judentum tritt noch mehr hervor, wenn wir auf die Klassifizierung der Sünden achten. Hier hat sich eine Traditionskette fortgesetzt. Die koranischen Texte unterscheiden dreierlei Art von Sünden: Zuerst die leichten Verfehlungen (53,32), zum anderen die schweren Sünden und die abscheulichen Handlungen (42,37) und zum dritten das wirklich sündhafte Verbrechen, das der Koran mit den Worten *kufr* und *shirk* andeutet. Sie beide beschreiben eine Sünde, die in der Verneinung der absoluten Einzigkeit Gottes besteht, wobei *shirk* das Zugesellen von Götzen zu Allah bedeutet (4,48). *Kufr* beinhaltet mehr den Unglauben an die in der prophetischen Verkündigung geschehene Offenbarung des einzigen Gottes, indem man den Weg Allahs nicht befolgt und sogar andere davon abhält (8,36, 38). Hierbei fällt auf, daß genau wie im Judentum die schwerste Sünde diejenige ist, die sich gegen die Einzigkeit Gottes richtet. Der Koran läßt dafür keine Vergebung gelten. Aber in diese Gruppe hat der Koran Unzucht und Blutvergießen nicht aufgenommen.

Die Linie aus dem Alten und dem Neuen Testament aufnehmend, ist es jetzt unsere Aufgabe, der Aktualisierung der Sünde im Koran und deren Folgen nachzugehen.

Wir wissen, daß der Koran auch über die Adamsgeschichte berichtet. Auch von Adams Ungehorsam ist die Rede. Im koranischen Bericht wird ausführlicher als in der Genesiserzählung über die Rolle des Satans erzählt. Hier bildet der Fall des Engels den Auftakt zum Fall Adams. Dieser Engel trägt den Namen *Iblis*. In Sure 15,28-33 wird erzählt, wie dieser *Iblis* als Engel sich weigert, sich vor dem aus Tonerde geschaffenen Adam, dem Gott seinen Atem eingehaucht hatte, niederzuwerfen. Er ist dem Gebot Allahs ungehorsam mit der Begründung, daß er sich vor einem (nur) aus feuchter Tonerde Geschaffenen nicht niederwerfen kann. Daß hier von des Teufels Hochmut die Rede ist, beweist ein Parallelvers, nach dem er sich mit den Worten rechtfertigt: *„Ich bin besser als er; du hast mich aus Feuer geschaffen und ihn aus Lehm"* (7,12). Zur Strafe wird *Iblis* als Verfluchter aus dem Paradies vertrieben, und ein Fluch wird auf ihm liegen bis zum Tag des Gerichts.

Die koranischen Erzählungen (7,14-18; 15,36-41; 17,62-65) lassen erkennen, daß dem Teufel auf eine oder andere Weise Aufschub gewährt wird. Diesen Spielraum benutzt er, um die Nachkommen Adams, *„die du mehr geehrt hast als mich"* (17,62), bis auf wenige auszurotten. Allah gibt ihm die Antwort:

„Geh hin ..., scheuche mit deiner Stimme auf, wen von ihnen du kannst, setz ihnen zu mit deiner Reiterei und deinem Fußvolk ... und mache ihnen Versprechungen ... was aber meine Diener anbelangt, über sie hast du keine Vollmacht" (17,63-65).

174

Während *Iblis* aus dem Garten auf die Erde von Allah hinabgeschickt wurde (7,13), wurden Adam und seine Frau angewiesen, im Paradies angenehm zu leben. Sie bekommen die Erlaubnis, aus dem Paradies reichlich sich zu ernähren, erhalten aber das Verbot, sich

„nicht diesem Baum zu nahen, denn in diesem Fall gehört ihr zu den Unrechtbetreibenden" (7,19).

Der Wortlaut dieses Verbots stand Muhammad offensichtlich klar vor Augen, denn als er die Adamsgeschichte später in Medina nochmals erzählte — Vers 7,19 gehört zu der dritten mekkanischen Periode — hat er denselben Satz ohne jegliche Änderung wiederholt (2,35). Dieser koranische Text gibt keinen Grund an, weshalb dem ersten Menschen dieser Baum verboten war. Die Einflüsterung des Satans hingegen lautet in der zweiten mekkanischen Periode (20,120):

„O Adam! Soll ich dich hinführen zum Baum des ewigen Lebens und zu einem Königreich (Herrschaft), das nicht vergehen wird?"

In dieser Erzählung richtet sich der Satan an Adam — nicht an Eva —, und beide aßen von dem Baum. Etwas später erzählt Muhammad dieselbe Geschichte nochmals in der dritten mekkanischen Periode, doch mit etwas anderen Worten:

„Daß ihr zu Engeln werdet oder gehört zu denjenigen, die ewig leben" (7,20).

Beide Erzählungen berichten, daß die Folge von Adams und Evas Sünde war, daß ihnen ihre Scham offenkundig wurde. Sie begannen Blätter über sich zusammenzuheften (20,121; 7,22).

Im Koran trägt — wie diese Erzählung zeigt — die Sünde in der Hauptsache dieselben Merkmale wie in der Bibel. Die nahe Verwandtschaft mit der Genesiserzählung fällt auf. Überall ist der tiefe Grund der Sünde der menschliche Ungehorsam gegen das Verbot bzw. Gebot Gottes. Der Koran führt diesen Ungehorsam auf eine Einflüsterung des Satans zurück (*fa-waswasa:* 7,20; 20,120). Die koranischen Erzählungen setzen den Satan nicht ohne weiteres mit der Schlange aus Genesis gleich. Kam dort die Quelle der Sünde aus der dämonischen Tiefe der Erde, so ist sie im Koran zurückverlegt auf den Ungehorsam des *Iblis* Allah gegenüber. Seine Sünde war der Hochmut. Dieser Zusammenhang und diese Perspektive wurde besonders in Sagen christlicher Tradition hervorgehoben. Eine ähnliche Darstellung findet man in dem *„Leben Adams und Evas"*[370], das die gleichen Elemente enthält: die Erschaffung Adams nach Gottes Bild, der Aufruf Michaels, Gottes Ebenbild anzubeten, die Verweigerung des Satans mit der Begründung: *„Ich werde doch den nicht anbeten, der geringer und jünger ist als ich"*. Laut *„Schatzhöhle"*[371] ist seine Begründung: *„Es ziehmt ihm, mich anzubeten, der ich Feuer und Geist bin und nicht mir, daß ich den Staub anbete ..."*. Auch hier war also der Hochmut die tiefgründige Quelle der Sünde.

In der Bezeichnung des verbotenen Baumes gehen Koran und Bibel verschiedene Wege. Mag Muhammad hier ungenau zugehört haben, so hat sich bei ihm doch die Interpretation des Wesens der Sünde anders geprägt. Der Baum war, nach den Worten des Satans, von Allah deswegen verboten worden, damit der Mensch nicht zum Engel werde oder ewig lebe. Laut Koran hat der Mensch mit seiner sündigen Tat also die Hand nach dem ewigen Leben ausgestreckt, also eine hybridische Grenzüberschreitung wie in der Genesiserzählung. Laut letzter aber hatte der Mensch von der Frucht gegessen, um in den Stand versetzt zu werden, Gut und Böse zu erkennen (3,5). Nachdem er einmal davon gegessen hatte, sagte Gott: *„Der Mensch ist geworden wie unser einer, daß er weiß, was gut und böse ist."* Und er schickt ihn aus dem Garten Eden, *„daß er nun nicht seine Hand ausstrecke und auch von dem Baume des Lebens breche und ewig lebe"* (Gen 3,22). Der Koran hat also Genesis 3,5 mit Genesis 3,22 vermischt.

Dennoch verrät diese augenscheinlich wenig bedeutsame Änderung ein anderes Verständnis vom Wesen des Menschen und der Sünde. In der Genesiserzählung verleiht Gott dem Menschen eine beherrschende Macht über die von Gott geschaffenen Dinge. Zum Beispiel die Vollmacht der Namensbenennung (Gen 2,19). In seiner sündigen Tat reißt der Mensch die Vollmacht an sich, über Gut und Böse zu entscheiden und dadurch wie Gott zu werden. Diese Gottähnlichkeit ist nicht eine von

Gott verliehene, sondern eine sündhafte. Gott nimmt nun diese sündige Macht nicht zurück, sondern er läßt den Menschen damit leben. Nur das ewige Leben wird ihm versagt.

Anders der Koran: Allah kann seine Allmacht nicht mit dem Menschen teilen, auch nicht die Macht der Namengebung der Dinge. Nicht Adam benennt, sondern: „Er lehrte Adam alle Namen" (2,31). Etwas Ähnliches findet bei der Sünde statt. Der Koran eröffnet dem Menschen gar nicht die Möglichkeit, sich eine Gottesähnlichkeit zu verschaffen, um Gut und Böse zu unterscheiden. Statt dessen ist ihm die Versuchung belassen, das ewige Leben zu ergreifen. Aber diese Tat hat nicht dieselben weitgehenden Konsequenzen, wie das eigenmächtige menschliche Wissen um Gut und Böse. Denn Allah behält dennoch die Entscheidung über ein ewiges Leben für den Menschen fest in eigenen Händen. Hier haben wir einen ersten Hinweis dafür, daß die Macht der Sünde im Koran nicht eine derart dämonische Tiefe erlangt wie in der Bibel. Der Grund dafür ist, daß die koranische Verkündigung in keinerlei Weise die Allmacht Allahs von Seiten des Menschen beeinträchtigen läßt.

Dementsprechend hat es auch den Anschein, als ob die Folgen der Sünde in koranischer Sicht nicht so verheerend die Grundlagen des menschlichen Daseins erschüttert haben, wie dies in der Genesiserzählung der Fall ist. Auf eine Folge, nämlich die Vertreibung aus dem Paradies (2,36; 7,24; 20,123), haben wir bereits hingewiesen. Auch die Feindschaft zwischen Satan und dem Menschen und das zeitlich beschränkte Leben auf Erden, werden als die schmerzlichen Folgen der Sünde von Allah angeordnet. Dennoch wird das geringere Ausmaß der verheerenden Folgen auch aus dem göttlichen Fluchwort ersichtlich. In der 7. Sure geht dem Fluchspruch Allahs eine Bitte der ersten Menschen voran:

„O Herr, wir haben uns selbst Unrecht angetan; wenn du uns nicht vergibst und uns Erbarmen widerfahren läßt, sicherlich dann werden wir zu den Verlorenen gehören. (Allah) sagte: Steigt hinab (auf die Erde). Der eine unter euch wird dem anderen zum Feinde sein. Für euch ist auf der Erde ein Aufenthalt und Nutznießung auf bestimmte Zeit.

(Allah) sagte: Auf ihr werdet ihr leben, und auf ihr werdet ihr sterben, und aus ihr werdet ihr wieder hervorgebracht werden" (7, 23-25).

Nun ist der letzte Vers keine spezifische Formel eines Teilaspekts des Fluches. Völlig aus jeder Art des Fluchspruches losgelöst, werden die göttlichen Entscheidungen über Leben, Sterben und Auferweckung auch — wie bereits erwähnt — von Johannes dem Täufer, Jesus und in allgemeinen Termini auch von allen Menschen gesagt (30,40). Als Teilaspekte des göttlichen Fluches aber setzt der koranische Bericht einen Gedanken aus der Genesiserzählung fort, und zwar aus Vers 3,19: *„Denn Staub der Erde bist du, und zu Staub der Erde mußt du zurück."* An diese göttliche Aussage hat — anders als der Genesisvers — der Koran die zukünftige Auferstehung angeknüpft. Er steht hiermit in Übereinstimmung mit der jüdischen Tradition, denn der Traktat Genesis r. 20,26 verbindet mit dem zitierten Vers Genesis 3,19 den Gedanken: *„Dies enthält einen Hinweis darauf, daß die Torah die Wiederbelebung der Toten lehrt. Es heißt nicht: Denn Staub bist du, und zum Staub gehst du, sondern: zum Staub kehrst du zurück"* [372]. Im Verlauf der Koranoffenbarung ist diese Fluchformel zu einer Segensformel geworden — besonders bei Johannes dem Täufer und Jesus — wahrscheinlich unter Einfluß der Frömmigkeitsliteratur von Juden und Christen, die mit dem Tode die Hoffnung und Verheißung der Auferstehung verband.

Merkwürdiger und Bedeutsamer aber ist, daß andere Aspekte des Fluches aus Genesis 3,17f. im Koran unerwähnt bleiben. Kein Wort über die Zerrüttung des Mann-Frau-Verhältnisses, über die zerstörte Beziehung des Menschen zur Erde und der Frau zur Mutterschaft. So verheerend-tiefgreifend wirken sich die Folgen der Sünde nicht aus.

Denn die koranischen Adamserzählungen kennen Adams Buße. In der zweiten mekkanischen Periode wird seine Geschichte nach der Geschichte des Mose und der Verkündigung über das letzte Gericht in Sure 20,115-123 erzählt. Nachdem Adam ungehorsam geworden war, findet seine Geschichte einen Abschluß in den göttlichen Worten:

"Und (Allah) wandte sich ihm wieder zu und leitete ihn recht" (122).

Die 7. Sure erwähnt, wie Adam und Eva ihre Schuld bekennen und um Allahs Erbarmen bitten (7,23). Die in Medina erzählte Geschichte berichtet nicht wörtlich über die Buße Adams, sondern Allah behält auch nach Adams Sünde die führende Macht über alles Geschehen, auch über dasjenige, das sich in den Generationen nach Adam vollziehen wird. Allahs führende Allmacht vollstreckt sich auch in dem Ereignis:

"Und Adam vernahm von seiten seines Herrn Worte und (Allah) wandte sich ihm wieder zu" (2,37).

Die Adam eingegebenen Worte beziehen sich auf das Bekenntnis seiner Buße, daß er laut 7,23 zu Allah gesprochen hat. Auch in der jüdischen Tradition ist es Gott, der Adam zur Buße führt. Der Traktat Genesis r. 21,6 erklärt zur Bedeutung des Genesisverses 3,22: *"Das lehrt, daß Gott Adam die Pforte der Buße öffnete"*[373].

Der Koran eröffnet zum Schluß eine Aussicht über den weiteren Verlauf der Menschheitsgeschichte. Der Befehl, den Paradiesgarten zu verlassen, wird mittels Adam an die ganze Menschheit gerichtet. Hierin äußert sich die schwerwiegendste Folge der Sünde Adams. Alles konzentriert sich dennoch auf die in der weiteren Geschichte offenbar werdende Macht Allahs und auf des Menschen Antwort, ihm werden zwei Möglichkeiten vor Augen gestellt:

"Steigt von da aus herunter, alle zusammen. Und wenn dann zu Euch kommen wird von mir eine rechte Leitung, und wer dann meiner rechten Leitung folgt, auf denen wird keine Furcht lasten, und sie werden nicht traurig sein. Diejenigen aber, die ungläubig sind und unsere Zeichen für Lügen erklären, diese sind Insassen des Höllenfeuers und werden darin ewig weilen" (2,38-39).

Auch die Erzählung in der 7. Sure zieht die Lehre aus Adams Sünde für die ganze Menschheit. Von einer die Menschen aufrufenden Perikope (7,26-33) geht eine dringende Warnung aus, sich vor der Sünde zu hüten. Voran geht eine Warnung vor der Versuchung des Satans, so wie er das erste Geschlecht versucht hat. Laut dieser Warnung hat er die ersten Menschen zur Sünde verführt, indem er ihnen die Kleider auszog und sie ihre Scham sehen ließ. Der diese Perikope abschließende Vers (7,33) faßt die Gestaltungen der Sünde in einer Liste von Taten zusammen, die den Kindern Adams als Verbote vorbehalten werden. Diese Koranworte lauten:

„Sag: Nur hat mein Herr als verboten erklärt: die Unsittlichkeiten, die sowohl äußerlich sichtbar, wie innerlich verborgen sind; die Sünde (ithm), das ungerechtfertigte Aufbegehren (baghy); und daß ihr Allah keine Götter beigesellt, wozu er keine Vollmacht herabgesandt hat; und daß ihr gegen Allah etwas aussagt, wovon ihr kein Wissen habt."

Diese Aufzählung aber liegt eingebettet in der alles überragenden Vollmacht Allahs, der *„eine Gruppe (der Menschheit) rechtgeleitet hat, für eine andere Gruppe ist gerechterweise der Irrtum zur Wirklichkeit geworden"* (7,30). Die Sünde dieser zweiten Gruppe wird noch einmal besonders unterstrichen:

„Sie sind es, die die Satane zu Freunden genommen haben an Allah Statt und meinen dabei, sie seien rechtgeleitet" (30)!

Die Ursünde also, die von dem Satan ausgeht, ist: *shirk — sich einen anderen als Allah als Gott erwählen.* An dieser Grenze muß die Rechtleitung Allahs ihr Ende haben, und so wird der Irrtum zur gerechtfertigten Wirklichkeit. Von einer Erbsündenlehre kann im Koran nicht die Rede sein. Ebensowenig von einer aus dämonischen Tiefen kommenden Erschütterung der innermenschlichen Verhältnisse sowie des Gott-Mensch-Verhältnisses. Die Verheißung der Rechtleitung durch Allah begleitet die Generationen, und nur *shirk* — mit Götzen oder Satanen — stößt die Menschen unumgänglich aus ihrem Wirkungsbereich.

Der Jahwist hatte erzählt, wie die Sünde nach Adam sich in der Urgeschichte jedesmal neu aktualisiert hat. Auch der Koran berichtet über die beiden Söhne Adams, ohne sie allerdings beim Namen zu nennen. Ihr Bericht wird erst in der medinischen Periode, in der 5. Sure in den Versen 27-32 erzählt. Dieser Abschnitt, der wahrscheinlich aus den letzten Lebensjahren des Propheten stammt, liegt eingerahmt zwischen Perikopen, in denen die Juden (von Medina) wegen ihres Unglaubens bereits an Mose, so jetzt auch an Muhammad angegriffen werden (20-26 und 41-45), gefolgt von einer Polemik gegen die Christen (46-47). Die Geschichte der beiden Söhne Adams wird also nicht als ein Vorgang verkündet, der unmittelbar mit dem Ungehorsam ihres Vaters Adam in Verbindung steht. Vielmehr steht er vereinzelt da als separate Verkündung — die Perikope fängt mit den Worten an: tragt ihnen (wahrscheinlich den Juden) die Erzählung vor. Die Ursache dafür ist nicht allein in der späteren Redaktion des endgültigen Textes zu suchen. Wie alle anderen Prophetengeschichten bildet jedes Geschehen einen unter Allahs Allmacht und Führung verlaufenden Vorgang. Die Verbindung in der Gesamtgeschichte ist weniger zeitgebunden horizontal, als gottgebunden vertikal. Jede Generation steht selbständig dem göttlichen Willen und Befehl gegenüber.

Uns interessiert jetzt, wie sich unter diesen Umständen die Sünde entfaltet hat. Der Anlaß ist hier wieder, daß das Opfer des einen angenommen, das des anderen verweigert wurde. Einer der Söhne gibt die Begründung: *„Allah nimmt nur von den Gottesfürchtigen (etwas) an."* Es folgt die Androhung des einen, den anderen zu töten. In einer sich nun entfaltenden Aussprache[374] erwidert der eine, daß er Mord nicht mit dem eigenen Versuch des Totschlags verhindern wolle, denn: *„Ich fürchte Allah, den Herrn der Weltenwesen"* (28). Mit diesen Worten hat sich der eine Bruder in die geschichtliche Reihe der koranischen Gottesfürchtigen gestellt, und von dieser Warte aus beurteilt er die Sünde des anderen. Zu ihm sagt er:

„Wahrlich ich will, daß du auf dich lädtst meine Sünde (ithm) und deine Sünde (ithm) und somit gehören wirst zu den Insassen des Höllenfeuers: denn dies ist der Lohn der Frevler." (29).

Durch diesen Spruch ist also der Sünder in die koranische Reihe der Allah ungehorsamen Frevler eingeordnet.

Der Koran berichtet nicht, daß das vergossene Blut des Bruders das menschliche Verhältnis zur Erde zerrüttet hat. Statt dessen erzählt der nun folgende Vers, wie der übriggebliebene Bruder durch das Verhalten eines Raben belehrt wird, den Toten zu begraben. Solches wurde auch in der jüdischen Tradition schon beschrieben. Danach wird, wie in der Bibel, von Kains Reue erzählt. Diese Reue bringt nun der Koran in besondere Beziehung zur jüdischen Tradition. Laut Koran ist die aus dem Geschehen gezogene Lehre:

„Aus diesem Grund haben wir den Söhnen Israels vorgeschrieben, daß, wer eine Seele (eine Person) tötet, anders als wegen einer andern Seele oder wegen Unheil auf Erden, es so sein soll, als ob er alle Menschen getötet habe. Und wer eine Seele am Leben erhält, es so sein soll, als ob er alle Menschen am Leben erhalten habe." (32).

Diese Lehre ist eine direkte Wiedergabe der jüdischen. In Mishna Sanh IV, 5 stehen die Worte: *„Wir finden bei Kain, als er seinen Bruder erschlagen hatte, in der Bibel stehen: Die Stimme des Blutes deines Bruders schreit zu mir (Gen 4,10) ... (das bedeutet) Kains Blut und das seiner Nachkommen ... Deshalb ist der Mensch als e i n e r erschaffen worden, um dich zu lehren, daß, wer eine Person in Israel vernichtet, so zu betrachten ist, als habe er die ganze Welt vernichtet, wer aber jemanden in Israel erhält, so betrachtet wird, als habe er die ganze Welt erhalten ..."*

So weit, so gut, was die jüdische Tradition angeht. Für Allah und seinen Apostel gibt es auch eine Lehre, die der Koran im folgenden Vers in der Form eines Verbotes ausspricht (5,33). Hier wird die Sünde im Hinblick auf das letzte Offenbarungsgeschehen genau definiert:

„Doch die Vergeltung derer, die Krieg führen gegen Allah und seinen Apostel und eifrig dabei sind, Unheil im Land zu stiften, ist, daß sie getötet oder gekreuzigt werden, oder daß die Hände und die Füße wechselweise (— links und rechts —) abgehauen werden, oder daß sie aus dem Lande exiliert werden. Dies ist für sie eine Erniedrigung in diesem Leben, und im kommenden gibt es für sie eine gewaltige Bestrafung."

Es fällt auf, wie sehr sich der Ton in diesen Versen geändert hat. Im letzten Vers fällt die volle Wucht der Strafe Gottes auf den Sünder. Diese Explosion der Drohung steht in unmittelbarem Bezug zum Ernst der Sünde, eine Strafandrohung, die sogar vor den Grenzen des irdischen Lebens keinen Halt macht. Es muß sich also um eine Kardinalsünde handeln, und dies ist tatsächlich der Fall. Ungehorsam, oder schlimmer noch, Widerstand gegen Allah und seinen Apostel ist die koranische Hauptsünde, und dies nicht nur im Falle Muhammads. Hier haben wir den roten Faden der Sünde gefunden, der uns ein Zeichen ist, die sündhafte Geschichte der Menschheit zu interpretieren.

Wie in der Bibel, aktualisiert sich die Sünde innerhalb Noahs Volk. Der Koran enthält mehrere, sich im Lauf der Zeit zur Vollendung entfaltende Noahgeschichten. Wird in der ersten mekkanischen Periode (69,11-12) nur die Strafe durch die Sintflut erwähnt, so festigen sich in der zweiten mekkanischen Periode die wesentlichen Elemente zu einem bestimmten Rahmen. Aber der Kontext ist nicht, wie in der Genesiserzählung, die urgeschichtliche Schau von Adam bis Abraham. Als in der zweiten Periode diese Geschichte bereits klarumrissene Formen angenommen hatte, geht ihr in der 54. Sure eine kurze Predigt an die Adresse der ungläubigen Mekkaner voran und folgen ihr kurze Prophetengeschichten der Völker von *„Ad, Thamud, Lot* und *Pharao.* Alle in diese Sure aufgenommenen Geschichten erhalten eine einzige Umschreibung der Sünde dieser Völker: Das zu ihnen gekommene prophetische Wort haben sie zur Lüge erklärt (Verse 3, 9, 18, 23, 33, 42). Nach diesen Geschichten zieht Muhammad für seine Landsleute die Lehre aus der Vergangenheit, indem er auch erläutert, daß das Zur-Lüge-Erklären der (— aller —) Propheten als Unglaube zu gelten hat (43). Somit ist die Geschichte der Sünde nicht so sehr eine Horizontale, in deren Verlauf sich die inhärenten, destruktiven Kräfte immer breiter entfalten, sondern vielmehr eine Vertikale, in dem Sinne, daß jedes Volk nur durch die alleinige und allmächtige Willensentscheidung Allahs mit der prophetischen Botschaft konfrontiert wird und sich in ihrer Ablehnung jedesmal die Sünde offenbart. So zeichnet sich auf diesem Gebiet eine Einheitlichkeit der Sündenauffassung ab, so wie sich auch bei der Betrachtung der Offenbarung eine Einheitlichkeit feststellen ließ.

Diese Einheitlichkeit der Sündenauffassung läßt die nach Noah benannte 71. Sure deutlich erkennen. Die Sünde entzündet sich am einheitlichen Aufruf aller Prophetie: *„Dienet Allah, fürchtet ihn und gehorcht mir"* (71,3). Diese Sure umschreibt Allah vor allen Dingen als den allmächtigen und zugleich den Menschen gegenüber ganz gütigen Schöpfer (11-20). Das Unwesen der Sünde besteht nun darin, daß die gewarnten Menschen diesen Gott nicht anerkennen, sondern bei den althergebrachten Götzen verharren.

Diese Veranlagung erweist sich als eine solch bestimmende Struktur, daß die von Noah verpönten Götzen alle altarabische Götter sind, die zu der Vorgeschichte Muhammads gehören (23). Die Namen sind gegenseitig austauschbar, in der Sache bestimmt aber eine Quelle das immer neue Aufkommen der Sünde. Sie ist grundsätzlich *shirk*. Infolgedessen vermag auch Noah nichts anderes, als Allah um die vollständige Vernichtung dieser Götzendiener zu bitten, denn sie sind die Ursache aller Irreführung (26-27). Diese Komponente der Sünde wird in der 7. Sure (3. mekkanische Periode) nochmals besonders herausgestellt.

In dieser Sure eröffnet die Noahgeschichte die Reihe der prophetischen Straflegenden. Laut seiner Warnung kann die drohende Strafe vom Volk nur abgewandt werden, wenn es sich seine Predigt zu Herzen nimmt: *„Dienet Allah! Ihr habt keinen anderen Gott, außer ihm"* (7,59).

Ungehorsam gegen dieses Gebot macht die einheitliche Gestalt aus, die die Sünde der Völker im Laufe der von Allah bewerkstelligten Heilsgeschichte annimmt. Die Geschichtskomposition dieser Sure läßt eine Reihe von Propheten auftreten, deren Berufung ohne eine inhärente Entwicklung untereinander stattfindet. Jedesmal findet eine Verkündigung vor einem Volke statt, deren einzige Ursache die nur von Allah gewollte Berufung ist. Somit werden Predigt und Warnung jedesmal neu ausgesprochen und durch Allahs Willen aufeinander bezogen. Immer entsteht Sünde aus dem Unglauben an das bereits von Noah ausgesprochene Gebot (Verse 59, 65, 73, 85).

Die zweite Komponente besteht in dem offensichtlichen Unvermögen des angesprochenen Volkes, in seinem Volksgenossen einen von Allah berufenen Propheten zu erkennen. Stattdessen wird er überschüttet mit Verachtung und Spott. Im Falle Noahs bedient man sich dabei der Argumente, die die führenden Leute ins Feld bringen: Er sei ein einfacher Mann wie alle anderen auch (7,63; 11,27; 23,24); nur die Niedrigsten aus dem Volke folgen ihm (11,27); er wird als Lügner bezeichnet (7,64; 10,73; 11,27).

Diese Komponente der Sünde nimmt bei anderen Propheten dieselbe Gestalt an und wird in der Verkündigung Muhammads besonders akut. Ihm werden die gleichen Vorwürfe gemacht (17,94, vgl. 23,24 und 23,33; 23,70 usw.)

Aus diesen beiden Entscheidungen Allah und seinem Propheten gegenüber aktualisiert sich jedesmal die Sünde. In der 7. Sure unterbricht der Koran die Reihe der Prophetenerzählungen mit einem Warnwort Muhammads. Die einzige Möglichkeit, rechtgeleitet zu werden, ist: *„Es gibt keinen Gott außer ihm, er bringt zum Leben und läßt sterben; deswegen glaubt an Allah und seinen Apostel"* (7,158).

Die untergeordneten Sünden sind dann sachgemäß diejenigen, die gegen das Gebot des einzigen Gottes verstoßen oder die Taten, die das von ihm Verbotene ausführen. Der Koran nennt sie meistens nebenbei, und sie stehen im Schatten der Hauptsünde des Götzendienstes. Sie bewegen sich auf dem Gebiet der Verfehlungen der allgemeinen menschlichen Gerechtigkeit, wie z. B. der Aufruf des Propheten *Shu'aib* zeigt (7,85).

Wenn die Sünde diese Struktur angenommen hat, wird auch verständlich, daß alle Prophetengeschichten, wie auch die Predigt Muhammads, eine entsprechende Gestaltung in bezug auf die Sünde annehmen und daß im Fall der Jesusgeschichte diese Grundstruktur die Ursache einer Neuinterpretation geworden ist. Die an Jesus begangene Sünde ist:
— Erstens zu seiner Zeit der Unglaube der Juden an seine Mission (4,157),
— Zweitens nach seinem Tod die Sünde der Christen, ihn mittels der Trinitätslehre in die Nähe des Götzendienstes gerückt zu haben.

Wegen dieser Interpretation hat der Islam der neutestamentlichen Lehre, nach der Gott Jesus, *„der von keiner Sünde wußte für uns zur Sünde gemacht"* hat (2Kor 5,21), fernbleiben müssen.

Solche andersgeartete Betrachtung der Sünde muß zu dem entscheidenden Unterschied zwischen Christentum und Islam führen, und zwar in der Lehre der Versöhnung.

---

[359] *Lane* I, 2620 s.v. *kafara.*

[360] Vgl. *Kittel*, ThWNT I, S. 283-84, s.v. *hamartanoo.*

[361] Der hebräische Wortgebrauch bringt diese in ihrer Unterschiedlichkeit sich gestaltende Einheit klar zum Ausdruck, indem er die Frau einfach mit dem Wort für „*Mann*" mit einer Femininendung benennt: *Ish* — Mann und *ish-ah* — Frau, wörtlich „*Männin*".

[362] Siehe *Herrmann* a.a.O. S. 245.

[363] Dazu *Kittel*: ThWNT I, S, 270ff.

[364] Die Unterschiede zwischen profanem und religiösem Bereich überzubetonen ist eine Fehleinschätzung, die nur dem Lebensgefühl der sogenannten modernen, sich desintegrierenden Kultur entstammen kann.

[365] Es wäre vielleicht hier angebracht, daran zu erinnern, daß auch das Neue Testament die in Christus wieder versöhnte und neu hergestellte Beziehung zwischen Gott und Mensch in der Bildlichkeit der Ehe zum Ausdruck bringt (Eph 5,22-33).

[366] Vgl. auch das Aposteldekret Apg 15,29.

[367] Vgl. dazu Joh 8,1-11.

[368] Hiob 31,33 nimmt nur Adam zum Beispiel, indem er seine Sünde verdeckte. Übrigens ist die Übersetzung „vor Menschen" statt „Adam" auch möglich. Hosea 6,7 „*in Adam sind sie mir untreu geworden*", könnte einen Ortsnamen bezeichnen.

[369] Ähnlich *dhunub* in 46,31 und 71,4.

[370] *Kautzsch* II, 513; *Speyer* a.a.O. S. 57.

[371] ed. *Bezold* S. 16; *Speyer* a.a.O. S. 57-58.

[372] Zur Sache: *Speyer* a.a.O. S. 73.

[373] *Speyer* a.a.O. S. 74 mit weiteren Belegen.

[374] Auch die jüdische Tradition überliefert eine Unterredung zwischen Kain und Abel, bevor es zum Mord kommt. Der Inhalt dieser Unterredung deckt sich aber nicht mit der koranischen. Auch hier ist festzustellen, daß der Koran des öfteren den äußeren Rahmen mit der vergangenen Tradition gemein hat, ihn aber mit dem Inhalt eigener Verkündigung füllt. Zu Sache: Speyer a.a.O. S. 84ff.

7. Kapitel

Der einzige Gott und die Versöhnung

Das vorangegangene Kapitel hat gezeigt, daß das Unwesen der Sünde, wegen seines destruktiven Charakters vor Gott — und vor den Menschen — nicht bestehen kann. Deswegen bleibt in allen drei Religionen die sündhafte Tat des Menschen nicht ohne göttliche Antwort. Nun haben wir im Falle der Sünde eine tiefgehende Grundposition: Ungehorsam und Unglauben, die sich jeweils, durch Zeit und Situation bedingt, in unterschiedlichen Komponenten entfalten. Dementsprechend antwortet das göttliche Geschehen.

I. Der einzige Gott und die Versöhnung im Alten Testament

Suchen wir, zunächst wiederum im Alten Testament, nach Quellen einer Antwort Gottes auf die Sünde, dann erweist sich, daß Gott keine für alle Zeiten und Situationen gültige eindeutige Antwort auf die Sünde gibt. Ausgehend von der Tatsache, daß Sünde niemals vor Gottes Angesicht bestehen kann und darf, antwortet Gott, seinem Wesen entsprechend, in verschiedener Weise. Obwohl alle Antworten miteinander im Zusammenhang stehen, haben sie mehrere Aspekte und Komponenten. Das Ganze bildet ein sich komplementär ergänzendes Mosaik. Es wäre falsch, eine Komponente gegen eine andere abzuschirmen, oder, noch schlimmer, sie gegeneinander auszuspielen. In jedem Einzelfall muß das ganze Spektrum mitbedacht werden.

Noahgeschichte

Zuerst die Noahgeschichte. Die Zerstörung der Schöpfungsordnung hatte solche Dimensionen angenommen, daß *„der Menschen Bosheit groß war auf Erden und daß alles Dichten und Trachten ihres Herzens die ganze Zeit nur böse war"* (Gen 6,5). Der im hebräischen Text verwandte Wortstamm für „Bosheit" und „böse" ist *ra'*. Es hat die Grundbedeutung: „Schlecht beschaffen, minderwertig, übel und deshalb schädlich." Im ethischen Sinne also böse, Unheil stiftend. Weil diese Menschheit für nichts mehr taugt, hat sie das vernichtende Urteil Gottes auf sich gezogen. Aber das Urteil trifft nur die Bösen. Noah aber, *„der gerecht und untadelig"* war (6,9), wurde aus der Katastrophe errettet. Er war ein *tsaddiq,* also einer, der sich Gott und den Menschen gegenüber auf dem rechten, gottgewollten Wege befand. Nach Gottes distributiver Gerechtigkeit kommen die Bösen um, und die Gerechten werden am Leben erhalten.

Lotgeschichte

Einen ähnlichen Vorgang schildert die Lotgeschichte. Die Fürbitte Abrahams will erreichen, daß Jahwe die Gerechten nicht zusammen mit den Gottlosen vernichtet (Gen 18,23). Da sich aber herausstellt, daß in der Stadt Sodom noch nicht einmal zehn Gerechte *(tsaddiq)* gefunden werden können, werden ihre Einwohner allesamt vernichtet, weil sie sich der Sünde der Sodomie schuldig gemacht haben. Nur Lot und sein Haus entkommen der Feuerkatastrophe (Gen 19).

Pharaogeschichte

Augenscheinlich gehört auch die Pharaogeschichte zu dieser Komponente des göttlichen Verfahrens. Aber bei näherer Betrachtung ist ihr Bericht viel komplizierter, sollte also in diese Reihe nicht aufgenommen werden. Da sie aber vom Koran strukturell wie die oben erwähnten Geschichten eingeordnet wird, müssen wir sie kurz erwähnen.

Die ganze Streitmacht des Pharao läßt Gott im Meer untergehen (Ex 15,19), weil dieser sich geweigert hatte, an den Gott des Mose zu glauben und die Kinder Israels aus der Sklaverei zu befreien. Hier zeigt sich wiederum die distributive Gerechtigkeit Gottes, die die hartnäckigen Sünder im Urteil vernichtet, die gläubigen Unterdrückten hingegen aus der Katastrophe errettet und erlöst. Aber die Pharaogeschichte hat einen zusätzlichen Aspekt: Jahwe selbst verhärtet das Herz des Pharao (Ex 7,3; 10,27; 11,10), damit angesichts dieser Verstocktheit die Macht Jahwes und seine Führung der Geschichte Israels verherrlicht werden (Ex 14,17). Diese Komponente bleibt aber fest in der Struktur der distributiven, dichotomen Gerechtigkeit eingerahmt.

Diese distributive Gerechtigkeit steht in engem Zusammenhang zu der von Gott gewollten Lebensordnung. Die Sünde soll und darf und kann die Macht nicht haben, diese Ordnung zu zerstören, und andererseits soll und darf und kann der gerechte Mensch im Vertrauen auf ihre Kraft und Wirksamkeit leben. Somit finden wir einen durch das Alte Testament hindurchlaufenden Glaubensstrang an und ein immerwährendes Vertrauen auf die Zuverlässigkeit und Unwandelbarkeit des Heilswillens des Gottes Israels. In der Lebensunruhe, in den Anfechtungen und in der Not der Frommen verhilft er seinen Getreuen zum Recht. Vor ihren Augen entsteht das Bild eines Prozeßverfahrens, in dem Gott, wie ein Richter, das Urteil zugunsten der Gerechten und zu Ungunsten der Frevler ausspricht. Auf diese Norm ist Verlaß, und sie bildet für die Gerechten die Hoffnung auf Erlösung. Wir sind hier auf eine wichtige, aber nicht die einzige — denn sie bedarf der Ergänzung — Traditionskette gestoßen. Solche Gestaltung der Gerechtigkeit wird in allem Handeln Gottes an den Sündern durchklingen. Aber seine Gerechtigkeit — tsedaqa — ist kein statischer Begriff. Sie ist, wie übrigens alles göttliche Handeln, dynamisch, greift tief in das Leben Israels ein und ist verbunden mit dem Recht Gottes.

Das innere Leben der tsedaqa muß eine doppelte, ambivalente Gestalt annehmen. Ihre positive Seite ist die Aufrechterhaltung bzw. die Wiederherstellung des Rechtes zugunsten der Gerechten und ihres Heils; ihre negative Seite ist die Verurteilung bzw. der Untergang der Ungerechten und Bösen als eine notwendige, daher dynamische Voraussetzung der Erhaltung der Grundnormen der von Gott gewollten Ordnung. Ob beide Seiten sich wie eine Waage im Gleichgewicht halten, wird im Verlauf unserer Untersuchungen geklärt werden müssen.Immerhin ist hier die kardinale Frage verborgen, deren Beantwortung über das entscheidende Wesen der drei monotheistischen Religionen Auskunft gibt.

Der Begriff der dynamischen tsedaqa ist im Judentum von größter Bedeutung geblieben. So sagt das Buch „Sprüche der Väter": „Das Gericht ist ein gerechtes Gericht" [375], und diese Gerechtigkeit bewirkt:„Der Lohn für die Gebotserfüllung ist weitere Gebotserfüllung, und der Lohn der Sünde ist weitere Sünde" [376].

Von Rabbi *Jochanan b. Zakkai* wird berichtet, daß er im Sterben zu seinen Schülern gesagt habe: er sei auf dem Wege zu einem Richter, den er weder mit schönen Worten befriedigen, noch mit Geld bestechen könne (Ber. 28 b). Ein anderer Rabbi hat gesagt, daß, wie ein Mensch aus einem Korb mit Feigen nur die Guten aussuche, so auch Gott *„eine Auswahl macht und zu sich heranzieht diejenige Person, deren Taten gut sind"* (Num R. 3,2). Dieses Diktum impliziert die Bedeutung, daß der untaugliche Mensch vor Gottes Angesicht nicht bestehen kann. Das nach-biblische Judentum hat also, ausgehend von Gottes Gerechtig-keit und seinen Geboten, für die Gerechten das Heil, für die Gottlosen die Strafe bestimmt.

Im Rabbinentum hat diese Interpretation der göttlichen Ge-rechtigkeit den anthropologischen Gegenpol in der Fähigkeit des Menschen, im Einklang mit dieser Gerechtigkeit leben und handeln zu können.

Diese Linie durchzieht das ganze Judentum. Die Lehre der Rab-binen ist nichts anderes als eine Exegese von Israels Umgang mit der Torah. Der Bogen spannt sich aus dem Judentum weit zurück in das Alte Testament, in dem z. B. der Psalm 119 ein im-posantes Zeugnis ablegt. Ausgehend von der festen Grundlage, daß Jahwe *tsaddiq* ist und seine Rechtsbestimmungen gerecht sind (Vers 137), werden diejenigen, die auf dem Wege der Torah wandeln, glücklich geheißen (Vers 1). Die Gottlosen im Land da-gegen entfernt er wie einen Schaum (Vers 119).

Diese distributive Gerechtigkeit muß in einem komplementären Doppelaspekt gesehen werden. Ist sie einerseits nicht die einzi-ge Verhaltensweise Gottes mit dem Sünder und wird sie folge-richtig von anderen Komponenten göttlichen Handelns ergänzt, dürfen doch die ergänzenden Komponenten den Grundcharak-ter gerade dieser Gerechtigkeit nicht abschwächen. Das Hervor-treten immer wieder dieser Gerechtigkeit im Alten Testament wie im Judentum ist dafür ein Hinweis. Was hier auf dem Spiel steht ist der tatsächlich tödliche Ernst der Sünde. Wie die Sünde Mensch und Gemeinschaft zerstört, so zerstört der von der Gerechtigkeit ausgehende Zorn Gottes den Übeltäter, der dem Bereich des Fluches preisgegeben wird (Lev 20).

Dieser tödliche Ernst der Sünde aber hat andererseits einen Gegenpol im menschlichen Bereich. Die vernichtende Macht der Sünde wie die Absolutheit des göttlichen Zornes lassen erkennen, daß der Mensch von sich aus nicht genügend Abwehrkraft gegen das Böse hat, daß er letztlich nicht imstande ist, endgültig mit der Sünde fertig zu werden. Von dieser Wirklichkeit aus setzen nun die anderen Komponenten des göttlichen Handelns ein.

Im allgemeinen können sie als ein dem sündigen Menschen gnadenvolles Entgegenkommen bezeichnet werden, das den verhängnisvollen, geschlossenen Kreis der Sünde durchbricht. Solches wird offenbar, wenn Gott Israel die Möglichkeit zum wirksamen Vollzug von Sühnehandlungen am Altar gibt. Der Kultus ist die Instandhaltung und Wiederherstellung der Gemeinschaft mit Jahwe im Bunde. Er ist ein durch Jahwe geöffneter Weg, auf dem er seinem Bündnispartner die Möglichkeit der Sühne von seinen Sünden ermöglicht und der Gemeinde die Möglichkeit zur Reinigung anbietet, ist also auch Offenbarung göttlichen Willens und Handelns.

Unter den in das Alte Testament aufgenommenen Traditionen ist die Priesterschrift ein Dokument, das diesen Weg der kultischen Sühne am ausführlichsten beschreibt. Aus ihren im Verlauf der Heilsgeschichte entstandenen und später theologisch durchdachten Grundvorstellungen erhebt sich der deutlich geprägte Glaube, daß die im Kultus vollzogene Sühne durch das Opfer zustande kommt. Die Priesterschrift nennt eine Reihe von Opfern, die wahrscheinlich deswegen in ihr einen Platz gefunden haben, weil ihre Riten sich im Laufe der Zeit als lebensfähig und dem Glauben entsprechend durchgesetzt haben. Diese unterschiedlichen Riten beziehen sich teilweise auf Opfer, die im Darbringen von Wein und Nahrungsmitteln bestanden[377]. Obwohl solcherart Opfer im religiösen Leben des alten Israel eine wichtige Rolle spielten, stand doch der Kerngedanke der Sühne im Zusammenhang mit der Darbringung eines Tieropfers. Denn in diesem Opfer fand die Konfrontation mit dem verheerenden Ernst der Sünde und der Notwendigkeit, sie aus dem Leben der Gemeinde zu verbannen, statt. Das Tier mußte sein Leben anstelle des sündigen Menschen lassen. Obwohl damit also die Sühne erwirkt war (Lev 10,17), wurde das grundsätzliche Motiv der göttlichen Gerechtigkeit nicht außer Kraft gesetzt. Daß wir es hier mit einem Leitmotiv des Opferkultus zu tun haben, beweist die Tatsache, daß in der Priesterschrift das Sündopfer (*hattath*) sehr häufig erwähnt und ihm eine bedeutsame Funktion beigemessen wird (Lev 4,1-5,13; Num 15,27-29). In der Darbringung dieses Opfers tritt das Tier an die Stelle des sündigen Menschen — mit der Einschränkung, daß das Ritual des Opfers namentlich den Anlaß der Darbringung festlegt: Es entlastet den Sünder von allen unvorsätzlich (*bishgagah*) begangenen Verfehlungen (Lev 4,2). Während der Darbringung vollzog der Opfernde eine symbolische Handlung, indem er seine Hand auf den Kopf des Opfertieres legte (4,4,15,29,33), Diese Symbolik könnte die Übertragung der Sünde und die Ausrottung ihrer unheilsamen Wirkung auf das Tier oder die Identifikation des Opfernden mit dem Tier bedeuten. Aber wie dem auch sei, in der von Jahwe ermöglichten Sühne wird auch seine vernichtende Gerechtigkeit offenbar. Das zusätzliche Element ist hier, daß die stellvertretende Funktion des Opfertieres den Sünder den heilbringenden Aspekt der Gerechtigkeit erfahren läßt.

Beide Komponenten aber, Urteil und Leben, vollziehen sich nicht in einem inneren Automatismus — *ex opere operato* — der Opferhandlung; in allem vollzieht sich der Wille und das Werk Jahwes. Dies zeigt die außerordentliche Bedeutung, die dem im Opfer vergossenen Blut beigemessen wird. Das Blut hat innerhalb der alt-testamentlichen Tradition eine ganz besondere Rangordnung. Einen ersten Anklang hören wir in der Noahgeschichte nach dessen Errettung aus der Sintflut. Alles tierische Leben wird in die Hand Noahs gegeben unter Ausnahme des Blutes. Gott fordert das Blut für sich, und deshalb darf der Mensch das Fleisch, das das Blut noch in sich hat, nicht essen, noch darf er des Menschen Blut vergießen (Gen 9,4-6). Offensichtlich gehört das Blut — die Seele — Gott, und der Mensch darf nicht darüber verfügen.

Innerhalb der kultischen Opfertradition wurde dieser Gedanke noch verschärft und mit gezielter Bedeutung versehen. In der kultischen Opfertradition gibt es einen zentralen Text, Leviticus

17,11, der den Gedanken aus Genesis 9,4 f. weiterführt und neu zuspitzt: Dieser Text ist Teil eines Abschnitts, der es dem Hause Israels und seinen Fremden untersagt, das Blut zu essen. Wer es ißt, soll aus dem Volk ausgerottet werden — ein Hinweis auf den Ernst der Sache! Daraufhin folgt die Begründung:

„Denn die Seele (das Leben, die Lebenskraft) des Fleisches ist im Blut; und ich (Gott!) habe es euch für den Altar gegeben, daß man euch damit Sühne erwirke (le-kapper); denn das Blut ist es, das durch die Seele (das Leben, die Lebenskraft) Sühne erwirkt (yekapper)."

Diese neue Struktur beinhaltet also, daß das Lebensblut, das Gott dem Menschen vollständig entzogen, dem Volk Israel für einen ganz besonderen Zweck *„gegeben hat"* (nathatti-w). Nur auf dem Altar dient es zum Vollzug der Sühnehandlung. Es wird hier nicht vom Blut an sich gesprochen: Es ist das Blut, das Gott mit Leben versehen hat und das also ihm gehört. Dieses mit Leben versehene Blut dient zur Sühne der Sünden von Mensch und Volk. Insofern als dieses auf dem Altar vergossene Blut das Gott zugehörige Leben enthält, tritt es stellvertretend für das Leben der Sünder ein.

Diese beiden ineinandergreifenden Elemente besagen, daß der Mensch von sich aus die Sühne seiner Sünden nicht bewirken kann. Es ist Gott, der mit dem ihm zugehörigen Blut den Weg der Sühne eröffnet, indem er das Blut dem Menschen nur für diesen Zweck gab.

Man verkenne in diesem Ritus nicht den Ernst der Sache! Wir brauchen dazu eine andere, aber verwandte Blickrichtung. Zuerst soll berücksichtigt werden, daß alles Leben Gott gehört. Er ist es, der dem Menschen Leben geschenkt hat (Gen 2,7), bei Ihm ist der Quell des Lebens (Ps 36,10), der Lebensodem kehrt wieder zu Ihm zurück (Pred 12,7). Zum anderen aber gibt Gott das Leben, damit es auf dem Altar vergossen wird. Aufhebung der Sünde geht über den schweren Weg der Vernichtung des sündigen Lebens. Dieser Aspekt der Gerechtigkeit bleibt erhalten, nur tritt das Lebensblut des Tieres stellvertretend ein, damit das Leben des Sünders erhalten bleibt. Das geschieht nicht in Minderung der Tatsache, daß durch das Opfer die Sühne uneingeschränkt bewirkt wird. Eine Beschränkung aber kennt der Opferkultus doch: die Sünd- und Schuldopfer entlasten den Opfernden nur von unvorsätzlich begangenen Sünden (Lev 4,27-35). Was damit gemeint ist, wird aus Numeri 15,22-31 deutlich: Sünden, die mit bewußt böser Absicht begangen wurden (be-yad ramah), können nicht durch Opfer gesühnt werden. Hier tritt die volle Wucht der göttlichen Gerechtigkeit ein, indem derartige Sünden die Ausrottung des Schuldigen aus der Gemeinde fordern. Die sündhafte Tat bedroht also nicht nur den Sünder, sondern darüberhinaus auch die Gemeinde Israels, genauso, wie umgekehrt die Sühne bzw. die strafende Gerechtigkeit die Gemeinde reinigend bewahrt.

Neben „Blut" ist das zweite Kennwort aus dem Text Leviticus 17,11 das hebräische Verbum kipper (k-ph-r)[378]. Die genaue Bedeutung ist nicht mehr festzustellen, da seine Analogien innerhalb der semitischen Literatur sowohl „bedecken" wie „wegwischen" übersetzt werden. Eine Interpretation würde möglich werden, wenn beide Begriffe auf ein akkadisches Grundwort zurückgeführt werden könnten. Das akkadische kuppuru heißt „reiben". Auf einen Gegenstand kann etwas gerieben werden, was später zu der Bedeutung „bedecken" führen könnte. Oder man kann von einem Gegenstand etwas „wegreiben"; daher die spätere Bedeutung „wegwischen"[379].

Aber auch wenn beide Bedeutungen zuträfen, liegt immer noch ein weiter Weg zwischen ihnen und ihrer Funktion im alttestamentlichen Opferkultus. Denn dort hat das Verbum kipper seine entscheidende Bedeutung enthalten. Unter seinen 91 Belegen lassen sich 69 in priesterlichen Ritualtexten nachweisen. In diesen Texten wäre eine Übersetzung „bedecken" unklar, wenn nicht überhaupt unmöglich. Es ist nicht klar, was überhaupt bedeckt werden soll und wie diese Bedeckung vor sich geht. Bleibt also die Übersetzung „wegwischen". Hier bahnt sich eine Verständnismöglichkeit an, wenn man an die sündenreinigende Wirkung des Blutes denkt. Unklar bleibt, wie das Blut die Sünde auf dem Altar „wegwischt". In der Entwicklung von der materiellen Verwendung des Wortes bis zu seiner rituellen Bedeutung hat ein numinoser — mit Gottes Willen verbundener — Symbolismus den Ausdruck für sich in Anspruch genommen.

Das hat zu dem Endergebnis geführt, daß *kipper* als kultischer Ausdruck *„eine Sühnehandlung vollziehen"* [380] bedeutet.

Der Opferkultus als Mittel zur Erlangung der Sühne lebt von den folgenden religiösen Gedanken: Die Möglichkeit zur Sühne ist von Gott dem Volk Israel gegeben worden und als solche sein Werk. Gott hebt die zerstörende Wirkung einer Tat auf, und die Sühne wird zum Heilsgeschehen. Der sündige Mensch empfängt die Sühne, kann sie aber nicht aktiv und unmittelbar herbeiführen, sondern er ist auf einen Mittler, den Priester, angewiesen. Aber auch der Priester vollzieht die Sühnetat nicht eigenmächtig, sondern er ist nur ein Instrument im Vollzug des göttlichen Heilswillens. Die Stelle der Sühnehandlung ist der Altar als das in Erscheinung tretende Objekt, auf dem das vergossene Blut des Opfertieres ausgeschüttet wird.

Gegenüber den unvorsätzlichen Sünden (*bishgagah*) können bewußt begangene Sünden nur während der Jahresfeier des Großen Versöhnungstages gesühnt werden. Der Name *Yom hakippurim* steht in Zusammenhang mit Vers 30 aus Leviticus 16, wo das Ritual genau beschrieben wird. Der letzte Abschnitt dieses Kapitels (Vers 29-34) deutet auf die Zielsetzung hin und gibt die Vorschriften an. Vers 30 beschreibt, was besagter Ritus beabsichtigt: *„Denn an diesem Tage schafft man euch Sühne"* (*yekapper*). Wieder treffen wir das gleiche Verbum an, das das Kennwort in Leviticus 17,11 war. Aber bei diesem Zeremoniell geht es um folgendes: *„Indem man euch reinigt; von allen euren Sünden sollt ihr rein werden vor Jahwe"* (Lev 16,30). An diesem Tage kommen andere Zeremonien kulminierend dazu. *„Ein vollkommener Sabbat"* soll es sein, an dem keinerlei Arbeit verrichtet werden darf (16,29 und 31). Und an diesem Tage, der nur einmal im Jahr begangen wird (16,34), am zehnten Tag des siebten Monats soll man sich — durch Fasten — erniedrigen (16,29 und 31), und zwar vom Abend des neunten Tages bis zum Abend des zehnten Tages.

Alle diese Zeremonien dienen der Sühne, die mit den Sündopfertieren verknüpft ist. Mit ihrem Blut soll Aaron für sich und sein Haus (die Priester) Sühne schaffen (Vers 6,11) und darüberhinaus für die ganze Gemeinde Israels (Vers 5,15). Zugleich soll er „Sühne vollziehen für das Heiligtum von den Unreinheiten der Israeliten und von ihren Vergehen hinsichtlich all ihrer Sünden ... für das Offenbarungszelt" (Vers 16) und „für den Altar" (Vers 18). Da es sich um eine alle und alles umfassende Reinigung handelt, werden die Blutzeremonien dementsprechend akzentuiert. Die wichtigsten Opfer sind Sündopfer (hattath), und es werden drei Tiere als Opfer dargebracht: ein Stier für die Priesterschaft (Lev 16,6,11) und zwei Ziegenböcke für die Gemeinde Israels (Lev 16,5,15). Und das Sündopferblut wird, nicht wie üblich außerhalb vor dem Vorhang des Allerheiligsten, sondern innerhalb des Vorhangs auf die Kapporet (Vers 14) gesprengt. Außer dem Wegwischen mit dem Blut nimmt der Vollzug der Sühne noch eine andere, nur am Versöhnungstag auftretende Gestalt an. Einer der beiden für die Gemeinde geopferten Böcke wird nicht geopfert, sondern in die Wüste geschickt. Aber nicht, nachdem auch mit ihm die Zeremonien der Sühne vollbracht worden sind.

Diesmal ist es nicht sein Blut, sondern der Priester (Aaron) legt beide Hände auf dessen Kopf, während er über ihm alle Verschuldungen und Übertretungen, mit denen sich das Volk versündigt hatte, bekennt (Vers 21). Daraufhin läßt man den Bock in die Wüste, in den Bereich des Nicht-Lebens, des Todes, laufen, dorthin, wo die auf ihn geladenen Sünden zur Tilgung endgültig geschickt werden sollen.

Wie sehr der Gedanke der Sühne den ganzen Kultus durchdrungen hat, ist daraus ersichtlich, daß der Yom ha-kippurim zum Höhepunkt der Feste Israels geworden ist, der durch die ganze Zeit der Diaspora, nachdem der Tempel verwüstet worden war und der Darbringung aller Opfer ein brutales Ende gesetzt wurde, das Herz der jüdischen Frömmigkeit geblieben ist.

Obwohl durch die Zerstörung des Tempels auch der ganze Opferkultus mitvernichtet wurde, hat sich der in diesem Kult verankerte Glauben nicht ausrotten lassen. Die Rabbinen betrachteten von nun an das Studium der Opfertexte als Ersatz für die Darbringung des Opfers (Ta'an 27 b; Men 110 a). Im Talmud haben sie alle Details des Opferrituals genau festgelegt und so für die kommenden Geschlechter bewahrt. Aber nicht nur dies war ihre Absicht: Das Studium und die Aufbewahrung der Texte geschah auch im Hinblick auf die messianische Zeit, zu der der Tempel neu aufgerichtet und die Darbringung der Opfer neu anfangen werden. Sinngemäß wurde dem *Amidah-Gebet* eine besondere Bitte hinzugefügt: *Daß der Tempel in unseren Tagen rasch wiederaufgebaut werde ... dann wird die Darbringung der Opfer von Judah und Jerusalem dem Herrn eine Freude sein, wie in den früheren Tagen* ...[381] Noch tiefer aber blieb der Große Versöhnungstag in Glauben und Frömmigkeit des Judentums bewahrt. Er wurde zum wichtigsten Tage des ganzen Jahres (Gen R. 2,3). Obwohl die Opfer nicht mehr dargebracht werden konnten, hat der „Große Tag" oder „der Tag" seine funktionelle Bedeutung beibehalten. Denn an diesem Tag wird Sühne geschaffen einem jeden, der sich bekehrt und seine Ungerechtigkeiten und Sünden bekennt. Die *Aggadah* fügt noch hinzu, daß an diesem Tag der Satan keine Macht habe, die Kinder Israels zu verklagen (Lev R. 21,4). Die Opfertiere können die Sühne nicht mehr herbeiführen, aber der Tag selber schafft Sühne. Deshalb soll man sich diese Sühne zu eigen machen, indem man die Umkehr und das Sündenbekenntnis bewußt vollzieht (Yoma 8,8-9). Und dazu ist die Fastenzeit das geeignete Mittel. Während der zehn Tage soll man umkehren und Buße tun, besonders aber am Großen Versöhnungstag. Und wegen der Strenge des Fastens kennt der Versöhnungstag keinen nachfolgenden Tag strenger religiöser Pflichten.

Die Katastrophe der Zerstörung von Tempel und Stadt war erschreckend, aber nicht absolut. Sie bedeutete weder das Ende Israels, noch die Vernichtung des Glaubens an die Verwirklichung der Sühne. Die der Zerstörung vorangegangene Geschichte hatte neben dem Opferkultus bereits andere Wege der Sühne und Versöhnung beschritten. Diese Wege bedeuteten keinesfalls eine Abschwächung der Opfergedanken, standen vielmehr neben ihm als ergänzende Möglichkeiten offen. Einer dieser Wege war im Glaubenskomplex des Opferdienstes selbst mitgegeben. Es wurde schon oben darauf hingewiesen, daß die Sühne sich nicht automatisch im Opfer vollzog und daß das Opferritual — außer dem *Yom ha-kippurim* — nur die unvorsätzlich begangenen Sünden sühnte. In aller Opferfrömmigkeit, auch in der des Versöhnungstages, klang ein tiefer und beherr-schender Grundton mit: Die durch Jahwe ermöglichte Sühne braucht die Umkehr — *teshuvah* — des Menschen. Nicht nur das Blut reinigt, auch der Mensch selbst muß sich reinigen. So lautet die Begleitstimme, die besonders die Propheten immer erhoben, als die Opfer einen automatisch reinigenden Charak-ter anzunehmen drohten.

Besonders ausdrucksvoll hat der Prophet Jesaja diese Notwen-digkeit seinem Volk zu verstehen gegeben (1,10ff.). Als Künder des Wortes Jahwes (Vers 10) bezeichnet er *„die Menge eurer Schlachtopfer"* als untaugliches Mittel. Der bessere Weg ist der Weg des Gehorsams der Gebote Jahwes. *„Höret auf, Böses zu tun; lernet, Gutes zu tun; trachtet nach Recht ...* (Vers 16f.). Hier findet die wahre Reinigung statt, und wenn das Volk aus sol-chem Gehorsam an das verkündete und gebotene Wort lebt, findet es Vergebung für alle seine Sünden (Vers 18ff.). Die Reini-gung und die Sühne, die das Volk so sehr in den Opfern gesucht hatte, wird ihnen unmittelbar im Gehorsam zufallen.

Dennoch hat hier kein absoluter Bruch mit der Opfertradition stattgefunden. Jesajas Verkündigung des Jahwe-Wortes bein-haltete, daß Reinigung und Sühne nicht vom Menschen herbei-geführt werden können, auch nicht, wenn er Opfer bringt. Die Sühne ist in Jahwes Willen begründet und kann nur von ihm allein gewährt werden. Eine wichtigere Voraussetzung als der Opferkult ist der Gehorsam, denn ohne ihn wird der Kult sinn-los, so die Bezeugung Jesajas.

Es ist die Tendenz in der Predigt der Propheten, daß, wenn Opferkultus und Gehorsam auf die Waage gelegt werden, der Gehorsam schwerer wiegt. Auf die Opfer kann man verzichten, auf den Gehorsam nicht. Und vor allem nicht auf den Glauben, daß die Reinigung und die Sühne ausschließlich im Willen Gottes verankert sind.

Im Exil, nach der Zerstörung des ersten Tempels, konnte Israel die Opfer nicht darbringen, und dennoch endete auch dieses Leid, und Israel konnte zurückkehren. Der Prophet Deuterojesa-ja zieht daraus folgende Lehre (43,22-28): Opfer hatte Israel nicht dargebracht, aber dennoch Jahwe mit seinen Sünden verärgert. Unter diesen außerordentlichen Umständen kommt der Prophet in dem von ihm gepredigten Gotteswort zum Kern der Sache: *„Ich, ich tilge deine Missetaten um meinetwillen!"* (Vers 25).

Damit ist der Angelpunkt im Verhältnis Israel-Jahwe gefunden. Sühne, Reinigung, Vergebung der Sünden, sie alle sind das Werk Jahwes und völlig von seinem Willen abhängig. Von hier aus muß der menschliche Bündnispartner seinen Weg finden. Hatte die mechanische Auffassung der Opfer und das Exil besonders Jesaja und die Nachfolgenden veranlaßt, die Notwendigkeit eines anderen Weges zu betonen, so haben die Vernichtung des zweiten Tempels und die Diaspora diesen Prozeß noch verstärkt. Nun war der Weg des Opferkultes endgültig abgeschlossen, ein anderer Weg wurde beschritten.

Gebet, Umkehr und Barmherzigkeit haben die Rabbinen hervorgehoben als Mittel zur Abwendung des Bösen. Und wie es den bitteren Erfahrungen der Diasporazeit entsprach, wurde dem Leiden eine sühnende Wirkung zugesprochen. Sie war noch effektiver als die Opfer (Ber 5 a). Man ging noch einen Schritt weiter: Der Tod bringt Sühne für alle Verfehlungen, wie die Gebetsformel im Moment des Todes es zum Ausdruck bringt: *„Möge mein Tod eine Sühne für alle meine Sünden sein"* (Sanh 6,2).

So wie es Sünden unterschiedlicher Intensität gibt, so auch unterschiedliche Wege der Sühne. Verfehlungen gegen ein positives Gebot werden durch Umkehr und Reue unmittelbar gesühnt (Yoma 85 b). Sünden gegen negative Gebote haben ein schwereres Gewicht. In diesem Falle hebt die Umkehr die Strafe auf, aber erst der Große Versöhnungstag bringt wirkliche Sühne. Handelt es sich um eine schwere Sünde, die nur mit dem Tod bestraft werden kann, so heben Umkehr und das Geschehen am Großen Versöhnungstag nur die Strafe auf, während das Leiden die Sühne herbeiführt. Götzendienst und Blasphemie des Heiligen Namens sind diejenigen Sünden, die unter allen Umständen zu vermeiden sind. Haben sie dennoch stattgefunden, so heben Umkehr, Buße, Großer Versöhnungstag und Leiden lediglich die Strafe auf, und nur der Tod bringt Sühne (Yoma 86 a).

Haben die Verfehlungen darüberhinaus einer anderen Person Schaden zugefügt, so kann Sühne nur erlangt werden, wenn der Schaden ersetzt wird und auch seine Vergebung erlangt wurde. Der Talmud hat es generell so ausgedrückt, daß die Verfehlungen gesühnt werden, aber gegen einen Mitmenschen dazu noch Schadensersatz und Vergebung vonnöten seien (Yoma 8,9).

Aus dieser Übersicht wird deutlich, welche überragende Bedeutung der Große Versöhnungstag besitzt. Die Zerstörung des Tempels, die diesen Tag seines Opferrituals beraubte, hatte nicht seine sühnende Wirkung außer Kraft gesetzt. Sühne- und Schuldopfer waren also nicht unabdingbare Voraussetzungen für die Erlangung der Sühne. Mit dem Wegfall des sichtbaren Opfers entwickelte sich die persönliche Umkehr und Buße. In der rabbinischen Lehre entstand die tiefe Überzeugung, daß gerade diese Komponente die Hauptsache sei. Zwar wurde der Opfergedanke nicht für wertlos erklärt, nur wurden seine Bedeutung und Wirksamkeit aus dem sichtbaren Bereich in das persönliche Leben und Verhalten verlegt. *„In der heutigen Zeit, in der wir keinen Propheten, keinen Priester und keine Opfer haben, wer wird nun uns sühnen? Eins haben wir noch in unseren Händen — das Gebet"* (*Tanh Va-Yishlah 10*). Oder anders gesagt, der Tisch, das heißt das persönliche tägliche Leben, hat den Altar ersetzt, ohne daß damit die innere Erfahrung des Opfers verlorengegangen ist [382].

Dieser innere Zusammenhang zeigt sich auch im anderen Weg der Sühne, den das Alte Testament außerhalb des Opferrituals zu erkennen gibt. Wie wir diese Linie chronologisch genau einzuordnen haben, kann nicht völlig geklärt werden. Deutlich ist auf jeden Fall, daß sie in prophetischer Zeit bei einigen Propheten voll entfaltet wird, und zwar ebenfalls im Zusammenhang mit ihrer Warnung vor dem Vertrauen auf ein automatisch funktionierendes Opfer. Wir nehmen Bezug auf eine Tradition, gemäß der Menschen Gott gegenüber Fürbitte leisten, um eine Sühne für andere zu erwirken. Ihr Auftreten ist von Mal zu Mal verschieden, aber als Grundstruktur kann festgehalten werden, daß ihre Opferbereitschaft die Möglichkeit zur Sühne eröffnen will. Die Voraussetzung der göttlichen Gerechtigkeit, daß Sünde vor Gott nicht bestehen kann und darf, schwingt hier mit, nur daß ein anderer sich bereit erklärt, stellvertretend — wie das Tier im Opferkult — durch sein Leiden die Strafe zu erdulden und so Sühne für die Schuldigen zu erwirken.

Es gibt noch ein weiteres gemeinsames Element mit den Voraussetzungen des Opferkultes. Auch hier kann die Sühne nicht mechanisch erzwungen werden; ihre Verwirklichung bleibt fest im göttlichen Willen verankert. So versucht zum Beispiel Abraham durch seine Fürbitte für die Einwohner von Sodom, die Strafe abzuwenden, die Entscheidung dazu bleibt aber in den Händen Gottes.

Was hier nur im Ansatz vorhanden ist, wird im Mosebild eindrucksvoll ausgebaut. Anlaß sind die Geschehnisse um das goldene Kalb, wofür Jahwe das Volk vernichten will (Ex 32). Mose aber tritt stellvertretend zwichen Jahwe und das Volk in der Hoffnung, für diese schwere Sünde Sühne zu erlangen (Vers 30, wieder der Wortstamm: *kipper!*). Er bittet um Vergebung, und wenn er sie nicht herbeibitten kann, so möge er aus dem Buch, das Jahwe geschrieben hat, getilgt werden.

Die Moseerzählung im Deuteronomium hat den Gedanken der stellvertretenden Sühne durch einen Menschen nach allen Seiten hin vertieft (Dt 9,7-21). Auch diesmal bleibt die Grundstruktur der Gerechtigkeit Jahwes entscheidend. Davon wußte Mose, als er sagte: *„Denn ich fürchtete mich mit großer Angst (yagorti) vor dem Zorn und Grimm, den Jahwe wider euch hegt, so daß er euch vertilgen wollte"* (Vers 19). Weil Mose in seiner Angst um die gerechte Strafe wußte, hat er Fürbitte getan, ist vor Jahwe niedergefallen und hat 40 Tage und 40 Nächte gefastet *„um all eurer Sünden willen"* (Vers 18). Dieser Bericht nennt das Wort *kipper* nicht und vermeldet nur, daß Jahwe den Mose auch diesmal erhörte. Doch kann man erkennen, wie sehr Mose hier stellvertretend leiden mußte. Jahwe hat ihm eine schwere Strafe auferlegt: das verheißene Land — Ziel seiner Berufung und Sinn seines Lebens — wird er nicht betreten, sondern außerhalb sterben. Hier hat also sein Flehen nichts vermocht, *„Jahwe war zornig über mich um euretwillen und erhörte mich nicht"* (3,26; 4,21-27).

In allen diesen Geschehnissen wird ein Bild der Sühne gezeigt, die nur möglich wird, indem ein Prophet (18,18) in großer Angst, in Fürbitte und Fasten, den Zorn Jahwes stellvertretend erleidet. Wichtig ist hier zu bemerken, daß ohne Opferkult und ohne uneingeschränkten Vollzug der dichotomen, distributiven Gerechtigkeit, wie zum Beispiel bei Noah, im Prozeß der Sühne ihre Grundvoraussetzungen nicht außer Kraft gesetzt, sondern in anderer Form wirksam geblieben sind.

Die tiefste Erfahrung des stellvertretenden Leidens und der Sühne läßt sich bei Deuterojesaja erkennen (Jes 53). Nach allem, was wir über das stellvertretende Sühnen gehört haben, steht das Beispiel und die Botschaft des leidenden Gottesknechtes nicht so vereinzelt da, wie man oft dachte[383]. Aber diese Glaubenserfahrung ist eine erschütternde Kulmination. Sie besteht grundsätzlich darin, daß die Konfrontation zwischen dem heiligen und gerechten Gott und dem sündigen Volk diesmal endgültig den Menschen unmittelbar ins Herz seiner Existenz trifft. Eine Ausweichmöglichkeit über das Tier als stellvertretendes Opfer gibt es nun nicht mehr. Was dem Tier auferlegt wurde, hat jetzt der Mensch zu tragen. So ist es verständlich, daß die herkömmliche Opferterminologie von Jesaja 53 aufgenommen und einer tieferen Interpretation dienstbar gemacht wurde. Der leidende Gottesknecht muß die gerechte Strafe für die Sünden und Verschuldungen erleiden; die Sünde muß gesühnt und mit dem eigenen Leben bezahlt werden (53,5). Deshalb wird der Gottesknecht mit einem Lamm, das zur Schlachtbank geführt wird, verglichen (Vers 7). Sein stellvertretendes Leiden und sein stellvertretender Tod haben die Bedeutung und Wirkung eines Schuldopfers (*asham*, Vers 10).

Klingen auch hier noch die Töne der traditionellen Opferterminologie mit, so verklingen diese bei der Eröffnung einer einzigartig neuen und alles transzendierenden Dimension. Jede Möglichkeit eines symbolhaften Eintretens für den sündigen Menschen oder die lediglich Fürbitte für ihn wird abgeschnitten durch die Tiefe und Bitterkeit dieses stellvertretenden Leidens, daß im Alten Testament — auch nicht bei Hosea oder Jeremia — keine Parallele findet. Der Leidensweg führt unausweichlich in den Tod; der Knecht weiß auch darum und geht ihn trotzdem in einer Art Heilsgewißheit.

Jedoch steht diese Heilsgewißheit in einem Spannungsfeld, daß mit der Grundstruktur der Gerechtigkeit im Zusammenhang steht. Keine Sünde kann vor Jahwes Heiligkeit bestehen. Diesmal sind es nicht die Sünder, sondern der Gottesknecht, der *„um unserer Verschuldungen willen"* zerschlagen wird. Er hat die Strafe abgewandt und auf sich kommen lassen (Vers 5). Die Heilsgewißheit des Gottesknechtes bestand in seinem Wissen, daß sein stellvertretendes Leiden den Sündern Frieden und Genesung bringen würde (Vers 5). Dieser furchtbare Weg führte in den Tod (Verse 8-10), bis in die Tiefen der von der Gerechtigkeit vollzogenen Strafe, die nur er hatte erleiden müssen. Sein Leiden und sein Tod schaffen die Sühne für die vielen, die nach Jesaja 53,6 *„wir alle"* sind. Unser aller Schuld ließ Jahwe ihn treffen. Dies ist die furchtbare Seite dieses Spannungsfeldes.

Andererseits klingt eine fortdauernde Geborgenheit in Gott durch. Am Horizont wird erkennbar, daß der Tod in diesem Geschehen nicht das letzte Wort hat. Es eröffnet sich ein Raum jenseits des Leidensweges, in dem sich die Verherrlichung des Gottesknechtes vor aller Welt ereignet. Nachdem er sein Leben als Schuldopfer (asham, Vers 10) eingesetzt hat, nachdem er es im Tod dahingab (Vers 12), eröffnet sich für ihn der Weg des Heils. Er wird Nachkommen sehen, lange leben (Vers 10), er wird erben unter den Großen (Vers 12). Aber damit nicht genug, durch sein Opfer wird die Sache des Herrn glücken (Vers 10).

Dieses Heil ist nun nicht für ihn allein. Erst später, nachdem alles geschehen war, bekennen die Sünder, daß der Gottesknecht für sie gelitten, ohne daß sie es wußten, und dennoch die vielen gerechtfertigt hat (Vers 11). Dieses Heil geht in erster Linie Israel an, so wie der Gottesknecht aus seiner Mitte hervorgegangen ist. Dennoch hat diese Heilsbedeutung eine tiefere Dimension. Des Gottesknechts stellvertretender Weg geht auch die Völkerwelt an. *„Er wird viele Völker in Erstaunen setzen, und Könige werden vor ihm ihren Mund verschließen"* (52,15). In dem ganzen Lied alteriert der Ausdruck *„die Vielen"* mit *„allen"* (z.B.

52,14,15 und 53,6,-12). Das so gereinigte Israel teilt sich der Heidenwelt mit, damit sie weiß, welches Heil sich für alle verwirklicht hat.

Das grundliegende Geschehen dieser Botschaft Israels setzt sich aus Elementen zusammen, die, jedes für sich, in der davorliegenden Geschichte des Opferkultes und der Stellvertretung vorhanden waren. Doch ist das Ganze mehr als die Summe der herkömmlichen Teile. Eine neue Gestalt hat sich kundgetan. Auf dem Boden der göttlichen Gerechtigkeit haben sich sowohl Jahwes heiliges Gericht, wie auch sein gnädiges Heil offenbart. Hat das 6. Kapitel von der unergründlichen Tiefe der Sünde gehandelt, so wird in diesem Kapitel, das vom Gottesknecht spricht, die unergründliche Tiefe der Erwählung Israels offenbar. In seiner Mitte ist es geschehen, daß der Unschuldige im Leiden bis in den Tod Sühne schafft für die vielen, die alle sind, wie ein Zeichen von Gerechtigkeit und Gericht, Sühne und gnädiges Heil.

Es gibt keinen Weg, der direkter in das Neue Testament überleitet.

II. Der einzige Gott und die Versöhnung im Neuen Testament

Auch das Neue Testament beruht auf dem bereits im Alten Testament bezeugten Grundthema, daß die Sünde vor Gottes Angesicht nicht bestehen kann und darf und deswegen beseitigt werden muß. Diese reinigende Tat Gottes entspringt seiner Gerechtigkeit, die notwendigerweise den Sünder treffen muß.

1. Versöhnung und Gerechtigkeit

Nun finden wir tatsächlich im Neuen Testament einige Verse und Perikopen, die die Ausgangsposition der göttlichen Gerechtigkeit in ihrer distributiven und dichotomen Auswirkung zu bestätigen scheinen. Hier wäre das Gleichnis von der Scheidung von Gut und Böse zu nennen; wie die Schafe von den Böcken gesondert werden, so wird Christus in seiner Herrlichkeit die Gesegneten aus den Völkern, die seinen Willen vollbracht haben, von den Verfluchten, die das ewige Feuer verdient haben, trennen (Mt 25,31-46: fehlt in den anderen synoptischen

Evangelien). Das Gericht wird danach urteilen, wie man seine Habe zugunsten des Nächsten verwendet hat [384]. Auch wäre an das Gleichnis der klugen und törichten Jungfrauen zu denken, die sich auf den Empfang des kommenden Bräutigams (= Christus) gut oder schlecht vorbereitet haben. Für letztere bleibt die Tür verschlossen. Auch hier herrscht die erbarmungslose Strenge des Gerichts. Das ganze Gleichnis ist so komponiert worden, daß der Hörer (oder Leser) dennoch einen Gnadenakt für die törichten Jungfrauen erwartet (auch wegen der üblichen orientalischen Gastfreundschaft). Aber während die Spannung sich steigert, kommt das Unerwartete, das Neue und damit Beabsichtigte: Für die törichten Jungfrauen, die dennoch brav, wenn auch inaktiv gewartet haben, gibt es kein Erbarmen.

a. Die synoptischen Evangelien

Besonders das Matthäusevangelium verbindet das Kommen des Gottesreiches in Jesus mit einer endgültigen Trennung der Geister und sogar des letzten Schicksals [385]. Die Entscheidung wird an dem Jesus entgegengebrachten Glauben zu messen sein. Wer diesen Glauben nicht aufbringen kann, sei er auch ein Kind des Reiches (8,12), wird in die äußerste Finsternis geworfen. Diese endgültige Trennung ist grundsätzlich auch die zwischen Gerechten und Ungerechten (13,41-43). Wer sich für das messianische Festmahl nicht gebührend vorbereitet hat, wird nicht zugelassen, und seine Bestimmung ist die Finsternis (22,2-14). Genauso ergeht es einem, der seine Talente nicht im Dienste des Reiches angewandt hat (25,30). Matthäus hat sich in allen diesen Fällen der gleichen Formel bedient: *„in die äußerste Finsternis hinausgestoßen. Dort wird Heulen und Zähneknirschen sein"* — was nicht nur auf eine beabsichtigte Stilisierung, sondern auch auf eine klar ausgeprägte Botschaft hinweist.

Auch außerhalb des Matthäus-Evangeliums wird diese Botschaft vernommen. Lukas erwähnt die gleiche Formel. Wer nicht durch das enge Tor in das Reich hineingeht, wird die Tür verschlossen finden, und ihn erwartet das gleiche Schicksal der Ungerechten. *„Dort wird Heulen und Zähneknirschen sein, wenn ihr Abraham und Isaak und Jakob und alle Propheten im Reiche Gottes sehen werdet, während ihr hinausgestoßen seid"* (13,28).

Und das Paulinum — dies sei hier nebenbei erwähnt — weiß um diese endgültige Trennung, zum Beispiel in 2. Korinther-Brief 4,3: *„Unser Evangelium ist verhüllt bei denen, die verloren gehen."* Anläßlich einer Warnung, die Paulus der Gemeinde in Korinth erteilen muß, weil dort während der Abendmahlsfeier Mißstände vorkamen, mahnt er die Christen, mit sich selbst ins Gericht zu gehen. Sie sollen dies vor dem Hintergrund der Möglichkeit eines noch schwereren Gerichts tun. Dies wird mit den Worten beschrieben: *„Indem wir aber gerichtet werden, werden wir vom Herrn gezüchtigt, damit wir nicht mit der Welt verurteilt werden"* (1Kor 11,32).

b. Johannes-Evangelium

Das Johannesevangelium, das zu Recht das Evangelium der Liebe genannt wird, kennt gleichfalls eine durch das Gericht vollzogene Trennung. *„Wer an ihn (den Sohn) glaubt, wird nicht gerichtet; wer nicht glaubt, ist schon gerichtet, weil er an den Namen des einzigen Sohnes Gottes nicht geglaubt hat. Darin aber besteht das Gericht, daß das Licht in die Welt gekommen ist, und die Menschen liebten die Finsternis mehr als das Licht; denn ihre Werke waren böse"* (Joh 3,18-19).

Dennoch sollten diese und andere Texte mit größter Vorsicht betrachtet werden. Man bedenke, daß, wenn sie im notwendigen Zusammenhang der Perikope verstanden werden, sie niemals ohne die vollständige Bedeutung der Offenbarung in Jesus Christus niedergeschrieben worden sind. Von einer schroffen distributiven und dichotomen Gerechtigkeit kann also niemals die Rede sein. Dennoch müssen wir hier einen Hinweis darauf sehen, daß auch im Kerygma des Neuen Testaments die Grundstruktur der Gerechtigkeit in dem Sinne beibehalten wurde, daß die Sünde und der Sünder vor Gott nicht bestehen können, sondern verurteilt werden müssen.

Wie im Alten Testament wird auch im Neuen Testament diese Grundstruktur durch andere Komponenten modifiziert und neuinterpretiert, so in der Weiterbildung von Ansätzen, die im Alten Testament vorgegeben waren.

Wir haben oben gezeigt, daß im Alten Testament Gottes Handeln in seiner distributiven Gerechtigkeit durch die im Opferritual erwirkte Sühne vertieft wurde. Dies findet im Wort *kipper* seinen zentralen Ausdruck. Nun hat die Septuaginta, die griechische Übersetzung des Alten Testaments, den Begriff *kipper* überwiegend mit *exilaskomai* wiedergegeben. Der in diesem Wort enthaltene Stamm *hilaskomai* kommt, mit seinen Derivaten, auch im Neuen Testament vor. Zum Ausdruck dieses Aspekts hat sich das Neue Testament der griechischen Sprache bedient, aber nicht ohne den Wortsinn als Instrument seiner Botschaft nach einer Richtung hin zu entwickeln und zu akzentuieren. Bezeichneten dieser Stamm und seine Derivate ursprünglich eine Einwirkung des Menschen auf die Gottheit, so ist davon im Neuen Testament nichts mehr übrig, da hier das Handeln Gottes am Menschen alles überragt und verdrängt. Durch diese einseitige Anwendung liefert das Neue Testament den Erweis, völlig in der Traditionskette des alttestamentlichen Sühnegeschehens, das er zur Grundlage seiner eigenen Botschaft gemacht hat, zu stehen.

c. Brief an die Hebräer

Die Tradition des alttestamentlichen Opferkultes, die nach der Zerstörung des Tempels im Ritual des Versöhnungstages weiterlebt, wurde im Neuen Testament im Hebräerbrief besonders deutlich fortgesetzt. Man könnte den Hauptinhalt in der Feststellung zusammenfassen, daß all seine Ausführungen in der Darstellung des Hohenpriesteramtes Christi ihren eigentlichen Höhepunkt erreicht haben[386]. In seinem Eröffnungsvers knüpft der Brief an die Geschichte Israels an (1,1). Sein Anliegen besteht also darin, die entscheidende Heilstat Gottes in Jesus Christus *„am Ende dieser Tage"* zu verkündigen. Wie sieht nun diese entscheidende Heilstat aus?[387]

Sie hat neben anderen zwei Hauptkomponenten: Zunächst die Bedeutung der Inkarnation. Sie wird besonders hervorgehoben in den Versen 10,5-7:

„Daher sagt er bei seinem Eintritt in die Welt:

Opfer und Gabe hast du nicht gewollt, einen Leib aber hast du mir bereitet. An Brandopfern und Sündopfern hast du kein Wohlgefallen gefunden.

Damals sprach ich: Siehe ich komme ..., in der Buchrolle steht
über mich geschrieben ... um deinen Willen, o Gott, zu tun."

Die Bedeutung der Verse ist folgende: Nachdem der Umgang
Israels mit seinem von Jahwe angebotenen Opferkult das Volk
nicht zum Ziel geführt hat und sein falsches Vertrauen darauf
nicht Gottes Wohlgefallen fand, wurde *"am Ende der Tage"* dem
Sohn ein Leib zubereitet, damit er als wohlgefälliges Opfer dienen könne. Mit klaren Worten unterstützt Vers 2,14f. diesen Gedanken: *"... damit er durch den Tod den zunichte mache, der die*
Macht über den Tod hat, das heißt: den Teufel, und alle die be-
freite, die durch Furcht vor dem Tod ihr ganzes Leben lang
einer Knechtschaft verfallen waren."

Seine Inkarnation bedeutete auch, daß er in vollem Maße am
menschlichen Leben Anteil genommen hatte. In allen Dingen
wurde er auf die gleiche Weise versucht (4,15). Er hat unter den
Versuchungen der Sünde gelitten (2,18 a). Den Widerspruch der
Sünder gegen sich hat er erduldet (12,3). Sein irdisches Leben
kulminierte darin, daß er *"in den Tagen seines Fleisches Gebete*
und flehentliche Bitten mit starkem Geschrei und Tränen vor den
gebracht, der ihn vom Tod erretten konnte ..." und so *"wiewohl er*
der Sohn war, hat er den Gehorsam gelernt an dem, was er litt"
(5,7-8).

Die zweite Hauptkomponente beschreibt das in solcher Art der
Inkarnation vollbrachte Heilswerk. Hier herrscht Christus auf
seine Weise als Hoherpriester (8,1). Zur Bezeichnung seiner
Heilstat spannt der Hebräerbrief den Bogen zurück ins Alte
Testament (Lev 16) und spricht die Funktion der damaligen Hohenpriester am Großen Versöhnungstag an, wie sie für das ganze Volk im Heiligtum Sühne schaffen (Hebr 9,7). Was Christus
aber vollbracht hat, war nicht die bloße Wiederholung der damaligen Riten. Er ist der Hohepriester eines neuen Bundes, den
Jeremia bereits vorausgesagt hat. Zum Beweis wird (Hebr
8,8-12) ein Abschnitt aus Jeremia (31,31-34) zitiert. Oder mit einem anderen Bild: Christus war kein Hoherpriester nach der
Weise Aarons, sondern nach der Weise Melchisedeks (6,20;
7,1-10,11-28). Wie man diese schwierigen Texte auch deutet, jedenfalls hat der Autor dieses Briefes damit den "Hohenpriester

in Ewigkeit" gemeint (vgl. 6,20 mit Ps 110,4 und Gen 14,17-20). Waren die levitischen Priester wegen der Vergänglichkeit der Zeit gezwungen, ihre Opfer immer neu zu wiederholen und setzte der Tod ihrem Dienst eine Ende, so ist Christi Priestertum einmalig, *weil er in der Ewigkeit bleibt"* (7,24). Und deswegen kann er vollkommen erretten (7,24-25).

Jesus ist der wahre Hohepriester, der erretten kann, weil er das wahre Opfer dargebracht hat. Auch dieses, sein Opfer bringt der Autor in Zusammenhang mit dem Opferkult. Dazu vergleicht er Christus mit Aaron (7,11-28). Die Bedeutung des levitischen Priesteramtes wird nicht angezweifelt, Tatsache aber bleibt, daß das Gesetz nichts zur Vollendung gebracht hat und daß jetzt eine bessere Hoffnung herbeigeführt worden ist, *durch die wir Gott nahen"* (7,19). Die Unzulänglichkeit der levitischen Opfer geht aus ihrem Wesen hervor.

Erstens *kann unmöglich Blut von Rindern und Böcken Sünden hinwegnehmen"* (10,4, vgl. 9,12-13). Vor diesem Hintergrund besteht das wahre Opfer Christi nun darin, daß er durch sein eigenes Blut eine ewige Erlösung erlangt hat (9,12).

Zweitens aber mußte der levitische Priester jedes Jahr aufs neue im Heiligtum erscheinen. Christus aber ist einmal am Ende der Zeiten zur Aufhebung der Sünde durch sein Opfer offenbar geworden (9,25-26).

Es gibt noch eine dritte Vollendung des levitischen Opferkultes. Der Hohepriester war gezwungen, täglich zuerst für die eigenen Sünden und dann für die des Volkes Opfer darzubringen (7,27). Und es besteht nun die Vollendung darin, daß der neue Hohepriester *heilig, frei vom Bösen, unbefleckt, von den Sündern geschieden und höher als die Himmel geworden ist"* (7,26). Diese Vollendung aber eröffnet unerwartete Dimensionen. Der Priester des Alten Bundes stand nur einmal im Jahr und nur für eine kurze Zeit vor dem Antlitz Gottes (9,7), der neue Hohepriester steht ewig vor Gott (9,12). Dies bedeutet aber kein Abstandnehmen von den Menschen und ihrem Leben und ihren Sünden. Daß dieser Hohepriester ewig vor Gott steht, sieht der Autor in einer einzigen Schau mit seiner Anteilnahme an und seinem Dabeisein bei den angefochtenen Menschen. Inkarnation und Erhöhung dienen beide der Erlösung des Menschen. *„Und nachdem er zur Vollendung gekommen war, ist er allen, die ihm gehorsam sind, der Urheber ewigen Heils geworden"* (5,8-9).

Alle diese Aspekte weisen darauf hin, daß die Verkündigung der Sühne das Gerüst des Hebräerbriefes bildet. Diese Sühne hat der Autor in unmittelbarer Fortsetzung der kultischen Sühne des Alten Testaments gesehen und sie zu gleicher Zeit aufgrund des Heilsgeschehens in Jesus neu interpretiert. Die Übernahme der alttestamentlichen Traditionskette wird deutlich ersichtlich in der These: *daß nach dem Gesetz alles mit Blut gereinigt wird, und daß es ohne Blutvergießung keine Vergebung gibt"* (9,22). Wie ist dies zu verstehen?

Wir sahen, daß die gesamte Verkündigung der Sühne in die Person Jesu, in seine Inkarnation und Erhöhung *„ewig vor Gott"* gelegt worden ist. Deshalb kann man Vers 9,22 nicht so auslegen, als ob *„die Blutvergießung"* als solche automatisch die Sühne herbeiführen könnte. Dies war auch in der Opfergesetzgebung des Alten Testaments nicht der Fall. War es dort der ausdrückliche Wille Jahwes, der die rituelle Sühne ermöglichte, ist es hier das Leben des Hohenpriesters. Diese *„Blutvergießung"* ist — wie übrigens auch bei Paulus (Röm 5,9; 1Kor 11,25; Eph 1,7; 2,13; Kol 1,20) — vielmehr eine zusammenfassende Ausdrucksform für Leiden und Kreuzestod. Somit stimmt der Brief mit dem zentralen Thema des ganzen Neuen Testaments überein, und diese Tatsache wirft auch ein Licht auf seine Kultusterminologie. Auch diese soll nicht primär im eigentlichen Sinne direkt verstanden werden, sondern als geeignete Vorgeschichte zur Erklärung von Kreuz und Auferstehung. Sein Anliegen kommt klar zum Ausdruck im Vers 9,24: *„Denn nicht in ein mit Händen gemachtes Heiligtum ist Christus hineingegangen, ein Nachbild des wahrhaften, sondern in den Himmel selbst, um jetzt zu unseren Gunsten vor dem Angesicht Gottes zu erscheinen."*

Dies alles trifft den Nerv der Sühne. Von der Inkarnation bis zur Erhöhung ist Christi Heilstat nach dem Willen Gottes geschehen, genauso wie das Opferritual des alten Bundes. Dieser, die ganze Heilsgeschichte durchlaufende Gotteswille, wird als

Hauptthema in den ersten Sätzen des Briefes sofort ange-sprochen. In allen diesen Sätzen ist Gott das handelnde Sub-jekt, der *„am Ende dieser Tage zu uns geredet durch den Sohn"* (1,2).

Die Sühne und die Erlösung aus der Macht der Sünde sind und waren Gottes gnädiger Wille. Im alttestamentlichen Opferkul-tus war das Wort *kipper* der bezeichnende Terminus. Wie wir sahen, hat die Septuaginta ihn mit *exilaskomai* übersetzt und dabei ausschließlich an die handelnde Initiative Gottes ge-dacht. Diese griechische Übersetzung kommt auch in 2,17 vor: *„Und deshalb mußte er in allem den Brüdern gleich werden, da-mit er barmherzig würde und ein treuer Hoherpriester im Dienst vor Gott, um die Sünden des Volkes zu sühnen"* (hilaskesthai).

Zusammenfassend kann jetzt gesagt werden: In dem Christus-ereignis handelt Gott nach seinem gnädigen Willen, um die Menschen aus der Macht der Sünde zu erlösen, indem er Sühne schafft. Das Werk Christi steht zwar in der Tradition des alt-testamentlichen Opferkultus, überbietet ihn aber darin, daß Gottes Gerechtigkeit, die die Sünde nicht dulden kann und darf, samt seinem sühnenden Handeln nicht länger in einem sich im-mer wiederholenden Ritual, sondern *„durch den Sohn"* endgül-tig und vollkommen offenbar geworden ist.

Der Hebräerbrief steht jedoch in diesem Aussagekomplex unter den neutestamentlichen Schriften nicht vereinzelt da, sondern hat diese Deutung des Christusgeschehens lediglich besonders prägnant zum Ausdruck gebracht. Einige parallele Gedanken bei Paulus sind bereits erwähnt worden, hier soll nun näher dar-auf eingegangen werden:

d. Paulus-Briefe

Auch Paulus bedient sich bei seinem Bemühen, die soteriologi-sche Bedeutung des Todes Christi zu deuten, einer dem alttestamentlichen Opferkultus entlehnten Sprache. In dieser Beziehung erklärt er diese Bedeutung in fünf Bildern.

1. Bild:

Einmal, so im 1. Brief an die Korinther, Vers 5,7, wird Christus vorgestellt als das Passahlamm, das für uns geopfert ist. Bei dieser Gelegenheit sollte Israel den alten Sauerteig hinwegtun und so auch die Gemeinde den Sauerteig der Bosheit und der Schlechtigkeit. Das Bild wird hier in Paränese geschildert, doch ist seine Bedeutung klar: Christi Tod ist ein Opfer, das er zur Reinigung anderer dargebracht hat.

2. Bild:

Das zweite Bild finden wir kurz erwähnt im Epheser-Brief Vers 5,2. Auch hier wiederum wird die theologische Begründung für die Gemeinde in Form einer Paränese erteilt. Die Gemeinde soll in der Liebe wandeln, *wie auch Christus euch geliebt und sich für uns dahingegeben hat als Gabe und Opfer für Gott zu einem lieblichen Duft"* (thysian tooi theooi)." Dieses Bild stammt aus der kultischen Opferterminologie. In Exodus 29,18 wird ein Brandopfer für den Herrn *„ein lieblicher Duft"* genannt. Auf das gereinigte Israel angewandt, hat es der Prophet Hesekiel in Vers 20,41 benutzt. Paulus beabsichtigt hier, die Vollkommenheit des Opfers Christi auszumalen, denn *„der liebliche Duft"* steht in Zusammenhang mit dem Brandopfer, das nicht in Teilen, sondern als Ganzes Gott dargebracht wurde.

3. Bild:

Das dritte Bild rückt noch mehr ins Zentrum der Paulinischen Deutungen. Besonders klar wird das im Römer-Brief Vers 3,25: *„Ihn hat Gott hingestellt als ein Sühnopfer (hilasterion) durch den Glauben in seinem Blut, zur Erweisung seiner Gerechtigkeit..."* Herzstück des Textes ist das griechische Wort *hilasterion*. Nun kann man zur Erklärung der Bedeutung dieses Wortes auf den allgemeinen Gebrauch zurückgreifen und die Übersetzung: das Versöhnende, das Sühnende, daher das Sühnemittel, die Sühnegabe vorschlagen [388]. Da aber Paulus des öfteren von der Septuaginta Gebrauch macht, wäre auch hier an diesen Hintergrund zu denken. Dazu sagt *Bauer:* „Die Septuaginta gebraucht *hilasterion* von dem auf der Bundeslade liegenden Gerät, das am Versöhnungstage mit dem Blut des Sühnopfers besprizt wurde (Ex 25,16 ff.). Dieses auf der Lade liegende Gerät — eine Deckplatte — hat im hebräischen Alten Testament den Namen *„kapporeth",* in dem wir den Wortstamm *kipper,* terminus technicus für *„Sühne schaffen",* wiedererkennen. Die Bundeslade stand im Allerheiligsten des Tempels und am Versöhnungstage bespritzte der Hohepriester diese Deckplatte mit dem Blut des Sühneopfers und schaffte somit Sühne für die Sünden des Volkes (vgl. auch Lev 16,11-17). Wir haben gesehen, daß der Versöhnungstag nicht nur der Höhepunkt im Dienst der Sühne war, sondern als solcher sogar die Zerstörung des Tempels überlebt hat. In dieser Tradition steht Paulus: Christi Kreuzestod ist die neue *kapporeth,* die endgültige Sühne schafft. Denn dabei geht es nicht um das Blut der Opfertiere, sondern um sein Blut. Und die Sühne wurde auch nicht, wie früher üblich, im Verborgenen des Allerheiligsten nur von der Person des einzelnen Hohenpriesters vollzogen, sondern in aller Öffentlichkeit *„hat Gott ihn hingestellt als ein Sühnopfer".*

Zwei wichtige Implikationen legt Paulus noch in diesen Text: Gott ist das Subjekt des Sühnehandelns in Christus, so wie er auch den Sühnekultus nach seinem Willen im Alten Testament ermöglicht hatte. Und auch seine zweite Bemerkung schließt jeden Gedanken an einen Sühneautomatismus aus. Im Paulinischen Text ist *„Sühnopfer in seinem Blut"* unabdinglich mit *„durch den Glauben"* verbunden. Wie im Alten Testament die Sühne mit der Umkehr verbunden war, so hier das Opfer mit dem Glauben.

4. Bild:

Paulus benutzt noch eine andere Formel zur Darstellung der in Christus geschaffenen Sühne, ohne dabei ausdrücklich auf das alttestamentliche Opferritual zurückzugreifen. Es gibt eine Gruppe von Texten (2Kor 5,18-20; Röm 5,10-11; — *katalassein* und *katalage* — Eph 2,16; Kol 1,20-23 — *apokatalassein* —), die die Bedeutung des Kreuzestodes Christi mit einem Bild der Sühne, das an erster Stelle für die Sühne unter den Menschen gebraucht wird, bezeichnen. In allen diesen Stellen aber ist die Feindschaft zwischen Gott und Mensch der Ausgangspunkt. Durch Sünde, Ungehorsam und Ungerechtigkeit hat der Mensch sich Gott entfremdet und ist zum Feind Gottes geworden (Röm 5,10; Eph 2,16; Kol 1,21). In allen diesen Texten ist nun das Hauptstück, daß Gott in dieser Situation der Feindschaft — *„als wir seine Feinde waren"* (Röm 5,10) — die Initiative ergriffen hat.

213

Seine Tat hatte zum Ziel, diese Feindschaft — ganz und gar von ihm ausgehend — zu überwinden und die Welt mit ihm zu versöhnen, *„indem er ihnen ihre Übertretungen nicht anrechnete"* (2Kor 5,19). In dieses versöhnende Handeln ist der ganze Kosmos mit einbezogen *„sei es, was auf Erden, sei es, was in den Himmeln ist"* (Kol 1,20). Jeder Gedanke an eine Art Vorleistung seitens der Menschen oder auf der Basis der Gegenseitigkeit — Zug um Zug — ist von Anfang an ausgeschlossen. Im Gegenteil: Diese Texte lassen erkennen, daß die sündhafte Welt kaum wußte, was da vorging, so daß es den Menschen ausdrücklich angesagt werden mußte (2Kor 5,20): *„Wir bitten für Christus: Lasset euch versöhnen mit Gott!"*.

Alle diese genannten Texte haben eine Mittelachse, die die Versöhnung in Gang gesetzt und wirksam gemacht hat, und dies ist das Kreuz Christi: *„... Versöhnt worden sind durch den Tod seines Sohnes ..."* (Röm 5,10); *„indem er durch sein Kreuzesblut Frieden stiftete ..."* (Kol 1,20); *„mit Gott zu versöhnen durch das Kreuz, nachdem er durch dieses die Feindschaft getötet hatte"* (Eph 2,16). Sie alle implizieren, daß Trennung und Entfremdung aufgrund von Sünde und Feindschaft durch den Kreuzestod Christi aufgehoben worden sind, die Übertretungen nicht mehr angerechnet werden. Durch seinen Tod ist aus Feindschaft Frieden entstanden.

Die hervorragende Bedeutung dieser Mittelachse will nicht besagen, daß nun auch die Initiative Gottes abgeschwächt worden ist. Hier muß unterstrichen werden, daß auch in dem Kreuzesgeschehen an erster Stelle Gottes Handeln zutage tritt. Da findet nicht etwas statt, das nachträglich von Gott gutgeheißen wird, denn auch hier lassen die Texte keinen Zweifel an der Aussage aufkommen: *„Alles aber kommt von Gott, der uns durch Christus mit sich selbst versöhnt hat"* (2Kor 5,18); und: *„Denn in ihm beschloß er (Gott), die ganze Fülle wohnen zu lassen und durch ihn alles mit sich selbst zu versöhnen"* (Kol 1,19f.).

Ebensowenig wird die Initiative in dieser Mittelachse nach der Menschen Seite verlagert. *„Denn wenn wir mit Gott, als wir seine Feinde waren, versöhnt worden sind ..."* (Röm 5,10). Die vollständige Bedeutung dieser Mittelachse beschreibt Paulus im

Kolosser-Brief Kapitel 1 Vers 21 und 22: *„Und euch, die ihr einst ferngehalten und durch die Gesinnung in den bösen Werken Feinde wart, hat er (Gott) jetzt trotzdem versöhnt, vermöge seines Fleischesleibes durch den Tod ...".* Somit kann ebensowenig von einem Versöhntwerden Gottes die Rede sein, wie von einer Zustimmung Gottes nachher. Die Spitze der Botschaft ist unverkennbar: Im Kreuzestod Christi hat Gott die Menschen mit sich selbst versöhnt.

5. Bild:

Die fünfte Gestaltung der Verkündigung ist der Begriff der Rechtfertigung. Wir nehmen vorweg: Hier wird kein neues Thema angesprochen, sondern diese Gestalt läuft mit der Versöhnung parallel. Dies geht bereits aus der Tatsache hervor, daß ein einziger Textabschnitt beide Begriffe in einem behandelt. So zum Beispiel im Römer-Brief Kapitel 5 Vers 9 f.: Der Satz: *„da wir jetzt durch sein Blut gerecht gesprochen sind"* hat dort die gleiche Bedeutung wie: *„versöhnt worden sind durch den Tod seines Sohnes".* Der sich gegenseitig ergänzende Charakter dieser beiden Begriffe zeigt sich ganz deutlich, wenn Paulus den Frieden mit Gott einmal versteht als die Frucht der Rechtfertigung und ein anderes Mal als die Frucht der Versöhnung (vgl. Röm 5,1 mit Eph 2,14-18). Immer handelt es sich um dasselbe Geschehen, das Paulus mit Hilfe mehrerer Begriffe zum Ausdruck bringt.

Es wäre nun falsch, daraus zu folgern, es handele sich um Metaphern. Die unterschiedlichen Ausdrücke sind keine bloßen Stilformen, sondern notwendige Aspekte, die das Heilshandeln Gottes in Christus beinhalten. Diese Tatsache wird besonders klar anhand des Begriffs der Rechtfertigung, die wir nicht von Kreuz und Versöhnung trennen dürfen.

Da aber „*Recht*fertigung" eng mit „*Gerecht*igkeit" verbunden ist, — im Deutschen wie im Griechischen haben beide Begriffe denselben Wortstamm (*dikaios*) — schließt sich hier der Kreis, und wir sind auf den Boden des gerechten Handelns Gottes zurückgekehrt. Sünde muß beseitigt werden. Diese Grundvoraussetzung — und es ist sehr wichtig, dies jetzt schon im Hinblick auf

Allahs Gerechtigkeit im Koran zu betonen — durchzieht das ganze Heilshandeln Gottes in Christus.

Dieser entscheidende Basischarakter meldet sich in einem so zentralen Text wie: *„Jetzt aber ist ohne Zutun des Gesetzes die Gerechtigkeit Gottes (dikaiosyne theou) geoffenbart ... die Gerechtigkeit Gottes, die durch den Glauben an Jesus Christus kommt für alle, die glauben. Denn es ist kein Unterschied; alle haben ja gesündigt und ermangeln der Ehre vor Gott und werden gerechtgesprochen (dikaioumenoi) ohne Verdienst durch seine Gnade mittels der Erlösung, die in Jesus Christus ist"* (Röm 3,21-24). Die vollständige komplementäre Bezogenheit der verschiedenen Komponenten wird noch deutlicher, wenn wir den folgenden Vers 25 heranziehen: *„Ihn hat Gott hingestellt als ein Sühnopfer durch den Glauben in seinem Blut"*. Es ist immer dasselbe Heilsgeschehen, das Paulus mittels unterschiedlicher Bilder darstellt.

Dieses Heilsgeschehen aber birgt die uneingeschränkte Ganzheit des Handelns Gottes in sich, eine Ganzheit, die in der Vollendung der Zeit offenbar geworden ist. Über diese Konzentration spricht diese Perikope. Der Schwerpunkt des Handelns Gottes ist seine Gerechtigkeit (*dikaiosyne theou*). Diese Gerechtigkeit ist das urteilende Gericht über die Sünden und das sühnende und erlösende Handeln Gottes in Christus in einem. Der Apostel stellt hier bewußt die Verbindung mit der alttestamentlichen Vorgeschichte her. Und tatsächlich kennt auch das Alte Testament eine Gerechtigkeit Gottes, die zugleich eine Rettung bewirkt. Ganz deutlich wird dies in Deuterojesaja 51,5-6: *„Alsbald naht sich meine Gerechtigkeit (tsidqi; LXX: dikaiosyne mou), geht aus meine Rettung, und meine Arme richten die Völker ..."* Der Abschnitt Jesaja 46,8-13 ist an die Abtrünnigen gerichtet. Ihnen wird verkündigt: *„Ich lasse nahen meine Gerechtigkeit (tsidqati), ... und meine Rettung (teshu'ati) wird nicht verziehen."* Ähnliche Stellen lassen sich in den Psalmen (z. B. 97,2 LXX) vorweisen.

In dieser Perspektive vom Alten bis zum Neuen Testament wird deutlich, daß die begrenzte distributive und dichotome Gerechtigkeit neue und tiefere Dimensionen erhalten hat. Gottes Gerechtigkeit ist nicht ein Attribut, sondern eine Aktivität, die als gerechtes Handeln zugleich Rettung und Befreiung ist. Dementsprechend bilden in der alttestamentlichen Tradition die Begriffe Gerechtigkeit und Gnade eine komplementäre Parallele, wie mehrere Texte aus dem Psalter es beweisen. Sie greifen so tief ineinander, daß der Gläubige sich auf Gottes Gerechtigkeit beruft zur Vergebung seiner Sünden (Ps 51,16; 143,1-2).

Unter diesen Aspekten setzt Paulus die Traditionslinie des Alten Testaments fort und verbindet damit seine Neuinterpretation. Diese Gerechtigkeit ist *„außerhalb des Gesetzes (Torah)"*, und zwar *„mittels der Erlösung, die in Jesus Christus ist"* (Röm 3,21-24) offenbar geworden. Dennoch wurzelt diese Neuinterpretation im Alten Testament: Es ist derselbe Gott, der in seinem gerechten Handeln den Menschen erlöst.

2. Erlösung und Sühne

a. Paulus-Briefe

Alle Traditionselemente treffen sich in der zentralen Bedeutung des Christusgeschehens: *„Ihn hat Gott hingestellt als ein Sühnopfer durch den Glauben in seinem Blut, zur Erweisung seiner Gerechtigkeit ... und den gerechtspreche, der aus dem Glauben an Jesus ist"* (Röm 3,25-26). Mittelachse ist der Gedanke, *„als ein Sühnopfer zur Erweisung seiner Gerechtigkeit"*. Da vor der Heiligkeit Gottes die Sünde nicht bestehen darf und kann, muß Gottes Gerechtigkeit die Sünde und den sündhaften Menschen durch sein Urteil treffen. Dieses vernichtende Urteil hat Jesus als Sühnopfer getragen. Dieses Gericht ist zugleich Sühnopfer, was besagt, daß das Opfer an des Sünders Statt das gerechte Urteil erleidet. Somit wird im Handeln Gottes in Christus das volle Gewicht des Grundgedankens der göttlichen Gerechtigkeit — die Vernichtung der Sünde und des Sünders — uneingeschränkt offenbar. Auch angesichts des Kreuzes kann der Mensch als Sünder nicht weiterleben. Aber diese Gestalt ist nie ohne die andere: Diese Gerechtigkeit ist die volle Offenbarung seiner Gnade. Angesichts des Kreuzes darf der gerechtfertigte Mensch leben. Sein neuer Weg ist der Glauben an Jesus Christus: *„Die Gerechtigkeit Gottes, die durch den Glauben an Jesus Christus kommt für alle, die glauben"* (Röm 3,22).

Wortlaut und Gedankengang der Evangelien benutzen die von Paulus so tief ausgeprägten Bilder in beträchtlich geringerem Maße. Diese Tatsache darf nicht zu der Annahme verleiten, es läge eine große Diskrepanz zwischen Paulus und den Evangelien. Die Evangelien bringen dieselbe Botschaft, nur in anderen Bildern und anderer Form.

b. Johannes-Evangelium

Wenden wir uns zunächst dem Johannesevangelium zu. Auch diese Schrift hat das Handeln Gottes in Jesus Christus zum Herzstück, damit der Satan, der Fürst dieser Welt, gerichtet werde (16,11). Im Mittelpunkt steht die Erlösung von Sünde und Tod.

Aus diesem Evangelium entnehmen wir einen Text, der in frappanter Übereinstimmung mit dem bis jetzt Behandelten steht, und zwar Johannes 1,29: (ein Wort Johannes des Täufers) *„Siehe, das Lamm Gottes (amnos tou theou), das die Sünde der Welt hinwegnimmt."* In verkürzter Form kommt der Text auch in 1,36 vor.

Der Begriff „Lamm" kann eine unmittelbare Bezugnahme auf das Passah-Ritual (Ex 12) sein; in diesem Fall würde die Bedeutung Christi in der Perspektive des befreienden Handelns Gottes gesehen. Da aber der johanneische Text ausdrücklich von der Hinwegnahme der Sünde spricht, ist diese Weiterführung der alttestamentlichen Traditionskette sekundär.
Eine andere Linie könnte das tägliche Opfer eines Lammes im Jerusalemer Tempel sein. Da es sich in diesem Fall um mehrere Lämmer, ohne die gezielte Auswahl eines bestimmten Tieres handelte, betrachten wir die Fortsetzung dieser Traditionskette ebenfalls als sekundär. Solches will nicht besagen, daß derartige Gedanken nicht mitgeklungen haben. Das Johannesevangelium vergleicht an anderen Stellen das Kreuzesopfer Jesu tatsächlich mit der Darbietung des Opfers des Passahlammes. Seine Datierung des Kreuzestodes liegt auf dieser Linie und die Erfüllung des Schriftwortes *„kein Knochen an ihm soll zerbrochen werden"* laut 19,36 ist ein Hinweis auf Exodus 12,46 und Numeri 9,12, ein Gebot, wie man mit dem Passahlamm verfahren soll.

Es liegt in Sachen Weiterführung der alttestamentlichen Traditionskette eine Palette, ein Mosaik vor uns. Es gleicht einem Akkord, in dem neben dem Grundton auch andere Töne mitklingen. Die Bestimmung in 1,29 „das Lamm" reiht diese Traditionslinie in einen festen Bezugsrahmen ein. In Jesaja 53,6-7 war die Rede von *einem Lamm, das zur Schlachtbank geführt wird"*. Und es wurde näher erklärt: *„Ihn aber ließ der Herr treffen unser aller Schuld."* Noch einmal bezieht sich das Johannesevangelium ausdrücklich auf den leidenden Gottesknecht aus Jesaja 53. Das Auftreten Jesu vergleicht das Johannes-Evangelium in Kapitel 12 Vers 38 mit der Prophetie in Jesaja 53,1. Alle diese Vorstellungen klingen in dem oben genannten Vers 29 im Johannes-Evangelium Kapitel 1 mit, wobei ich geneigt bin, die Weiterführung von Jesaja 53 als den Grundton, die des Passahlamm-Themas als den ersten Nebenton und das tägliche Opfer im Tempel als Begleitton zu betrachten.

Was auch hinter der Gestaltung dieses Begriffes steht, über seine Bedeutung besteht keinerlei Zweifel. Er will aussagen, daß das Leiden und Kreuz Jesu die Versöhnungstaten waren, durch die die Sünden der Welt hinweggenommen wurden. Der Evangelist hat diese Aussage programmatisch an den Anfang seines Berichtes gestellt, als wäre sie Motto und Titel zum Ausdruck des wesentlichen Inhalts. Der Wortlaut des Textes 1,29 macht auch deutlich, daß hier kein zufälliges Geschehen stattgefunden hat in dem Sinne, daß in beschränktem Maße die Sünden bestimmter Personen aufgehoben wären: Der Text lautet: *„Das die Sünde (Singular: hamartian) der Welt (tou kosmou) hinwegnimmt."* Diese Worte zielen auf etwas Tieferes und Umfassenderes als die einzelnen Sünden individueller Personen. In Jesus als dem Lamm Gottes findet die Konfrontation mit der Sünde des Kosmos statt, eines Kosmos, der ihn nicht kannte und der deswegen in der Finsternis lebte (1,9-10). Diese das Licht nicht kennende Welt erfährt im Lamm Gottes die Versöhnung. Das Geschehen am Versöhnungstage und die Darbietung des Opfers des Passahlammes werden damit überboten, daß der ganze Kosmos am Christusgeschehen beteiligt ist. Es hat hier etwas Endgültiges und Entscheidendes stattgefunden.

Daß dies zu zeigen tatsächlich die Absicht des Evangelisten war, beweist ein Text, der dem Gedanken nach 1,29 auf merkwürdige Weise nahe steht. Er steht im Johannes-Evangelium Kapitel 3 Vers 16: *„Denn so sehr hat Gott die Welt geliebt, daß er seinen einzigen Sohn gab, damit jeder, der an ihn glaubt, nicht verloren gehe, sondern ewiges Leben habe."* Auch hier wieder der Gedanke des Opfers — diesmal des einzigen Sohnes — für eine verlorene Welt, damit die so Geretteten und Befreiten das ewige — in Jesus beginnende — Leben haben. Nochmals keine zufällige Randerscheinung, sondern das entscheidende Heilshandeln Gottes. Oder anders, im Zusammenhang mit dem Thema dieses Buches gesagt: Nach dem Zeugnis der neutestamentlichen Schriften ist die Heilstat Gottes kein Beispiel in einer gleichwertigen Reihe anderer, sondern sein entscheidendes Handeln zur Erlösung der Welt schlechthin.

c. Die synoptischen Evangelien

Bekanntlich unterscheiden sich die synoptischen Evangelien von dem Johannes-Evangelium durch einen anderen Stil, die Entfaltung anderer Gedanken und durch eine eigene Begriffsbildung. Vor diesem Hintergrund ist es um so bedeutsamer, daß auch sie das Thema, das uns bis jetzt beschäftigt hat, mit analogen Begriffen erklären. Hier ist also keine andere Folgerung am Platz als die Feststellung, daß wir in diesen Aussagen die grundlegende Verkündigung vernehmen. Und zwar: Jesus vollbringt die Versöhnungstat Gottes, die in Kreuz und Auferstehung vollendet wird.

In den Berichten der Synoptiker spricht Jesus zweimal sehr deutlich über diese Bedeutung seiner Mission. Diesen beiden Texten wollen wir uns jetzt zuwenden. Zuerst Markus 10,45, dem Matthäus 20,28 entspricht: *„Denn auch der Sohn des Menschen ist nicht gekommen, damit ihm gedient werde, sondern damit er diene und sein Leben gebe als Lösegeld für viele"* (lytron anti polloon). Die Verwandtschaft mit Jesaja 53 ist auffällig, so daß auch hier die Tradition in der Gestaltung einer Neuinterpretation weitergeführt wird. Tatsächlich bekunden beide Stellen mehrere gemeinsame Begriffe. Zuerst handelt es sich um die dienende Gestalt. Wie der Sohn des Menschen gekommen ist, damit er diene, so auch der leidende Gottesknecht. Über ihn sagt Jesaja 53,11: *„Durch seine Erkenntnis wird er, der Gerechte, mein Knecht, vielen Gerechtigkeit schaffen."* In der griechischen Übersetzung der Septuaginta wird seine dienende Funktion buchstäblich erwähnt, und gerade auf diese Übersetzung mit den Worten: *„eu douleuonta pollois"* könnte der vorliegende Text Bezug genommen haben. Von beiden wird ausgesagt, daß sie für andere ihr Leben gegeben haben (Jes 53,8): *„Aus dem Lande der Lebenden ward er getilgt, ob der Sünde meines Volkes zum Tode getroffen";* und Vers 12: *„Dafür, daß er sein Leben in den Tod dahingab" (LXX, paredothe eis thanaton hè psychè autou).* Der synoptische Text spricht buchstäblich von *„Lösegeld" (lytron).* Das hebräische Äquivalent kommt zwar in Jesaja 53 nicht vor, doch fehlt der dahinterliegende Gedanke durchaus nicht. Man denke an Ausdrücke wie: *„zerschlagen um unserer Verschuldungen willen"* (5); *„ob der Sünde meines Volkes zu Tode getroffen"* (8); *„er sein Leben zum Schuldopfer einsetzte"* (10); *„ihre Verschuldungen wird er tragen"* (11); *„für die Schuldigen eintrat"* (12)." Und schließlich die immer wiederholte Bezeugung: dieses Opfer sei geschehen „für viele" *(anti polloon,* Mk 10,45; vgl. mit Jes 52,14,15; 53,6, wo *„viele"* alteriert mit *„allen";* 53,12). Inzwischen ist aber im synoptischen Text das Wort *„Lösegeld" (lytron)* die überragende Aussage. Die Septuaginta benutzt dieses Wort des öfteren als Übersetzung für das hebräische *„kofer"*[389]. Die vielen Texte (besonders Ex 21,30 *kofer)* vermitteln das Bild eines Lösegeldes, meistens einer Geldsumme, die bezahlt wird, um sich von Schuld freizukaufen, einer Schuld, die auf jemandem, der das Leben anderer schuldhaft vernichtet hat, lastet. Das Wort wird auch zur Bezeichnung von Freikauf aus Gefangenschaft (Jes 45,13; LXX *meta lytroon)* oder aus der Sklaverei (Lev 19,20; LXX *lytrois)* benutzt. Das Henochbuch (98,10) spricht von einer Schuld des Menschen Gott gegenüber, die so hoch ist, daß kein Lösegeld daraus befreien kann. Hinter all diesen Aspekten steht als Grundgedanke, daß die Septuaginta das Wort *lytron* überall dort anwendet, wo es sich auf ein Lösegeld bezieht, das bezahlt wird zur Befreiung aus einem Zustand von Schuld, Gefangenschaft oder Sklaverei.

Dieser Grundgedanke muß meines Erachtens im vorliegenden Text unmittelbar mit den Worten „für viele" in Beziehung gesetzt werden. Jesus gibt sein Leben in den Tod, damit es zum Freikauf, zum Lösegeld für viele diene. Auch hier liegt wieder ein unmittelbarer Bezug zum Gottesknecht (Jes 52,13-53,12) vor. In diesem Abschnitt ist das Wort „viele" eines der Kernwörter, das in regelmäßigen Abständen wiederholt wird. Viele haben sich über ihn entsetzt (52,14); er wird viele Völker in Erstaunen setzen (52,15); er wird vielen Gerechtigkeit schaffen (53,11); Gott wird ihm einen Erbteil unter vielen erteilen; er hat die Sünden vieler getragen (53,12). Vers 53,6 alteriert dieser Begriff sogar mit „wir alle" und redet von „ihn ließ der Herr treffen unser aller Schuld." In dem Jesaja-Abschnitt wird also eine Perspektive eröffnet, die an erster Stelle vom Volk Israel ausgeht und die sich von da aus über die Ganzheit der Völker erstreckt. Die gleiche Perspektive eröffnet auch der Markustext im Kapitel 10 Vers 45. Das Lösegeld, das für viele gegeben wird, kommt der Gesamtheit zugute.

Derselbe Ausdruck für „viele" (hyper polloon, Mk 14,24; peri polloon, Mt 26,28; hyper hymoon, Lk 22,20) kommt auch im Text des Abendmahls vor. Auch hier ist die Gesamtheit mit einbezogen. Besonders der Paralleltext im 1. Brief an Timotheus 2,6 hat diese Gesamtheit hervorgehoben, indem er ausdrücklich betont: „Der sich selbst als Lösegeld für alle gegeben hat" (antilytron hyper pantoon).

Wenn wir also den vorliegenden Text im Markus-Evangelium 10,45 in seiner Traditionsbezogenheit und seinem Kontext betrachten, wird seine Bedeutung vollends klar. Des Menschen Sohn hat sein Leben geopfert, damit er die Menschen aus ihrer Verschuldung freikauft. Die Parallelisierung mit Jesaja 53 läßt erkennen, daß der Ausdruck „sein Leben geben" sich auf die Bedeutung des Lebens und Sterbens Jesu bezieht. Und die Traditionsbezogenheit dieses Textes auf die erlösende Bedeutung des alttestamentlichen Freikaufs macht klar, daß dieses Lösegeld zur Befreiung aus der Sünde dient, in der sich der Mensch Gott gegenüber befindet. In dem zweiten noch zu behandelnden wichtigen Text der Abendmahlsworte klingt eine Tiefe mit, die auch hier berücksichtigt werden soll: Das Opfer Jesu ist letzten Endes die Befreiung des Menschen aus dem Tod, zumal auch in der Gesamtheit des biblischen Zeugnisses Sünde und Tod eng aufeinander bezogen sind.

In diesem Zusammenhang nicht entscheidend ist die Frage, an wen das Lösegeld gezahlt wird. Unser Text bedient sich eines Bildes — oder, wenn man so will, eines Symbols-, das der profanen (Rechts-) Sprache entlehnt ist. Nach den damaligen Rechtsverhältnissen gab es in bestimmten Fällen tatsächlich eine Person, die als Empfänger eines Lösegeldes in Betracht kommen konnte. Dadurch, daß der Evangelientext diesen Brauch zur Metapher umgebildet hat, lockerte er damit alle rechtlichen Verknüpfungen, so daß die Metapher nicht mehr alle Verhältnisse — und vor allem die profan-juristischen nicht — mit zu umfassen brauchte. So konnte im oben genannten Fall der Empfänger des Lösegeldes aus dem Gesamtbild ausscheiden; und zwar wurde dies damit begründet, daß der theoretisch einst mögliche Empfänger, Gott, nicht passiv *„auf die Zahlung wartet"*, sondern, wie immer deutlich hervorkam, in dem Christusgeschehen immer handelnd auftritt.

Der zweite wichtige Text der Synoptiker, im unmittelbaren Zusammenhang mit dem obigen Text, beinhaltet die Worte Jesu beim letzten Abendmahl (Mt 26,26-29; Mk 14,22-25; Lk 22,19-20; vgl. 1Kor 11,23-25). Bei der Behandlung dieses Themas müssen wir uns beschränken und folgende Fragen ausklammern: Was bedeutet der von andern Synoptikern abweichende Text bei Lukas? Welchen Charakter hat dieses letzte Mahl? Hier soll vielmehr nur die Grundfrage dieses Buches beantwortet werden: Welche Traditionslinie wird im Neuen Testament fortgesetzt, und in welcher Gestalt der Neuinterpretation wird sie verkündet?

Unübersehbar ist, daß die genannten Texte in dem synoptischen Bericht eine wesentlich zentrale Rolle einnehmen. Anlaß ist das Herrnmahl, bei dem Jesus seinen Jüngern Brot und Wein austeilt. War diese Handlung während der Passahzeit in den jüdischen Familien althergebrachter Brauch, bekommt sie nun durch die begleitenden Worte eine neue Dimension. Nachdem Jesus das Brot gebrochen hatte, sprach er: *„Nehmet, esset, das ist mein Leib."* Was wollte er damit andeuten? In aramäischer

Sprache, die Jesus sprach, haben die Worte gelautet: *den hu gufi.* Nun hat *guf* zwei Bedeutungen: *Leib und Selbst.* Die Bedeutung *„Selbst"* ist in diesem Kontext nicht wahrscheinlich. Es liegt hier vielmehr ein Parallelismus vor, nach dem im nachfolgenden Vers der Leib (Brot) und das Blut (Wein) in einer einzigen Perspektive gesehen werden. Das Brot repräsentiert also den Leib Jesus, den er (für andere) im Tod hergibt. Diese Bedeutung steht im Einklang mit allem, was wir bis jetzt in dem Traditionsstrom gefunden haben. Diese Tatsache wird noch dadurch verstärkt, daß angenommen werden kann, daß die Berichte aller Synoptiker das Passahmahl anvisieren. Eine einleitende Perikope (Mt 26,17-19; Mk 14,12-16; Lk 22,7-13) erzählt von Jesu Auftrag, sich zum Passahmahl zu rüsten. Und das Singen des Lobgesanges (Mt 26,30; Mk 14,26) deutet bestimmt auf das jüdische *Hallel,* mit dem das Passahmahl abgeschlossen wurde. In diesem Fall bekommen die Jesusworte noch eine zusätzliche Bedeutung: wie beim Passahmahl die Worte gesprochen wurden: *„Das ist das Brot des Elends, das unsere Väter in Ägyptenland gegessen haben",* und dadurch an die Erlösung Gottes aus der Sklaverei erinnern, so deuten diese Jesusworte auf eine neue Erlösung.

Diese neue Erlösung erwähnt Jesus beim Austeilen des Weines. Die begleitenden Worte: „das ist mein Blut des Bundes" (Mt 26,28; Mk 14,24; Lk 22,20: „dieser Kelch ist der neue Bund in meinem Blute") beziehen sich genauso auf das Blut des Passahlammes. Über die Fortsetzung und Neuinterpretation der Tradition des Bundes wurde bereits gesprochen[390]. Uns interessiert in diesem Zusammenhang die Neuinterpretation. Die verschiedenen Evangelien-Berichte sind jedoch nicht identisch. Bei Markus (14,24) lautet der Text: *„Das ist mein Blut des Bundes, das für viele vergossen wird",* Matthäus (26,28) hat diesen Text erweitert: *„...das für viele vergossen wird zur Vergebung der Sünden."* Lukas (22,14-22) bringt eine besondere Einleitung: *„Mich hat sehnlich verlangt, dieses Passahmahl mit euch zu essen, bevor ich leide. Denn ich sage euch: Ich werde es nicht mehr essen, bis es in seiner Vollendung gefeiert wird im Reiche Gottes."* Bei dem Kelch sagte er: *„Dieser Kelch ist der neue Bund in meinem Blute, das für euch vergossen wird."* Der Lukasbericht faßt die Bedeutung dieses Geschehens in folgenden drei Punkten zusammen: Erstens ist dieses Mahl die Ankündigung des Todes Jesu, der sich bald ereignen wird. Zweitens verkündet Jesus, daß dieses und das nun folgende Geschehen ihrem Wesen nach die triumphierende Sicherheit der Verwirklichung des Gottesreiches beinhalten. Dieser Tod bedeutet nicht das Ende, sondern ein Durchgangsstadium seiner Herrlichkeit. Drittens hat Jesus die Bedeutung des Passahmahls vertieft, indem er dieses Mahl als den ersten Vorboten des messianischen Mahls im Reich Gottes darstellt. Was Lukas ausführlich dargestellt hat, sagen die beiden übrigen Synoptiker wesensgleich in verkürzter Form.

In dieser eschatologischen Perspektive bekommt das Bild des Weines als Darstellung des vergossenen Blutes seine entscheidende Bedeutung. Zuerst knüpft dieses Bild an den Opfertod des leidenden Gottesknechtes an, von dem Jesaja 53,12 sagt: *„dafür, daß er sein Leben in den Tod ausgegossen hat"* (he'erah), aber dieses Geschehen wird noch überboten. Weil das Reich Gottes jetzt nahegekommen ist und sich im Leiden und Tod Jesu triumphierend durchsetzt, sollen den Sündern ihre Sünden vergeben und sie zum neuen Leben befreit werden. Somit wird der Opfertod Jesu die letzte und endgültige Befreiung der Sünder, die dadurch für das kommende Reich gereinigt worden sind. Unter diesem Gesichtspunkt hat das Passahmahl noch eine vierte Komponente: Das gemeinsame Essen eines Brotes und Trinken aus einem Kelch stiftet die neue Gemeinschaft der Sünder, die dank des Opfertodes Jesu der Gemeinschaft im Gottesreich teilhaftig werden.

3. Zusammenfassung

Wir fassen zusammen und überschauen den ganzen Entwicklungsgang vom Alten ins Neue Testament. Von diesem Endpunkt aus gesehen, läßt sich feststellen, daß eine zentrale, das Alte Testament beherrschende Traditionslinie sich bis ins Neue Testament fortgesetzt und im Leben, Leiden und Tod Christi eine endgültige Neuinterpretation erhalten hat, die nach dem Kerygma nur von der Auferstehung her betrachtet werden kann.

Zudem zeigt sich auch, daß hier keine untergeordnete Traditionskette zur Geltung gekommen ist.[391]

Ungeachtet der strikt distributiven, dichotomen Gerechtigkeit zeigt das Alte Testament seinem Wesen nach einen Weg, der vom Urteil zur Gnade, vom Tod zum Leben führt. Aber dieser Weg eröffnet sich den Menschen unter den schwersten Umständen. Die Zerrüttungskraft der Sünde und damit des Todes liegt außerhalb dessen, was der Mensch bewältigen kann. Der Weg der Gnade und des Lebens wird von Gott eröffnet, der vorher den Sünder nach seiner Gerechtigkeit gerichtet hat. Der Sünder wird gerichtet, damit er lebt. Somit ist der nach dem biblischen Zeugnis Glaubende der gerechtfertigte Sünder. Gott hat in Israel seine Diener gesucht und gefunden, die mit ihm den Weg der urteilenden und lebenserweckenden Gerechtigkeit gegangen sind — von Mose bis zum leidenden Gottesknecht.

Sie waren es, die, stellvertretend für Israel, mitten in Sünde, Ungehorsam und Ungerechtigkeit, den Bund mit Leben gefüllt, die Aussicht auf das Reich offen gehalten haben. Weil in dieser Welt kein oder nur wenig Platz für das Reich Gottes ist, war ihr Weg der der leidenden Gerechten. Noch tiefer aber ist das für die Welt unverständliche Mysterium, daß der Gott der Bibel sich mit seinen Feinden identifiziert, indem er an ihrer Feindschaft leidet. Dieser Weg hat das Neue Testament von Kreuz und Auferstehung aus endgültig neu interpretiert. Jesus identifiziert sich mit der Schuld der Menschen, indem er sie trägt. Kein Mensch aber kann einen anderen von seiner Schuld befreien — und hier liegt die notwendige und richtige Korrektur des Korans, wie wir sehen werden —, nur Gott kann sie den Menschen abnehmen. Niemand kann den Tod von sich abschütteln, aber Gott kann daraus befreien. Hier wird in das Mysterium des Evangeliums geschaut: Opfer und Tod des gerechten Dieners bedeuten Vergebung und Leben für die Sünder, ein Mysterium, das man nicht begreifen, sondern nur im Geheimnis des Glaubens staunend zu erfassen versuchen kann.

Somit sind wir zur Kernfrage des Buches gelangt: Läßt sich — nachdem wir in den vorangegangenen Kapiteln die Fortführung und Neuinterpretation einer bestimmten Tradition unentwegt haben belegen können — diese Traditionskette auch im Koran verfolgen?

III. Der einzige Gott und die Versöhnung im Koran

Die biblische Grundlehre, daß die Sünde vor Gottes Angesicht nicht bestehen könne und dürfe und die göttliche Gerechtigkeit auch das vernichtende Urteil über den Sünder einschließen könne, läßt sich auch im Koran deutlich verfolgen.

In allen Offenbarungsperioden wird als grundsätzliche Verkündigung gepredigt, daß Allah sich nicht nur als der allmächtige Herr und Schöpfer, sondern auch als der allmächtige Richter über alles menschliche Tun bekannt gemacht hat. Zwar steht dieses Thema in der allerersten Periode in Mekka zugunsten der guten Schöpfermacht noch im Hintergrund, aber bald bricht es mit voller Wucht in die Predigt Muhammads herein. Es tritt zutage in der Ankündigung des kommenden Gerichts. Alsbald wird die Allmacht in beiden göttlichen Tätigkeiten eng mit einander verknüpft. Weil Allah der allmächtige Schöpfer der Menschen ist, hat er auch die Macht, sie aus dem Tod zurückzuführen und Rechenschaft zu verlangen. Diese Struktur hat sich schon sehr früh als ein fester Bezugsrahmen der koranischen Predigt durchgesetzt. Ein leuchtendes Beispiel ist Sure 86: ihr erster Teil (1-10), der zu den ältesten Offenbarungen gehört, gibt dem Menschen zu bedenken, daß er nur Geschöpf ist und Allah die Macht hat, ihn wieder ins Leben zurückzubringen. Dann kommt ein Tag, an dem alles Verborgene geprüft wird, ohne daß der Mensch von sich aus Kraft oder Helfer hat. Der zweite Teil (11-17), eine Antwort an all diejenigen, die noch an der neuen Offenbarung zweifeln, verdeutlicht, daß mit der Bedrohung durch diesen Tag besonders die Ungläubigen angesprochen sind. Auch wenn sie eine List anwenden sollten (um nicht glauben zu dürfen), so wird auch Allah eine List anwenden und der ihnen gewährte Aufschub wird ihnen letzten Endes nichts helfen.

In dieser frühen Periode vermitteln die Suren das gleiche Bild. Noch zwei weitere Beispiele mögen dies verdeutlichen. Es sind die Suren 100 und 101. In Sure 100 wird der sich Allah gegenüber undankbar verhaltende Mensch angesprochen. Diese Undankbarkeit hat ihren Grund darin, daß der Mensch von heftiger Liebe zu den Gütern dieser Welt erfüllt ist. Demgegenüber warnt die koranische Verkündigung, daß alles, was in den Gräbern ist, zum Vorschein gebracht wird, und ebenso alles, was der Mensch in seinem Innern verborgen hat. An jenem Tag ist *„ihr Herr wohl über sie unterrichtet."* Auch die Sure 101 befaßt sich mit solchen Endzeitereignissen, die als Katastrophen geschildert werden. Dann werden die Menschen wie Motten auseinandergetrieben, und die Berge werden wie zerzauste Wolle sein. Ein angenehmes Leben wird dann derjenige führen, dessen gute Werke schwer wiegen. Wer aber zu leicht befunden wird, ist dem lodernden Feuer preisgegeben.

So haben sich in früher Offenbarungszeit Grundlinien der göttlichen Gerechtigkeit bereits herausgebildet. Die Kraftquelle ist Allah, der allmächtige Herr, der von seinen Geschöpfen die ihm gebührende Dankbarkeit verlangt. In der Endzeit, von Katastrophen begleitet, wird Allah sie aus den Gräbern wecken und wird über sie und ihre Werke urteilen. In dieser Periode ist die Offenbarung der göttlichen Gerechtigkeit noch fast ausschließlich in diese Endzeit verlegt. Deswegen warnt die Predigt vor dem Kommen dieser Stunde (53,56-57; 54,1). Allah erscheint hier als der eschatologische Richter und dieses Thema wird eng mit dem Hauptthema der Verkündigung dieser Periode verknüpft. Gerade weil Allah der allmächtige Schöpfer ist, dem der Mensch seine ganze Existenz verdankt, und weil der Mensch ihm Dankbarkeit und Glauben schuldet, hat Allah die Macht, in der Endzeit zu richten. Diese Struktur liegt schon in Sure 82 — eine der allerersten Offenbarungen — vor. Allah hat die Menschen geschaffen (7-8), aber sie haben sich dem Herrn gegenüber irreführen lassen. Eine Katastrophe kosmischen Ausmaßes wird kommen, und die Gräber werden ausgeräumt werden (1-5). Der undankbare und ungläubige Mensch erklärt zwar das Gericht für Lüge, doch haben die Engel bereits alles aufgeschrieben (9-12).

Diese sehr frühe Sure läßt eine Komponente der Strukturform deutlich erkennen. Aus ihr gewinnen wir die Einsicht, daß dieses eschatologische Gericht strikt distributiv und dichotomisch sein wird. *„Die Frommen werden im Zustand der Wonne sein, die Sünder dagegen im Höllenbrand"* (13-14). Außerhalb dieser strikten Trennung von Frommen und Sündern bringt diese Sure noch eine andere, für die koranische Verkündigung ganz entscheidende Lehre: *„Am Tag, da niemand etwas für einen anderen auszurichten vermag. Die Entscheidung (oder der Befehl al-amr) steht an jenem Tag nur Allah zu"* (19).

Diese distributive Dichotomie bleibt ein fester Bestandteil in der Verkündigung und ist auch an anderen Stellen dieser frühen Verkündigungsperiode nachweisbar. So hat zum Beispiel Sure 84 — aus der ersten mekkanischen Periode — genau dieselbe Struktur. Wieder geht es um das eschatologische Endgericht, und das Kriterium der dann stattfindenden göttlichen Gerechtigkeit sieht so aus, daß eine schmerzhafte Strafe vollzogen wird an denjenigen, die ungläubig sind und (die göttliche Botschaft) zur Lüge erklärt haben, während alle, die glauben und tun, was recht ist, ihren wohlverdienten Lohn erhalten werden. Vollständigkeitshalber sei noch aus der ersten Periode in Mekka die Sure 80 erwähnt, die bestätigt, daß sich vom Beginn her diese feste Struktur herausgebildet hat. In diesem Fall sind die konstituierenden Elemente folgende: die Offenbarung des himmlischen Buches, des Korans (11-16); Allahs Allmacht als Schöpfer des Menschen, seine Wohltaten in der Fürsorge der Schöpfung und sein Vermögen, den Menschen sogar aus dem Grabe herauszuführen (17-32); das letzte Gericht, das der Mensch alleine durchstehen muß und das den Ungläubigen und Sündern eine Trübung auferlegen wird (33-42). Obwohl sich Stil und Sprache ändern, bleibt diese Struktur beibehalten und kann bis in die medinische Zeit verfolgt werden. Als Beispiel möge 33,63-68 dienen. Nur Allah hat Kenntnis der eschatologischen Stunde, doch kann schon jetzt der Ausgang des dann stattfindenden Gerichts vorausgesagt werden. Allah hat die Ungläubigen verflucht und hält für sie den Höllenbrand bereit. Dann werden sie sagen: *„Hätten wir doch Allah und dem Gesandten (Muhammad) gehorcht."* Sie sollen ewig im Höllenfeuer weilen, ohne einen Freund oder Helfer zu finden. Wer Allah und seinem Gesandten jedoch gehorcht, hat damit großes Glück gewonnen (71).

Es liegt nahe anzunehmen, daß die in früher Zeit immer wiederkehrende Betonung der Bestrafung der Ungläubigen eine Antwort auf die Opposition der Mekkaner gegen Muhammad darstellt. Die Fortdauer, ja, die wachsende Vehemenz dieser Opposition mußte ihn veranlassen, immer mehr Argumente für seine Predigt dieser Gerechtigkeit ins Feld zu führen. Und tatsächlich läßt der Koran erkennen, daß die Verkündigung der distributiven, dichotomen Gerechtigkeit in der Endzeit mit Beispielen aus der Vergangenheit belegt werden kann. Alles in einer einzigen Schau: Die Früheren sind ungläubig gewesen und sind von Allah vernichtet worden. So lautet auch die Botschaft für die Gegenwart, und so wird es auch in Zukunft sein.

Diese bekräftigenden Beispiele haben im Laufe der Zeit die Gestalt der sieben (oder sechs) Straflegenden *(mathani)* angenommen, deren Entwicklung vom Ende der ersten mekkanischen Periode (Sure 105) bis zum Ende der dritten mekkanischen Periode (Sure 7 und 10), gefolgt von gelegentlichen Hinweisen in medinischer Zeit (64,5-6; 47,13) zu verfolgen ist.[392]

Alle diese Straflegenden sind strukturell einheitlich aufgebaut: Die Geschichte lehrt, daß die Ungehorsamen, die ihren Propheten nicht gehorcht und die an Allah nicht geglaubt haben, von Allah in einem schrecklichen Gericht vernichtet worden sind, während die Kehrseite des Untergangs der Ungehorsamen die Rettung der Gottesboten samt ihren Gläubigen ist.

Der Anschluß, den der Koran in diesem Fall an die biblische — und hier ausschließlich an die alttestamentliche — Tradition findet, hat seine Ursache in der Tatsache, daß die meisten Beispiele ihre Erzählungen zur Grundlage nehmen. Aus alttestamentlicher Tradition stammen die koranischen Erzählungen über Noah, Lot, Abraham und Mose. Drei Erzählungen sind arabischen Ursprunges: das Volk 'Ad mit seinem Gesandten Hud, Thamud mit seinem Gesandten Salih und Madyan mit Shu'aib.

Diese, den Koran beherrschenden unveränderten Wiederholungen der dichotomen Gerechtigkeit liegen darin begründet, daß gerade sie auch biblische Erzählungen beherrscht haben sowie verstärkt durch die Tatsache, daß Muhammad in diesen Beispielen seinen eigenen Standort wiedergefunden hat. Durch diese beiden Aspekte haben die Straflegenden eine so starke Gleichförmigkeit bekommen, daß sie aus dem biblischen Kontext herausgenommen und zu eigenständigen Beispielen geformt worden sind.

In den frühen mekkanischen Perioden wurde also diese distributive, dichotome Gerechtigkeit Allahs als das beherrschende Ereignis der Endzeit verkündet, bekräftigt durch ähnliche Beispiele aus der Vergangenheit. Demzufolge mußte sie auch die Gegenwart entscheidend gestalten. Durch alle Perioden der koranischen Predigt wird dieses Modell den Zuhörern ermutigend oder warnend vor Augen geführt.

Auf der einen Seite stehen die Gläubigen. Ihnen ergeht es wohl (23,1), Allah verteidigt (22,38), errettet, so daß sie nichts Böses zu leiden haben (39,61) und stärkt sie mit seinem Geist (58,22). Die Werke der Gläubigen läßt Allah gedeihen, und sie haben großes Glück (33,71). Ihnen wird eine hoffnungsvolle Aussicht auf die Endzeit eröffnet, indem ihnen schon jetzt verheißen wird, daß Allah sie in seine Huld und Barmherzigkeit eingehen lassen und auf einen geraden Weg zu sich führen wird (4,175). Folgerichtig werden sie die Bewohner des paradiesischen Gartens sein und ewig darin weilen (7,43-51; 43,70-72; 44,51-57; 52,25-28; 74,39-40; 77,41-44; 78,31-37 u. a.).

In scharfem Kontrast dazu stehen die Menschen, die nicht an Allah und seinen Gesandten (Muhammad) glauben. Allah leitet sie nicht recht (16,107), legt ihnen sogar Fesseln um den Hals (36,8). Sie leben zwar in der trügerischen Meinung, daß ihnen nichts Böses widerfahren kann, aber Allah hat ihnen nur Aufschub gewährt, damit sie der Sünde immer mehr verfallen und eine erniedrigende Strafe zu erwarten haben (3,178). Allah selbst läßt ihnen in ihrem Unglauben ihre Handlungen in schönem Licht erscheinen. Aber sie haben eine schlimme Strafe zu erwarten (27,4-5).

Schon rein zahlenmäßig übertreffen die Texte, die Allahs Verfahren mit den Ungläubigen verkünden, weitaus die Zahl derer, die von den Gläubigen reden. In mehreren Facetten wird ihr Zustand beleuchtet, jedesmal in der Absicht, Allahs gerechtes strafendes Handeln herauszustellen. Es hat den Anschein, als ob der Koran hier eine besondere Aufgabe zu erfüllen habe. Somit treffen wir im Koran auf eine weitreichende Skala von Drohungen und Bestrafungen. Eine kurzgefaßte Auslese daraus möge den Eindruck ihrer Wichtigkeit vermitteln.

Als Grundvoraussetzung, die übrigens biblischen Charakter hat, predigt der Koran, daß sich die Ungläubigen auf der Erde nicht dem strafenden Zugriff Allahs entziehen können (11,20; 24,57). Bereits in diesem Leben läßt Allah ihre Werke fehlgehen (47,1,8). Darüberhinaus wird Allah ihnen Schrecken einjagen. Und wenn sie auch ihre Zuflucht in Vermögen und Kindern suchen, so wird ihnen die Strafe noch verlängert (19,77-80). Nirgendwo werden sie sicher sein, denn eine Katastrophe wird sie treffen oder nahe ihrer Behausung stattfinden (13,31). Diese strafend immer gegenwärtige Allmacht Allahs hat einen inneren Zusammenhang mit jenem Aspekt seiner Gerechtigkeit, der bestimmt: *„Denen, die ungläubig sind und Ungerechtigkeit ausüben, kann Allah unmöglich vergeben, und er kann sie unmöglich einen rechten Weg führen"* (4,168). Sie können also nicht mehr auf seine Barmherzigkeit hoffen (29,23).

Wenn ihr diesseitiges Leben schon unter dem Zeichen der Vielgestaltigkeit der Strafe Allahs steht, so droht der Koran ihnen erwartungsgemäß eine noch schlimmere Strafe im Jenseits an. Die überwältigende Mehrzahl der Suren enthält wohl einen oder mehrere Verse, die das Schicksal der Ungläubigen hier, oder im Höllenfeuer ausgiebig beschreiben (z. B. die Suren 2,3,4,5,6,7,8, 9,14,16,18,20,21,22,23,24,25,28,29,32,33,34,35,36,37,38,39, 40,41,42,43,44,45,46,50,52,54,55,56,58,66,67,68,69,70,71,72, 74,77,78,80,82,83,84,85,87,88,89,90,98 u. a.)

Dazu werden die Gläubigen noch aufgefordert, bei der vielgestaltigen Bestrafung in diesem Leben zu helfen. Muhammad wird befohlen, keinerlei Gemeinschaft mit den Ungläubigen samt ihrer Religion zu dulden (109,1-6). Gegen Ende seines Lebens wird dieses Gebot noch einmal mit aller Strenge wiederholt (9,1-3). Der Kampf gegen die, die nicht der wahren Religion, dem Islam, angehören, auch wenn sie als Juden oder Christen die Schrift erhalten haben, wird vorgeschrieben (9,29). Und genau wie Allah kraft seiner dichotomen Gerechtigkeit die Ungläubigen aus seiner Barmherzigkeit verstoßen hat, so verbietet er den Gläubigen, sie als Freunde anzunehmen (4,144 vgl. mit

7,72). Selbstverständlich erweitert sich dieses Verbot auf Väter, Söhne, Brüder, Gattinnen und Sippe, falls sie zum Volk der Frevler gehören (9,23,24)[393]. Und genau wie Allah sie im Jenseits von sich stoßen wird, indem er sie für alle Ewigkeit in die Hölle verbannt, so sollen die Gläubigen die Trennung auch über den Tod hinaus vollziehen. Allah verbietet ihnen, sich an das Grab zu stellen und das Totengebet über ihnen auszusprechen (9,84). So liegt es in der Natur der Sache, daß in jenem Moment, in dem die Gemeinde auch über militärische und politische Macht verfügt, Allah ihnen den Krieg verordnet, wie Verse aus der achten Sure, die die Schlacht gegen die ungläubigen Mekkaner in einer Offenbarung beleuchtet, zeigen (Vers 15-16,45-46,57).

Somit ist die islamische Gemeinde, bzw. der Staat, zum Instrument geworden, dessen sich Allah bedient, um seine strafende Gerechtigkeit zu vollstrecken[394]. Auf diese Weise hat der Koran den biblischen Grundgedanken, daß die Sünde und die Sünder vor Gottes Heiligkeit nicht bestehen können und dürfen, interpretiert und mit der Tat zur Ausführung gebracht.

Oben wurde bereits erwähnt, daß sich im Alten Testament auf der Basis dieser strikten Gerechtigkeit neue und vertiefende Aspekte entwickelt haben. Ihr Ausgangspunkt war der Glaube, daß Jahwe im Opferkult das Blut des Opfertieres dem Volk gegeben hatte, damit es stellvertretend für die Sünde Sühne schaffen sollte. Diese Linie hatte ihren Höhepunkt im Ritual der Buße am Versöhnungstag erreicht.

Zu fragen ist jetzt, ob sich im Koran ähnliche, vertiefende Entwicklungslinien nachweisen lassen. In der Tat war Muhammad der Brauch der Juden, diesen Tag zu feiern, bekannt. Er war ohnehin immer davon überzeugt, daß die an ihn ergangene Offenbarung den gleichen Inhalt und Charakter wie die der Juden hatte. Das nahm er zum Anlaß, die Bräuche der Juden in Medina wohlwollend zu betrachten, als die *Hidjra* ihn im Jahre 622 in diese Stadt brachte. Denn auf ihre Hilfe fühlte er sich mehr oder weniger angewiesen. Feinde hatte er außerhalb und innerhalb der Stadt. Die Mekkaner, so war zu erwarten, würden die Entwicklung eines rivalisierenden Machtzentrums nicht dulden, und ein Krieg mit ihnen war wahrscheinlich. Aber auch innerhalb der Stadt war die Lage für ihn noch lange nicht gefestigt. In medinischer Zeit tauchen Offenbarungen auf, die eine Drohung an die Adresse der sogenannten *munafiqun* laut werden lassen. Damit sind diejenigen Medinenser gemeint, auf deren Treue und Zuverlässigkeit Muhammad nicht rechnen konnte. Es sind jene Araber in der Stadt, die sich nicht voll hinter seine Führung gestellt und sich gerade in kritischen Momenten als Wankelmütige, Zweifler oder sogar als Heuchler erwiesen haben.[395]

Unter diesen Umständen der doppelten Gefahr wendet Muhammad sich an die medinischen Juden, die er aufgrund der erhaltenen koranischen Offenbarung als seine Bundesgenossen in der Religion betrachtet. Ob ihre starke wirtschaftliche Position dabei auch eine Rolle gespielt haben mag, kann hier außer Betracht bleiben. Es erscheinen in dieser Zeit mehrere Vorschriften, die eine Annäherung des Islams an die Bräuche der Juden beabsichtigen. In Medina mußte es ihm klar geworden sein, daß das Fasten während des Versöhnungstages den Höhepunkt der jüdischen Religion bildete. Demzufolge erließ er für seine Gläubigen das Gebot, während des Tages dieses jüdischen Festes *Ashura* am 10. des jüdischen Monats *Tishri* (vgl. Lev 16,29) zu fasten. Nicht nur, daß damit eine Annäherung an das Judentum vollzogen werde, sondern auch, um die islamische Religion um ein Ritual zu bereichern, das sich sehr wohl in ihre Struktur einpassen ließ. Denn in mekkanischer Zeit kommt das Wort für *„Fasten"* — sawm — nur ein einziges Mal in Sure 19,26 vor, wo es im Munde der Maria die Bedeutung der Enthaltsamkeit vom Sprechen hat. Aber in medinischen Suren erscheint das Wort *„sawm"* mehrmals, während sich seine Bedeutung geändert hat. Von nun an bezeichnet es ein Fasten, das die Enthaltsamkeit von Essen, Trinken und Geschlechtsverkehr umfaßt. Es ist klar, daß sowohl der mannigfaltige Gebrauch wie der neue Inhalt aus dem Ritual des jüdischen Versöhnungstages entnommen worden sind.

Diese Annäherung hat aber nicht zu dem gewünschten Ziel geführt, denn die Juden haben alle Versuche Muhammads von der Hand gewiesen oder mit argwöhnischer Gleichgültigkeit beantwortet[396]. In dieser Situation trat eine plötzliche Wende ein nach der Schlacht zwischen Muslimen und einem mekkanischen Heer bei Badr (624/2 H.). Der Sieg Muhammads hatte seine Macht gefestigt, so daß er die Hilfe der Juden nicht mehr benötigte.

In diesem entscheidenden Augenblick wurde deutlich, in welcher Art und Weise und mit welchen Neuentscheidungen die Verkündigung Muhammads an das Erbe des Judentums herangetreten war. Wahrscheinlich bereits im Monat Ramadan, folgend auf die Schlacht bei Badr, erklärt Muhammad das Fasten am Versöhnungstag zusammen mit den Juden als nicht mehr pflichtgemäß[397], sondern als einem jeden freigestellt. Stattdessen erteilt eine neue Offenbarung (2,185) den Muslimen den Befehl, im Monat Ramadan zu fasten, als Erinnerung an die Tatsache, daß in diesem Monat der Koran als Rechtleitung für die Menschen herabgesandt worden ist[398]. Diese Vorgänge zeigen, daß zwar einerseits der von den Juden geprägte Inhalt des Fastens sich als lebensfähig erwies auch auf dem Boden des Islams, daß aber andererseits Muhammad und seine Gemeinde zu dem Wesen, den Hintergründen und dem wahren Charakter des Versöhnungstages keine echte Beziehung hatten. Damit war auch entschieden, daß dieser alttestamentliche Aspekt der Sühne dem Islam fremd blieb. Die koranische Begründung des Ramadanfastens beweist, daß für die Predigt Muhammads der Hauptinhalt der Offenbarung bereits festgelegt war. Denn sie wiederholt noch einmal die koranische Interpretation der göttlichen Gerechtigkeit in ihrem distributiven und dichotomen Charakter. Der herabgesandte Koran wird in Sure 2,185 als Rechtleitung, und als *furqan,* bezeichnet. Das Wort *furqan* ist von dem Stamm *f-r-q* abgeleitet mit der Bedeutung: scheiden, trennen, spalten. So hat sich der islamische Glauben in der Schlacht von Badr bewiesen. Sein Sieg war *furqan,* das heißt die von Allah vollzogene Trennung von Gläubigen und Ungläubigen; für die ersteren der Sieg, für die anderen das Unheil. Dieser *furqan* soll auch den Inhalt des Ramadanfastens mitbestimmen[399]. Demzufolge konnte auch die Erfahrung der Juden am Roten Meer, wo die Gläubigen heilsam von dem ungläubigen Pharao, der zugrunde ging, getrennt wurden, in die Erfahrung der Muslime mit einbezogen werden, während der Versöhnungstag als Zeichen der Sühne ein Fremdkörper blieb, der mit derselben Geschwindigkeit aus dem Islam verschwand, mit der er aufgenommen worden war. Denn auch seine Freiwilligkeit hat die Botschaft der Sühne nicht herbeigeführt.

Wenn also die Entscheidung in dem Maße gefallen ist, daß die Triebkräfte des Fastens dem Koran als Rechtleitung und Verkündigung des *furqan* gewidmet werden sollen, daß folgerichtig die Triebkräfte des *,Ashura'-Fastens* als die von Gott bewirkte Sühne wie ein Fremdkörper wieder abgestoßen wurden, welche Rolle wurde dann letzten Endes Jesus im Koran zugewiesen?

Wir hatten schon gesehen, daß das Jesusbild des Neuen Testaments aus dem Vollzug der Sühne verstanden werden muß. Als weitere Komponente hatten wir besonders das stellvertretende Leiden des Gottesknechtes festgestellt. Da nun im Koran jeder Hinweis auf die großen Schriftpropheten fehlt, dürfen wir nicht erwarten, diese letztere Komponente dort anzutreffen. Bleibt also die letzte Frage: Hat der Tod Jesu im Koran — denn darüber spricht er — diejenige sühnende Bedeutung, die das Herzstück des neutestamentlichen Kerygmas ist, oder aber hat hier eine entscheidende Neuinterpretation stattgefunden und wenn, aus welchen Motiven heraus?

Jesu Lebensausgang wird besonders beachtet. In der dritten Sure, die im zweiten oder dritten Jahr nach der Hidjra (624-25) nach dem Sieg bei Badr offenbart wurde, spricht Vers 55 über Jesu Tod mit folgenden Worten:

„Als Allah sagte: O Jesus, ich werde deinen Tod herbeiführen und dich zu mir erheben und dich rein machen von denjenigen, die ungläubig sind. Und diejenigen, die dir folgen, werde ich stellen oberhalb derjenigen, die ungläubig sind bis zum Tage der Auferstehung. Dann ist zu mir ihre Rückkehr, und ich werde zwischen euch richten über das, worüber ihr unterschiedlicher Meinung waret."

Nebenbei sei bemerkt, daß, wenn es um die Bedeutung Jesu geht, der Koran einen polemischen Ton gegen Juden und besonders gegen bestimmte Gruppen von Christen anschlägt, fast immer begleitet von einem Hinweis auf die korrigierende Natur der koranischen Offenbarung und der Warnung vor dem entscheidenden Rechtsspruch Allahs. Schwerpunkt des Verses ist Allahs Offenbarung über das Lebensende Jesu. Es war eine Tat Allahs, kraft derer er das Lebensende herbeigeführt hat (mutawaffika). Im Koran hat dieses Verbum (tawaffa) die allgemeine Bedeutung eines gesegneten Todes. Es ist die Tat Allahs an den Gläubigen (2,240) und allen Menschen (6,60), wenn sie im Schlaf von Allah durch den Tod überfallen werden. Jene Aussage über Jesus mißt also seinem Sterben keine besondere Bedeutung bei.

Die zweite Aussage ist, daß Allah Jesus zu sich erhoben hat (rafi'u-ka). Dieses Verbum benutzt der Koran, um Allahs Auszeichnung einzelner Menschen über andere zu bezeichnen. So wird z. B. in 43,32 gesagt, daß Allah den einen zu einem höheren Rang erhoben hat als den anderen. Auch bei Muhammad ist dies der Fall: 94,4 sagt von ihm aus, daß Allah ihm seinen Ruhm erhöht hat. In dem vorliegenden Vers aber hat die Erhöhung Jesu nach seinem Tode stattgefunden, und sie wird näher ergänzt durch seine Reinigung von denen, die mit Unglauben behaftet waren. Wahrscheinlich ist damit die Feindschaft der Juden gegen ihn gemeint, ein Vorgehen, das auch anderswo im Koran erwähnt wird.

Alle Aussagen in diesem Vers passen genau in das koranische Jesusbild. Als Prophet hatte er zeitlebens einen hohen Rang inne — man denke z. B. an die Auferweckung der Toten. Dazu kommt die Grundüberzeugung des Korans, daß die Feinde Allahs letzten Endes nichts gegen seine Propheten ausrichten können, so auch nicht die Juden gegen Jesus. Der Vers betont also seinen hohen, von Allah verliehenen Rang auch nach seinem Tode und seine Reinigung vom Unglauben seiner Feinde, aber über eine Sühne in seinem Sterben wird mit keinem einzigen Wort gesprochen.

Dieses Bild wird in Sure 4,157-59 noch ergänzt. Die 4. Sure gehört in die medinische Periode und die Zeit ihrer Offenbarung ist wahrscheinlich das Jahr 625 oder etwas später. Diese Sure polemisiert sowohl gegen die Polytheisten des arabischen Heidentums als auch gegen die Heuchler in Medina. Sehr scharf angegriffen werden aber auch die Juden in Medina und ihnen Unzuverlässigkeit, Eifersucht auf Muhammad und vor allem Lügen und Unglauben in Religionsfragen vorgeworfen. So sei es in der Zeit Mose und in der Zeit Jesu gewesen. Maria hätten sie gewaltig verleumdet (Vers 156) und über Jesus die Lüge verbreitet: *„Wahrlich, wir haben getötet den Messias, Jesus, den Sohn der Maria, den Gesandten (rasul) Allahs"* (Vers 157). An einer anderen Stelle habe ich die Gründe diskutiert, die die Juden zu dieser Behauptung hätten führen können[400]. Erstens ist innerhalb der ältesten jüdischen Quellen der talmudisch-midraschischen Literatur keine ähnliche Aussage vorzuweisen. Frage also: Hat Muhammad in diesem Vers tatsächlich die Worte der Juden von Medina zitiert oder aber sie ihnen in den Mund gelegt? Die Frage wird noch komplizierter, wenn man bedenkt, daß Muhammad in seiner Antwort auch gegen den christlichen Glauben der Kreuzigung polemisiert. Somit kann die Möglichkeit nicht ausgeschlossen werden, daß in Muhammads wörtlichem Zitat der Behauptung der Juden mehrere Faktoren seiner eigenen Erfahrung mit Juden und Christen zusammengefaßt worden sind, die er schließlich den Juden, seinen größeren Feinden, angelastet hat. Man könnte sich den Vorgang folgendermaßen vorstellen: Sowohl Jesus als auch Muhammad hatten die Offenbarung empfangen und waren mit einem Offenbarungsbuch gekommen. Und falls Sure 61,6 zeitlich vor Sure 4,157 offenbart wurde, hatte Jesus auch bereits das noch zu erwartende Prophetenamt Muhammads angekündigt. Nun war einer der Beweise für das Prophetenamt Jesu, daß Allah ihn nach seinem Lebensende erhöht hat, wie der zuvor offenbarte Vers 3,55 bestätigte. Darauf könnten die Juden von Medina erwidert haben, daß Jesus keineswegs für die Wahrheit der Sendung Muhammads garantiere und so auch seiner eigenen Mission der Boden entzogen werde —, denn sie hätten Jesus getötet. Aber, wie gesagt, der genaue Vorgang ist nicht mehr rekonstruierbar.

Die Verwirrung wird noch größer, wenn Muhammad antwortet: *„Aber nicht haben sie ihn getötet und nicht haben sie ihn gekreuzigt, sondern vielmehr ist es ihnen zweifelhaft erschienen (oder: es erschien ihnen ein ähnliches Bild). Wahrlich, diejenigen, die über die Angelegenheit verschiedener Meinung sind, sind im*

Zweifel über ihn. Sie haben über diese Angelegenheit kein sicheres Wissen, anders als das Nachgehen bloßer Vermutungen. Nicht haben sie ihn getötet, das ist absolut sicher."

„Die Wahrheit ist: Allah hat ihn zu sich erhoben" (rafa'a-hu, genau wie in 3,55).

Dieser Vers ist aus mehreren Aussagen zusammengestellt. Voran geht eine Antwort, die die Verneinung des Kreuzestodes Jesu mit Argumenten versehen soll, eingeleitet von dem arabischen Wort wa-lakin, das sinngemäß die Bedeutung: „aber im Gegenteil" haben kann[401]. Unmittelbar darauf folgt das korrigierende Argument subbiha lahum. Seine Interpretation ist zweideutig[402]. Man kann nämlich übersetzen: „Vielmehr erschien ihnen ein anderer ähnlich (so daß sie ihn mit Jesus verwechselten und töteten)"[403]. Wenn diese Übersetzung richtig wäre, hätten wir hier eine Wiedergabe der gnostisch-doketischen Interpretation der Kreuzigung. Sie war im Orient, besonders in Ägypten, weit verbreitet. Daß ein anderer an Jesu Statt gekreuzigt wurde, geht auf das Vorverständnis der Gnosis zurück, die sich Jesus als himmlischen Aeon gedacht hat. Infolgedessen hatte er keine wirkliche Berührung mit der Materie, dem Prinzip des Bösen. So war sein irdisches Dasein nur eine Scheinexistenz, die, ebensowenig wie der himmlische Jesus, am Kreuz nicht getötet werden konnte. Vor der Kreuzigung hatte der wahre Jesus sich von diesem Scheinkörper gelöst, so daß ein anderer an seiner Statt hingerichtet wurde. Jesus aber fuhr, unsichtbar allen ihm widerstrebenden Mächten, gen Himmel. Die Entwicklung der späteren islamischen Koranexegese zeigt, daß diese Interpretation nicht ausgeschlossen werden darf. Tatsächlich behaupten mehrere dieser Exegeten, daß dies die richtige Interpretation sei[404].

Beachten wir aber diesen Vers in seiner Gesamtheit, dann ermöglicht sich eine alternative Übersetzung von subbiha lahum. Unmittelbar auf diesen Ausdruck folgt eine Reihe von Aussagen, die alle den Zweifel, die Uneinigkeit und das Unwissen derjenigen, die über seinen Tod reden, zum Inhalt haben. Deswegen schließt der Vers mit der Folgerung: Sie können nicht mit Gewißheit sagen, daß sie ihn getötet haben, sie gehen vielmehr Vermutungen nach. In Einklang mit diesen ausdrücklichen Wiederholungen kann das *subbiha lahum* auch übersetzt werden: *„ist es ihnen zweifelhaft erschienen."* In diesem Falle würde die ganze Reihe dieser Aussagen ein negatives Urteil über die Behauptung der Kreuzigung umfassen.

Wie dem auch sei, wichtig ist die positive Bezeugung, die im Namen Allahs als Offenbarung ausgegeben wird: Sicher ist, daß sie ihn nicht getötet haben.

Und die Offenbarung fügt noch hinzu, was stattdessen mit Jesus nach seinem Lebensende geschehen ist. Im Einklang mit Sure 3,55 und als wahrer Sachverhalt wird offenbart: Allah hat ihn zu sich erhoben!

Hier läßt der Koran keinen Zweifel mehr aufkommen, und es kann in Zusammenhang mit dem Fortgang dieses Kapitels der einwandfreie Schluß gezogen werden: Die biblische Tradition der in dem Opfergedanken verwurzelten und von Gott vollzogenen Sühne hat im Koran keinen Platz erhalten. Konnten wir anläßlich anderer Grundlehren eine Fortführung der Traditionslinie, sei sie auch von einer Neuinterpretation begleitet, feststellen, diesmal müssen wir feststellen, daß die Linie der Sühne abgebrochen wurde, nicht weil diese Tradition Muhammad einfach nicht erreichte, sondern aus einer anderen Akzentuierung des Verhältnisses Gott-Mensch. Das koranische Gottesbild hat für die Idee des stellvertretenden Opfers der Sühne keine Entfaltungsmöglichkeit.

Bevor wir die Lehre des Korans über die Erlösung aus der Sünde näher betrachten, stellen wir noch eine Frage. Der Versöhnungstag war ein Fremdkörper, der ebenso schnell in den Islam einverleibt, wie er wieder ausgeschieden wurde. Gehört das Jesusbild in dieselbe Kategorie? Wenn wir es aus dem Koran entfernen, ist er zwar um ein erhabenes Beispiel ärmer, aber bleibt nicht das Wesen seiner Verkündigung unangetastet? Die weitere Folge unserer Untersuchung wird zeigen, daß wir diese Fragen positiv beantworten können.

Dieser Bruch in der Traditionslinie bedeutet nun nicht, daß es im Koran keinen Weg der Erlösung gibt. Wir haben bereits gesehen, welch dominierende Rolle die distributive, dichotome Gerechtigkeit spielt. Aber, wie in der biblischen Tradition auch, wird sie von der Barmherzigkeit Allahs begleitet. An dieser Stelle ist wiederum Vorsicht geboten. Nicht die bloße Tatsache, daß Gerechtigkeit und Barmherzigkeit sich gegenseitig ergänzen — dies war beim Ritual von Sühne und Kreuzestod Jesu auch der Fall — ist entscheidend, sondern in welcher Gestaltung sich dieses Zusammenspiel auswirkt. Diese koranische Neuinterpretation zu verstehen ist unsere folgende Aufgabe.

IV. Die koranische Neuinterpretation des Verhältnisses Gerechtigkeit - Barmherzigkeit

Im Hintergrund muß stehen bleiben, welche überragende Stimme die Botschaft der distributiven Gerechtigkeit Allahs hat. Andere Stimmen werden nun hinzugefügt. Grundsätzlich wird verkündigt: *„Sage! Es gehört Allah, Allah; er hat sich selbst die Barmherzigkeit vorgeschrieben"* (6,12). Dieser Vers wird in verwandter grammatischer Form in Sure 6,54 noch einmal wiederholt.

Nun kann diese allgemeine Aussage nicht unqualifiziert stehen bleiben, denn Verkündigung beinhaltet auch die Botschaft, wie die Barmherzigkeit funktioniert. Davon ist die Mission Muhammads ein überragender Aspekt. Wir hören: *„Und nicht haben wir dich (Muhammad) gesandt, anders als aus Barmherzigkeit für die Menschen aus aller Welt"* (21,107).

Der vorangegangene Vers (21,106) hatte bereits deutlich gemacht, daß der Koran eine Botschaft für solcherlei Menschen ist, die Allah dienen. Infolgedessen ist die Barmherzigkeit in die Ganzheit seiner Verkündigung eingebettet. Also müssen wir auch den Kontext der bereits zitierten Verse befragen.

Der Vers 6,12 steht in einem Kontext, der sich in völligem Einklang mit der bis jetzt vernommenen Botschaft befindet. Der Abschnitt 1-3 behandelt Allahs Allmacht in der Schöpfung, ein Abschnitt, der sich in die Mahnung zuspitzt: *„Und er weiß, was ihr begeht (oder durch eine Tat verdient)."* Darauf folgt eine Perikope, die den Unglauben an Muhammad und seine Botschaft zum Inhalt hat (4-11, wahrscheinlich am Anfang der medinischen Periode oder am Ende der mekkanischen). Muhammad wird dadurch ermuntert, daß Allah ihm das Schicksal der frühen Boten und das Ende der sie verspottenden Ungläubigen ins Gedächtnis ruft. Die Zuspitzung kommt in Vers 11: *„Sag! Reist im Lande umher, dann werdet ihr sehen, wie das Ende derer war, die (die früheren Boten) zu Lügnern erklärt haben!"*

Nun hat es den Anschein, als ob der wichtige Vers 12 das Vorangegangene zusammenfaßt. Dies könnte mit dem nochmals wiederholten „Sag!" zusammenhängen. Der Anfang wiederholt die bereits in 1-3 bezeugte Allmacht Allahs im Himmel und auf Erden. Darauf folgt die Aussage: *„Er hat sich die Barmherzigkeit vorgeschrieben."* Nehmen wir nun Bezug, zuerst auf die vorangegangene Perikope 4-11, die an Muhammad und seiner Botschaft entzündet worden war, und zweitens auf die Offenbarung, nach der Muhammad als Zeichen der Barmherzigkeit Allahs zu den Menschen gesandt worden war (21,107), so spricht alles dafür, daß die in Vers 6,12 genannte Barmherzigkeit sich in der koranischen Verkündigung gestaltet hat. Der Schluß dieses Verses lautet (6,12): *„Er wird euch versammeln zu dem Tag der Auferstehung, darüber herrscht kein Zweifel — darin, daß diejenigen, die ihre Seele verloren haben, diejenigen sind, die nicht glauben."* Dieser Satz hängt auch mit dem vorangegangenen Abschnitt zusammen in dem Maße, wie von der Vernichtung der verspottenden Ungläubigen in der Vergangenheit die Rede war.

Die grundsätzlich ähnliche Aussage über Allahs Barmherzigkeit wird 6,54 wiederholt. Untersuchen wir auch hier den Kontext. Diese Perikope (50-55) berichtet von einer Auseinandersetzung Muhammads mit den Ungläubigen [405]. Ihm wird, wahrscheinlich von Seiten der mekkanischen Aristokratie, vorgeworfen, daß er bestimmte, sei es wegen ihres sozialen Standes, sei es wegen ihrer Sünden in der Vergangenheit, minderwertige Gruppen in seine Gemeinde aufgenommen habe. Muhammad weist diesen Vorwurf mit der Begründung zurück, ausschließlich vor Allah habe der Mensch sich zu verantworten. Unter diesen Umständen bringt der Vers 54 eine nähere Präzisierung der wirklichen Lage früherer Sünder vor Allah. Muhammad wird aufgefordert, sie mit dem Segensspruch: *„Heil (salam: Friede) sei über euch! Euer Herr hat sich die Barmherzigkeit vorgeschrieben"* zu segnen. Es folgt gemäß der Lage eine Beschreibung des Inhalts dieser Barmherzigkeit:

„In dem Sinne, wenn einer von euch eine böse Tat verübt in Unwissenheit (vor seinem Übertritt zum Islam?) *und danach in Reue sich umkehrt und sich bessert, dann wahrlich ist er vergebend und barmherzig"*[406].

Somit wird die Barmherzigkeit inhaltlich mit der Vergebung der Sünden gefüllt, aber in diesem Falle mit der Einschränkung, der Sünder müsse sich zu Allah bekennen und in Unwissenheit gesündigt haben (vgl. *bishgagah!*). Nun wissen wir schon aus den Straflegenden, daß die sich nicht bekehrenden Sünder im Gericht zugrunde gehen. Haftet der Vergebung eine ähnliche allgemeine Beschränkung an?

Wie Allah der Barmherzige ist, so betont der Koran auch, daß er der Vergebende *(ghafir)* ist. Die Sure 40 — aus der 3. mekkanischen Periode — trägt diesen Namen, und zwar weil in Vers 3 die Beschaffenheit und Tatkraft seiner Vergebung verkündigt wird:

„Der Vergebende der Schuld, der Annehmende der Buße; gewaltig ist er in Strafe, er besitzt die ausreichende Macht. Keinen Gott gibt es außer ihm; nach ihm zu ist jeder Gang."

Zunächst springt ins Auge, daß auch die Vergebung — wie übrigens alle Hauptaussagen des Korans — mit dem Einzigkeitsbekenntnis aufs Innigste verknüpft ist. In der Entsprechung, daß nach diesem Vers die Vergebung von der Buße zu diesem einzigen Gott abhängt. Aber, wie in den Straflegenden, ist diese Vergebung von der Drohung einer gewaltigen Srafe für die sich nicht Bekennenden eingerahmt. Dies will noch nicht besagen, daß die Vergebung Allahs eingeengt und kleingefaßt sei. In 2,268 ist die Vergebung die Gegenmacht zu den Einflüsterungen des Satans. Die ihm vorangehenden Verse rufen die Gläubigen auf, als Religionspflicht Spenden von den guten Dingen zu geben. Die Einflüsterung des Satans besteht darin, daß, wenn man die Spendenpflicht erfüllt, sich die Armut auf den Hals holt. Aus dieser Angst haben bestimmte Gläubige die Spendenpflicht vernachlässigt. Ihnen gilt nun die Verheißung: *„Allah verspricht* *euch eine Vergebung (maghfira) von ihm und Huld."* Diese Vergebung ist also größer und reicher als die Einflüsterungen des Satans. Dessenungeachtet ist der im Vers 40,3 abgesteckte Rahmen nicht außer Kraft gesetzt, denn die ganze Zielrichtung der Perikope geht an die Adresse jener, die bereits glauben (2,267). Die Großzügigkeit Allahs wird auch in 42,30 und 34 hervorgehoben. Ein Unglück wird als Strafe für das, was die Hände an Sünde begangen haben, erklärt, doch dem gegenüber ist Allah in vielem nachsichtig *(Yusuf Ali* übersetzt: *and for many He grants forgiveness).* Aber auch hier bleibt die übergeordnete Struktur der distributiven Gerechtigkeit unangestastet. Der Abschnitt endet mit der Warnung: *„Doch sollen diejenigen, die über unsere Zeichen streiten, wissen, daß es für sie kein Entrinnen gibt"* (42,35).

Diese Vergebung als die positive, belohnende Seite der ditributiven Gerechtigkeit wird öfters verkündet. Der Abschnitt 4,144-149 richtet sich an die Gläubigen. Falls sie Böses verzeihen, so wird auch Allah so tun. Eine immer wiederholte Bedingung für die Vergebung ist aufgenommen in einem Mahnwort an die Gläubigen (5,9):

„Allah hat versprochen denen, die glauben und tun, was recht ist, daß ihnen Vergebung und gewaltiger Lohn zuteil wird" [407].

Dieses Wort zielt auf Belohnung und Gericht in der Endzeit. Aber auch diese Gestalt der Barmherzigkeit ist ein Aspekt in der Struktur der distributiven, dichotomen Gerechtigkeit, wie der unmittelbar darauffolgende Vers beweist:

„Doch diejenigen, die ungläubig sind und unsere Zeichen für Lüge erklären, solche sind die Leute des Höllenfeuers" (5,10).

Ungeachtet dieses vernichtenden Urteils bleibt in diesem Leben der Weg der Vergebung und damit der Gnade und des Heils offen. In Sure 4,105-112 liegt eine Passage vor, in der der Koran erzählt, wie Muhammad diese Möglichkeit mit der Tat angeboten wird. Hier geht es um *„Verräter"* *(al-kha'inun,* 105), ohne nähere Bezeichnung, wer sie sind und was sie verbrochen haben. Die islamischen Kommentatoren [408] nennen einen Mann namens *Ta'ima ibn Ubairaq,* nach Vorkommen ein Muslim, in der Sache aber ein Heuchler. Er sollte sich des Diebstahls von Waffen schuldig gemacht und bei einem Juden verborgen haben, aber die Sympathie der islamischen Gemeinde blieb mit ihm, weil er sich, jedenfalls äußerlich, zum Islam bekannt hatte. *Paret* denkt an Leute, *„die etwa durch ihren mangelnden Glauben Verrat an der Wahrheit der göttlichen* Offenbarung geübt oder sonstwie gegen den Islam intrigiert haben. Aus dem unmittelbaren Textzusammenhang ist nur soviel zu entnehmen, daß Muhammad sich vorübergehend für sie eingesetzt hat, bzw. sie zu rechtfertigen suchte." In dieser Situation erklingen die Offenbarungsworte: *„Und bitte Allah um Vergebung, wahrlich Allah ist vergebend und barmherzig"* (106). In einer Wiederholung wird diese Aussage genauer präzisiert: *„Wer Böses tut und gegen sich selbst frevelt, daraufhin aber Allah um Verzeihung bittet, der wird Allah vergebend und barmherzig finden."* (110). Beide Verse bekommen aber einen bestimmenden Skopus, denn sie rahmen eine andere, ergänzende und erklärende Aussage ein. Unmittelbar auf Vers 106 bezeugt 107: *„Allah liebt keinen, der ein Verräter und Sünder ist."* Damit ist die Zielrichtung der Perikope klar geworden. Erstens handelt es sich um Leute, die zwar gesündigt haben, dennoch aber im Umkreis des Islams geblieben sind. Sie werden ermuntert, Allah um Vergebung zu bitten, und die koranische Offenbarung versichert ihnen, daß sie Allah vergebend und barmherzig finden werden. Die abgrenzende Bedingung andererseits bleibt auch hier erhalten: Wer ein Verräter und Sünder ist, den liebt *(yuhibbu)* Allah nicht (107).

Die Vergebung ist somit ein Spektrum mit unterschiedlichen Facetten. Ein klares Bild zeigt davon eine Passage in Sure 39,53 ff., die, wenn wir die Zeit ihrer Offenbarung — dritte mekkanische Periode oder frühmedinisch — mitberücksichtigen, auch klar macht, daß dieses Spektrum schon früh zu den Grundlehren gehört hat. Allahs Wort richtet sich an seine Diener, die darin gesündigt haben, daß sie sich zu ihrem eigenen Schaden übermäßig verhalten haben. An sie richtet sich die Zusage: *„Verliert nicht die Hoffnung auf die Barmherzigkeit Allahs. Wahrlich, Allah vergibt die Sünden ingsesamt, denn er ist vergebend und barmherzig."*

Somit besitzen Barmherzigkeit und Vergebung der Sünden eine fast unbegrenzte Großzügigkeit. Aber der bedingende Rahmen taucht irgendwo wieder im Kontext auf. Die Diener Allahs gehören, obwohl sie gesündigt haben, zum Umkreis des Islams, so daß ihre Sünde sie nicht aus dem Grundglauben des Einzigkeitsbekenntnisses (tawhid) hinausgetrieben hat. Darauf zielt der nachfolgende Vers 39,54:

„Und wendet euch eurem Herrn zu und benehmt euch ihm gegenüber als Muslime (aslimu lahu), bevor die Strafe über euch kommt: Danach kann euch nicht mehr geholfen werden."

Obwohl die Vergebung einen weiten Raum einnimmt, beschränkt sich ihre Wirkungsfähigkeit auf die Sphäre der gläubigen Unterwerfung unter Allah. Der weitere Fortgang der Perikope sagt dies explizit. Dann erscheint unentwegt wieder die distributive, dichotome Gerechtigkeit. Die Hochmütigen, die gegen Allah gelogen haben, sind die Insassen der Hölle (39,60, nach 39,65 sind es die Götzendiener). Die Gottesfürchtigen wird Allah aber erretten (39,61).

Und wie gegen Ende seines Lebens Muhammad eine Offenbarung bekommt, nach der die Muslime beauftragt werden, als Vollstrecker der göttlichen Gerechtigkeit anzutreten, so verbietet auch dieselbe Sure 9,113 dem Propheten und den Gläubigen, für die Götzendiener (mushrikun) um Vergebung zu bitten. Dieses Verbot wurde nach der Eroberung Mekkas, in einer Zeit also, in der die volle militärische und politische Macht des Islams gefestigt war, offenbart. Doch wäre es falsch, aus dieser Sachlage zu schließen, sie habe das Verbot entscheidend beeinflußt. Vielmehr war es eine sachgerechte Fortsetzung eines Glaubens und einer Verkündigung, die zum festen Kernbestand der Offenbarung gehört, wie ein Vers aus der frühen medinischen Zeit beweist. Der Vers 4,48, seinerseits auch wieder die Folge einer konsequenten Entwicklung, faßt das Wesentliche im gegenseitigen Verhältnis zwischen Gerechtigkeit einerseits und Vergebung und Barmherzigkeit andererseits so zusammen:

„Wahrlich, Allah vergibt nicht, daß man ihm andere Götter beigesellt, aber er vergibt (alles), was dazu nicht gehört, demjenigen,

wem er will. Wer aber Allah andere Götter beigesellt, der hat eine gewaltige Sünde ausgedacht" (vgl. 4,116).

Wir stehen hier vor einer Grundentscheidung der koranischen Offenbarung, die völlig in Einklang mit den obigen Ergebnissen dieser Untersuchung steht. Hier zeigt der Koran im Vergleich zu den biblischen Traditionen eine Eigenständigkeit, die aus der Interpretation des eigenen Glaubens unmittelbar hervorgegangen ist. Diese Eigenständigkeit und dieser Glaube haben sich in direkter Weise aus dem koranischen Gottesbegriff entwickelt.

Wir erinnern uns, daß die biblische Traditionslinie des stellvertretenden Opfers im Koran weder fortgesetzt, noch folgerichtig neuinterpretiert wurde, anders, als wir dies bei den anderen Grundlehren verfolgen konnten.

Allahs Barmherzigkeit hat ihre Grenzen, und sie liegen dort, wo im Unglauben an den ersten Satz der *shahada* anderen Göttern gedient wird. Bei allen anderen Geboten waltet seine Barmherzigkeit, für wen auch immer. Im gewissen Sinne ist er also selber die Grenze der Barmherzigkeit, und zwar, weil außer ihm — dem wahren Schöpfer, Unterhalter und Fürsorger — kein Leben möglich ist. Wo er nicht anerkannt wird, öffnet sich das Chaos. Deshalb dürfen und können diejenigen Sünder, die durch ihren Götzendienst das Chaos heraufbeschwören, nicht bestehen. Und weil Schöpfung, Fürsorge und Rechtleitung so sehr mit der exklusiven Allmacht dieses einzigen Gottes zusammenhängen, kann es keine Stellvertretung im menschlichen Bereich geben. Hier bleibt dem Menschen nur der Islam und das Einheitsbekenntnis übrig. Die Sünde aber scheitert nur an Allah, und auf dem Weg der Erlösung kann niemand und nichts stellvertretend dazwischentreten. Hier hat jeder die Last seiner eigenen Taten zu verantworten (6,70,164; 34,25; 42,30; 41,46; 45,15; 53,39-41; 59,18).

Damit war der Möglichkeit der Stellvertretung in der Vergebung der Sünden, etwa im Kreuzestod Jesu, endgültig der Boden entzogen worden. Stattdessen gibt es im Koran eine Aussicht auf die Möglichkeit, daß andere für den Sünder vor Allah eintreten können, und zwar auf dem Wege der Fürbitte *(shafa'a).*

V. Fürbitte im Koran

Als ein eschatologisches Geschehen war die Fürbitte in jüdischer und christlicher Tradition bekannt. In apokrypher und pseudepigraphischer Literatur treten die Engel und die Heiligen mit ihrer Fürbitte für die Menschen in Not ein[409]. Die christliche Tradition fügt dazu noch die Fürbitte der Apostel, Märtyrer und Heiligen.[410] Und obwohl diese jüdische und christliche Glaubensüberzeugung im Orient tief verwurzelt war, hat Muhammad sie aufgrund der im Koran bezeugten Lehre, ein jeder habe die Verantwortung seiner Taten vor Allah zu tragen, zurückgewiesen. So zum Beispiel aus früher mekkanischer Zeit die Perikope 74,38-48: „Am Tage des Gerichts hilft die Fürsprache der Fürsprechers" — mit welchen wahrscheinlich Engel oder andere himmlische Wesen gemeint sind, vgl. 53,26 — „nichts mehr", denn: *Jede Seele haftet für das, was sie sich erworben hat"* (an Taten) (38, vgl. 52,21). Folgende Sünden werden ihnen vorgehalten: Sie haben das *salat*-Gebet nicht verrichtet, die Armen nicht gespeist, den Tag des Gerichts zur Lüge erklärt. In das *salat*-Gebet ist das *tawhid*-Bekenntnis aufgenommen, und weil sie sich also nicht zur Einzigkeit Allahs bekannt haben, kommen die Sünder — ohne Hilfe der Fürsprache — in die Hitze des Höllenfeuers (74,42). Die Argumentation von Vers 10,18 läßt vermuten, daß Muhammad die Fürsprache himmlischer Wesen deshalb verneint hat, weil ihnen eine Art göttliche Vollmacht neben Allah zugedacht war. Die Begründung bleibt, daß Allah der einzige allmächtige Richter ist und jeder Mensch seine eigenen Taten und seinen eigenen Glauben oder Unglauben vor diesem einzigen Richter zu verantworten habe (2,48,123).

Dadurch wird aber die Möglichkeit der Fürbitte nicht völlig beseitigt. Sie kann aber nur dann stattfinden, wenn sie ganz in die Allmacht eingebettet ist — genauso, wie bei den Wunderzeichen Jesu. Der Vers 2,255 setzt die Allmacht Allahs und die Möglichkeit der Fürbitte in engen Zusammenhang und folgert daraus, daß sie nur mit seiner Erlaubnis geschehen könne. Es erhebt sich die Doppelfrage, wer diese Fürbitte aussprechen darf und wem sie mit der Erlaubnis Allahs zugute kommt.

Was übrigens für alle entscheidenden Geschehnisse in der göttlichen Offenbarung und der Führung des menschlichen Schicksals gilt, ist auch für die Fürbitte maßgebend. Grundsätzliches wird über sie in einer Perikope (39,42-44), die sich mit dem Lebensausgang des Menschen beschäftigt, gesagt. Die Tatsache, daß nur Allah den Zeitpunkt des Lebensausgangs bestimmt, möge als ein Zeichen gewertet werden für nachdenkliche Leute. Implizite wird nun vorausgesetzt, daß bei dem Tod vom Entschlafenen Rechenschaft verlangt wird. Vor dem Hintergrund dieser Annahme setzt die entscheidende Offenbarung ein, und zwar wie in der *shahada* die negative Abgrenzung vorausschickend: Alle Fürsprecher außer Allah vermögen nichts auszurichten. Und wie in der *shahada* bestimmt die Verneinung die Begründung der positiven Verkündigung:

„Sag! Allah gehört die Fürsprache in all ihrer Ganzheit" (39,44).

Diese Aussage wird untermauert durch die ebenso grundsätzliche Feststellung, daß ihm auch die Königsherrschaft im Himmel und auf Erden gehört, ihm, zu dem ein jeder Mensch zurückgeführt wird. Diese alles umfassende Allmacht kann folgerichtig keinen freien Raum gewähren, in dem andere als er die Macht der Fürbitte zur Vergebung der Sünden ausüben. Und wenn dem so ist, dann nur mit seiner Erlaubnis (2,255).

Der Koran scheint den Raum, wo Fürbitte mit seiner Erlaubnis walten kann, auf himmlische Sphären zu beschränken. Nach Vers 40,7 bitten die (Engel) um Vergebung, die den Thron tragen. Ausdrücklich werden in Sure 42,5 die Engel (*al-mala'ika*) genannt, die dem Herrn lobsingen und für die Menschen auf Erden um Vergebung bitten. Es sind die Engel auch in der Passage 21,26-29 gemeint. Da wird polemisch gegen die Annahme gekämpft, Allah habe sich Kinder (in der himmlischen Sphäre) genommen.Wohl aber hat er dort Diener, denen Ehre zuteil geworden ist und die nach seinem Befehl handeln. Sie können Fürsprache einlegen (21,28). Daß mit diesen ehrwürdigen Dienern himmlische Wesen gemeint sind, zeigt der Vers 29: *„Wenn einer sagt, ich bin ein Gott neben ihm, so wird er mit der Hölle bestraft."* Diese doppelte Absicherung — in der himmlischen Sphäre gibt es nur Diener, und die Engel dürfen sich nicht zu

Gott machen — garantiert, daß die Fürbitte der himmlischen Wesen nie zu einer Stellvertretung in der Sündenvergebung auf Erden ohne Allah führen kann.

Wenden wir uns zuletzt der zweiten Frage zu: Für wen darf die Fürbitte ausgesprochen werden? Die bereits angeführten Texte gaben dazu einige Hinweise. Die Engel bitten in Vers 40,7 um Vergebung für die Gläubigen und richten sich, unter Berufung auf seine Barmherzigkeit, an Allah mit den Worten: *So vergib denen, die mit Reue zurückkehren und deinem Wege folgen und bewahre sie vor der Strafe des Höllenfeuers.*" Etwas anders ist die Komposition der Perikope 42,3-6. Die Engel bitten für diejenigen. die auf Erden sind, denn Allah ist der Vergebende und der Barmherzige. Dieser Vers 5 kennt augenscheinlich für die Fürsprache keine Beschränkung. Der folgende Vers greift aber von den Menschen auf der Erde eine klar bestimmte Gruppe heraus. Es sind solche, die sich Bundesgenossen außer Allah genommen haben. Allah selbst wacht über sie, und Muhammad kann nicht ihr Sachwalter sein. Hier kann die Bedeutung keine andere sein, als daß Allah über ihr Benehmen wacht und sie entsprechend beurteilt, ohne daß Muhammad daran etwas ändern oder sich darüber Sorgen machen könnte. Nach Sure 21,28 legen die Engel keine Fürbitte ein, außer für solche, an denen Allah Gefallen hat.

Besonders deutlich ist der Abschnitt 19,85-87. Er spricht über das Geschehen am Tage des Gerichts. Die Sünder werden zur Hölle hinabgetrieben werden. Die Fürbitte wird nur denen zugute kommen, die bei dem Barmherzigen im Bunde (*'ahd*) sind.

Zusammenfassend kann der Schluß gezogen werden, daß die Grenzen der Fürbitte genau dieselben sind, wie die der Barmherzigkeit. Wo die bereits mit der Schöpfung gegebene Gemeinschaft mit Allah, dem Schöpfer und Richter, gelöst wird, da endet ihre Möglichkeit. Diese Lehre wird noch dadurch verstärkt, daß nur Allah, oder die Engel mit seiner Erlaubnis, die Fürbitte ausüben können, so daß, wer Allah nicht hat, auch keine Fürsprecher hat. Allah tritt nicht in diesen Bereich der Sünde ein, sei es um derartige Sünder in der Hölle zu bestrafen.[411]

375 Kap. 3. Siehe: Jüdischer Glaube, hrsg. von *Kurt Wilhelm*, Birsfelden-Basel, S. 31.
376 Sprüche Kap. 4, a.a.O. S. 33.
377 Da sie im Opferkultus nicht den vornehmsten Platz eingenommen haben, kann hier auf ihre Analyse verzichtet werden. Man findet ihre Beschreibung u.a. in: *Johs Pedersen:* Israel, its Life and Culture III-IV, S. 299 ff.; *H. Wheeler Robinson:* Inspiration and Revelation in the Old Testament, 1946, S. 227; *von Rad* a.a.O. I, S. 263 ff.: Encyclopaedia Judaica, 1971, Art. Sacrifice, 14,599.
378 Siehe für die schwierige Frage der genauen etymologischen Bedeutung: *Kittel* ThWNT III, 302, E.J. 10,1039.
379 E.J. a.a.O. S. 1039.
380 Von Rad a.a.O. I, S. 275.
381 Hertz Gebets Buch, 157, E.J.14,614.
382 *Solomon Schechter:* Aspects of Rabbinic Theology, New York, 1961, S. 292 bis 343.
383 Von Rad a.a.O. II, S. 287.
384 Ähnlich in der Frage der Nachfolge: Mk 10,21; vgl. *Berger* a.a.O. S. 206 f.
385 Vgl. *Kümmel* a.a.O. S. 86 f.
386 *Erich Grässer:* Der Glaube im Hebräerbrief, Marburg 1965, insbesondere S. 211 ff.
387 Die Beschäftigung mit der Frage, ob dieser Brief einen hellenistisch-alexandrinischen Charakter habe, würde hier zu weit führen. Zur weiteren Vertiefung dieser Frage verweise ich auf das oben angegebene Buch von *E. Grässer.* Der hellenistisch-alexandrinische Charakter braucht nicht verneint zu werden; seine Verkündigung steht eher in der Linie der jüdisch-eschatologischen Heilserwartung.
388 *Walter Bauer:* Griechisch-deutsches Wörterbuch, zu den Schriften des Neuen Testaments und der christlichen Literatur, s.v. *hilasterion.*
389 Vgl. dazu *Kittel:* ThWNT a.a.O. s.v. *lytron.*
390 Vgl. oben 4. Kapitel.
391 Siehe in dieser Frage besonders: *H. Berkhof:* Christelyk Geloof, Nykerk 1973, das zur Grundlage für nachfolgende Überlegungen benutzt worden ist.
392 *Horovitz* a.a.O. S. 10 ff.; *Paret:* Muhammad und der Koran, S. 85 ff.
393 Vgl. Lk 14,26.
394 Die immer wiederholten Versuche, einen islamischen Staat zu errichten, haben so eine sichere koranische Basis. Und auch die Doppeltendenz, auf der einen Seite das islamische Recht voll zu erzwingen und andererseits die Nicht-Muslime mit Argwohn zu begleiten, erklärt sich aus ein und derselben Perspektive des Vollzugs der Gerechtigkeit.
395 Dazu: Handwörterbuch des Islam, Art. al-Munafiqun.
396 Die Gründe für ihre ablehnende Haltung waren: a) Im Falle eines Sieges Muhammads war ein Wachstum an Macht auf Seiten der Muslime zu erwarten,und sie müßten um die eigenen wirtschaftlichen Positionen bangen. b) In den ersten Jahren vor der Schlacht bei Badr blieb die Lage Muhammads in Medina zu unsicher, als daß sie ihr ganzes Schicksal mit dem seinigen in die Waagschale legen wollten. c) Die Juden hatten bessere Beziehungen zu den autochtonen Medinensern als zu den mit Muhammad übergesiedelten Emigranten; die letzteren hatten aber den entscheidenden Einfluß auf ihn. d) Die talmudische Auffassung, daß nach der Zerstörung des Tempels die Epoche der Propheten abgeschlossen sei (Sanh. 11a; B.B. 12 a) und die Befolgung der Torah die wesentliche Aufgabe des Judentums geworden war. Weder wirtschaftliche noch religiöse Gründe konnten also die Juden veranlassen, Muhammad als Propheten anzuerkennen.

251

[397] Tabari 1281.
[398] S. D. Goitein: Studies in Islamic History and Institutions, Leiden, 1966, S. 90 bis 110: Ramadan, The Muslim Month of Fasting. K. Wagtendonk: Fasting in the Koran, Leiden 1968, S. 47-81.
[399] Tabari, 1281.
[400] Vgl. *Johan Bouman:* Gott und Mensch im Koran, S. 50 f.
[401] *Wright:* A Grammar of the Arabic Language, II, 333, D. f.
[402] Siehe auch *Rudolph* a.a.O. S. 82; *Bell:* Origin of Islam, S. 153-155; *Olaf H. Schumann:* Der Christus der Muslime, Gütersloh, 1975, S. 37 f.
[403] So *Paret;* vgl. auch *Kramers:* „doch voor hen werd een schijnbeeld van hem gemaakt."
[404] *Michel Hayek:* Le Christ de l'Islam, Paris 1959, S. 224 f.
[405] Zur Sache: *Paret,* II, 141; *Yusuf Ali* a.a.O. S. 302 Anm. 871.
[406] Derselbe Gedanke in 16,119.
[407] Die gleiche Vorbedingung einer zukünftigen Vergebung in 29,7.
[408] *Yusuf Ali* a.a.O. S. 214 Anm. 621; *Paret* II, S. 104.
[409] Test. Adam IX, 3; Assumptio Mosis XII, 6.
[410] Z. B. *Migne:* Patrologia graeca, Bd. XXXIII, S. 1115; XLVI, S. 850; LXI, S. 581.
[411] Die nachkoranische Tradition nennt zudem noch Muhammad als Fürsprecher, meistens in eschatologischen Beschreibungen. Er soll aber auch zeitlebens für verstorbene Muslime um Sündenvergebung gebeten haben *(Muslim:* Djana'iz, Trad. 102). Seine Fürbitte beim letzten Gericht wird häufiger beschrieben (z. B. *Bukhari:* Tawhid B, 19; Muslim: Iman, Trad. 322, 326-329). Nachdem alle Propheten abgelehnt haben, bittet Muhammad für die Sünder, nachdem Allah ihm die Fürbitte gewährt hat. Alle werden erlöst, mit Ausnahme einer Gruppe, von der Muhammad sagt: *„Herr, jetzt sind in der Hölle nur noch diejenigen übrig, die aufgrund des Korans dort ewig verbleiben sollen"* (vgl. HWBI Art.: *Shafa'a).*
Obwohl hier eine Erweiterung auf Muhammad, dank seiner besonderen Verdienste, stattgefunden hat, bleibt die koranische Grundaussage über die Erlösung aus der Sünde auch im weiteren Verlauf der islamischen Geschichte unangetastet.

8. Kapitel

Der einzige Gott und sein heiliger Name

Dieses Buch hätte mit dem vorigen Kapitel abgeschlossen werden können, falls die These, „das Wesen des Judentums, Christentums und des Islams ist der Glaube an den einzigen Gott" theologisch und religionsphänomenologisch ausreichend den gesamten Inhalt zum Ausdruck gebracht hätte. Unsere Untersuchungen haben erwiesen, daß diese These zwar im wesentlichen richtig, aber dennoch einer Ergänzung bedürftig ist. In allen drei Heiligen Schriften ist das uneingeschränkte Kraftzentrum das Handeln des einzigen Gottes. Aber gerade dieses Handeln gestaltet sich jeweils unterschiedlich. Deswegen müssen wir noch einmal nach dem Wesen dieses einzigen Gottes fragen und hoffen, daß sich der Kreis schließt.

Wir tun dies unter der Chiffre: „sein heiliger Name". Dieser Begriff ist aber nur unter gewissen Bedingungen zu Recht zu verwenden. Der einfache Ausdruck: „sein Name" würde am wahren Sachverhalt scheitern. In den semitischen Kulturen und Religionen repräsentiert der Name Macht. Wer den Namen eines Gegenstandes weiß oder, stärker noch, über eine Person ausruft, übt Macht über dieses Objekt aus. Weiß also der Mensch den göttlichen Namen, so würde er damit als Geschöpf Macht über seinen Schöpfer ausüben. Deshalb sprechen alle drei heiligen Bücher mit Zurückhaltung und Scheu vom Namen Gottes, den es als menschliche Verfügungsmacht nicht geben kann. Diesen vom Menschen her nie zu überwindenden Abstand beschreiben alle drei Schriften mit dem Begriff der göttlichen Heiligkeit, die ohne jede Einschränkung bei allen passenden Gelegenheiten mit Nachdruck betont wird.

I. Der einzige Gott und sein heiliger Name im Alten Testament

Was dieser Glaube an Gottes Heiligkeit für das Alte Testament bedeutet, sagt ein Text wie Hosea 11,9 mit aller Deutlichkeit: *„Denn ein Gott (el) bin ich und nicht ein Mensch, heilig (qadosch) in deiner Mitte".*

Wir müssen in diesem Kapitel nach dem Wesen Gottes für die Menschen fragen und werden hier auf Anhieb mit einem paradoxen Sachverhalt konfrontiert: Gott, der kein Mensch ist, also grundsätzlich und prinzipiell vom Menschen nicht zu erfassen, geschweige denn zu benennen, ist dennoch in der Menschen Mitte. Dadurch aber wird sein Gott-Sein auf keine Weise eingeschränkt, denn er ist in der Menschen Mitte heilig, das heißt, als der ganz Andere, der Nicht-Menschliche, der Nicht-Verfügbare.

Daß dieses Heilig-Sein zu gleicher Zeit unendlichen Abstand und unmittelbarste Präsenz, keineswegs aber anteilnahmslose Neutralität des nicht-interessierten Ganz-Anderen bedeutet, soll dieses Kapitel zeigen.

Das Alte Testament benennt Gott mit vielen Namen.[412] Viele unter ihnen, wie die Bezeichnungen für *„Gott"* — *el* und *elohim* — sind keine Namen im strengen Wortsinn, sondern vielmehr Appellativa, die der Determination durch einen Genitiv (z. B. *el-'olam)* oder einer Apposition *(el-shaddai)* bedürfen, wenn sie als Individualitätsbezeichnungen verstanden werden sollen. Solche Namen und Appellativa haben ihre Quelle in der allgemeinen semitischen Kultur — besonders das Wort *el* — und deuten meistens auf die göttliche Herrschermacht oder die Übermacht, der der Mensch nicht gewachsen ist. Auch das Wort *el* hat diese Bedeutung beibehalten, als es in die Reihe der alttestamentlichen Bezeichnungen aufgenommen wurde. So steht *el* des öfteren im Gegensatz zu *„Mensch",* wie in der bereits zitierten Stelle Hosea 11,9.

Aber über diese allgemeinsemitische Grundlage hinaus benutzt das Alte Testament einen Gottesnamen, der ausschließlich dem alttestamentlichen Gott eigen ist. Der Fundamentalsatz der alttestamentlichen Religion ist das Bekenntnis, daß Jahwe der Gott Israels ist *(elohe-yisrael)* und mit dieser Aussage ist das Wesen Gottes gegeben.

Die kanonisierte Komposition des Exodusbuches verbindet den Namen Jahwe mit der Berufung des Mose am brennenden Dornbusch, die Kinder Israels aus der Sklaverei Ägyptens zu befreien (Ex 3). Der ihn beauftragende Gott macht sich als der Gott der Väter Abraham, Isaak und Jakob bekannt. Mose verlangt aber, weil er an den Unglauben der ihn in Ägypten Erwartenden denkt, eine nähere Identifikation. Es folgt dann der lapidare Satz: *„Ich bin, der ich bin"* (eheyeh asher eheyeh, Vers 14). Dieses ist keine direkte Antwort auf die Frage des Mose: *„Wenn sie mich fragen: Welches ist sein Name?, was soll ich ihnen dann antworten?".* Und nochmals wiederholt Gott seine Antwort: *„So sollst du zu den Israeliten sagen: Der ‚Ich bin' (eheyeh) hat mich zu euch gesandt"* (Vers 14). Diese Wiederholung bedeutet im Kontext, daß Gott einen Namen im üblichen Sinn nicht mitteilen kann oder will. Doch ist auch der unmittelbare Zusammenhang der beiden Umschreibungen mit dem Namen Jahwe — das Tetragramm JHWH ist übrigens etwa 5 321mal im Kanon belegt — nicht erklärt.[413]

Es bleibt also keine Möglichkeit offen, aus den beiden Sätzen eine Wesensbeschreibung des göttlichen Seins abzuleiten, denn Jahwe gibt einen Namen als Wesensqualifikation nicht preis. Aber eine andere Möglichkeit bleibt offen, und dies ist im Skopus der ganzen Erzählung begründet. Es steht nichts weniger als die von Gott beschlossene Befreiung der Kinder Israels aus Ägypten auf dem Spiel, eine Befreiung, die — wie sich zeigen wird — gegen den Widerstand des Pharao und teilweise gegen den Zweifel und die Ratlosigkeit der hebräischen Sklaven durchgesetzt werden muß. Mose muß also mit der Verheißung der Befreiung und mit einer Forderung dem Pharao gegenüber im Namen eines Gottes kommen, dessen Offenbarung am Anfang des Geschehens an Mose dem weiteren Verlauf einen Sinn verleiht. Folglich ist die Etymologie in Exodus 3,14 nicht philologisch, sondern situationsbezogen. In diesem Sinne müssen die benutzten Formen des Verbums *„sein"* verstanden werden, und eine derartige Situationsbezogenheit ist die Verbindung zwischen dem Namen Jahwe und den beiden Verbalumschreibungen in Exodus 3,14. Jahwe offenbart sich also dem Mose als derjenige Gott — Gott der Väter —, der in dem von ihm geplanten und gewollten Geschehen *„dabei sein", „vorhanden sein"* (mit seiner Macht), *„gegenwärtig sein"* wird. In alledem sollte man dabei die Ich-Form der beiden Aussagen nicht übersehen. Diese Ich-Form spricht ein Wort, das auf eine Tat hinweist, ein Wort, das eine gemeinsame Geschichte mit Israel schafft.

Doch bestimmt die Weigerung, einen echten Namen zu nennen, und der lapidare Inhalt der Aussagen, daß diese Gegenwart, dieses Dabeisein, in die Freiheit der göttlichen Führung und Entscheidung aufgenommen wird, über die das Volk niemals verfügen kann, weil die Komponente des Unbestimmten und numinos Geheimnisvollen vollends gewährleistet bleibt. Wenn also die beiden Aussagen 3,14 so tief in dem Kontext des geschichtlichen Verlaufs verankert sind, dann ist es erlaubt, sie mit Hilfe des Abschnittes Exodus 6,2 ff. näher zu erklären. Auch da ist der Jahwe-Name mit der verbalen Ich-Form — wie in Exodus 3,14 — eng verbunden, wiederum mit dem Schwerpunkt „ich bin". Auch hier nicht im Sinne einer abstrakten Wesensbeschreibung, sondern als Gegenwärtigsein in der Geschichte des Volkes seit Abraham, Isaak und Jakob. Es folgt dann eine Beschreibung seiner Taten, die wir aus den besprochenen Heilssummarien bereits kennen. Jahwe ist also der Gott, der Israel ins Dasein gerufen hat, indem er es aus Ägypten erlöst und in einem Bund am Sinai zu seinem Volk gemacht hat.

Hier ist der Blickpunkt, von dem aus wir das bisher Besprochene durchleuchten und bewerten müssen. Jahwe, der Gott Israels, ist ein einziger Gott, dessen Name und Wesen unfaßbar sind. Dennoch geht er als ein heiliger Gott als der ganz Andere mit Israel in der Geschichte mit. Er ist dabei in der Gestaltung des Heils, aber er ist auch betroffen von der Sünde des Volkes. In seinem Betroffensein will er dennoch das Volk der vernichtenden Macht der Sünde nicht preisgeben, und so eröffnet er im Kultus einen Weg zur Sühne. Und schließlich vollzieht er den Leidensweg der um seines Namens willen leidenden Gottesknechte mit. Jahwe ist der einzige und heilige Gott Israels. Diese beiden komplementären Begriffe bestimmen die Geschichte dieses Volkes. In seiner Einzigartigkeit und Heiligkeit ist er auf wunderbare und unfaßliche Weise in Heil und Unheil als zuverlässiger Bundespartner gegenwärtig.

II. Der einzige Gott und sein heiliger Name im Neuen Testament

Wenden wir uns jetzt, nach dem Namen Gottes fragend, dem Neuen Testament zu, treffen wir dort einen Paralleltext zu Hosea 11,9. Wir nehmen Bezug auf Lukas Kapitel 17 Vers 21: „... *das Reich Gottes ist in eurer Mitte (entos hymoon estin)."* Die Geschichte der Exegese hat immer zwei Möglichkeiten offen gelassen. Alle lateinischen Übersetzungen zum Beispiel übersetzen mit „*intra vos est",* implizierend also, daß das Reich in euren Herzen ist. Doch ist diese Erklärung nicht ausreichend, denn die ganze Tradition geht davon aus, daß zuerst das Reich angenommen werden soll, und zwar von den Christen selber. Im Blick darauf hat *Cyrill von Alexandrien* vorgeschlagen: „Es liegt in eurer Macht, das (Reich) anzunehmen"[414]. Da dieses Reich nun von Christus kommt, hat *Maldonatus*[415] interpretiert: „*quia poterant, si vellent, Christum recipere"* — weil sie, wenn sie das wollten, Christus annehmen könnten. Dazu macht er auch noch geltend, daß Christus das Wort an die feindlichen Pharisäer richtete, von denen nicht angenommen werden konnte, daß sie das von Christus nähergebrachte Reich schon in ihren Herzen trugen. Daß er den Pharisäern antwortete — und nur ihnen —, beweist der nachfolgende Vers 22, nach dem er sich nachher an die Jünger wandte. Deswegen scheint die zweite Übersetzung: „*ist in eurer Mitte"* die bessere zu sein, zumal wir hier den unmittelbaren Anschluß an Hosea 11,9 haben. Wie Gott als ein Heiliger in der Mitte Israels ist, so ist in der Person und Geschichte des Menschensohnes (17,22-37) das Reich Gottes in der Mitte von ungläubigen Pharisäern und gläubigen Jüngern.

Aber diese Parallelisierung und Neuinterpretation geht noch einen Schritt weiter, den wir im Zusammenhang mit der Frage nach dem Namen Gottes als Wesensmerkmal seiner Offenbarung verfolgen müssen. Diese besondere Offenbarung war im Alten Testament mit dem Namen Jahwe verbunden. Die griechische Übersetzung hat für diesen Namen das Wort „*kyrios"*-Herr benutzt. Das griechische Neue Testament hat diese Übersetzung im allgemeinen übernommen, besonders in Zitaten und zitatgleichen Anspielungen auf das Alte Testament.[416] Sowohl im Alten, als auch im Neuen Testament will „*kyrios"* Gott als den einzigen Herrn in seiner Offenbarung und Heiligkeit zum Ausdruck bringen.

Im Lukas-Evangelium 17,21 war die Rede davon, daß in der Person Jesu das Reich Gottes in der Mitte der Menschen sei und daß der Kontext Jesus mit dem Titel Menschensohn bezeichnet. Das Neue Testament hat nun in einem entscheidenden Griff den Namen *kyrios* auf Jesus — als einen seiner christologischen Titel — angewandt. Vor allem hat sich Paulus dieser Bezeichnung bedient. Auch andere Autoren, wie Lukas, benutzten diesen Namen. Daher ist es unwahrscheinlich anzunehmen, der *kyrios*-Name für Jesus sei nur der griechisch-hellenistischen Umwelt zu verdanken. Im Gegenteil muß angenommen werden, daß in diesem Namen der Anschluß an die alttestamentliche Gottesbezeichnung bewußt vollzogen worden ist und nicht in der griechisch sprechenden Gemeinde alleine. Ein Text wie der in der Apostelgeschichte 2,36 zeigt, daß auch in der jüdisch-palestinensischen Gemeinde die Christen den *kyrios*-Namen Jesus zusprachen. Aus welchem Anlaß, macht der Text selber deutlich. Petrus sagt in seiner Pfingstpredigt zu den *jüdischen* Männern und allen, die in Jerusalem wohnen (2,14): *„So möge nun das ganze Haus Israels mit Gewißheit erkennen, daß Gott ihn zum kyrios und zum Messias — christon — gemacht hat, diesen Jesus, den ihr gekreuzigt habt."* Aus diesem Text wird schon zweierlei deutlich: der unter Juden im Hause Israels geläufige *kyrios*-Name wird nun auf Jesus übertragen, aber all dies ist ein Werk Gottes, der in erster Instanz den *kyrios*-Namen trägt.

Von den gleichen Voraussetzungen geht auch Paulus bei seiner Anwendung des *kyrios*-Namens aus. Ein Abschnitt, der der Verkündigung des Petrus sehr nahe kommt (Apg 2,36), findet sich im Philipper-Brief 2,6-11, der als grundlegende Aussage über die Bedeutung dieses Namens angesehen werden kann. Sein Inhalt ist das von Christus vollbrachte Heilswerk in seinem Gang der Entäußerung aus dem Bereich der Herrlichkeit Gottes. Er hat Knechtsgestalt angenommen, sich erniedrigt und ist gehorsam gewesen bis zum Tod am Kreuz. *„Daher hat ihn auch Gott über die Maßen erhöht und ihm den Namen (to onoma) geschenkt, der über jeden Namen ist, damit in dem Namen Jesu (en tooi onomati) sich beuge jedes Knie derer, die im Himmel und auf Erden und unter der Erde sind und jede Zunge bekenne, daß Jesus Christus Herr (kyrios) ist, zur Ehre Gottes, des Vaters."*

Hier ist sich Paulus im klaren, was er mit dem *kyrios*-Namen beabsichtigt: Es ist ein Name, *„der über jedem Namen ist"*. Er steht also in direkter Beziehung zum Gottesnamen in der Septuaginta. Aber diesen Namen trug Jesus nicht, wie Jahwe, von sich aus, sondern er wurde ihm geschenkt, und zwar aufgrund seines Knechtseins und Gehorsams bis zum Kreuzestod. Dank dieses Opfers der Versöhnung hat Gott ihn erhöht — als Antwort auf seine Entäußerung — und in dieser Erhöhung ihm den *kyrios-Namen* verliehen. Der *kyrios-Name* umschreibt also die Stellung des Erhöhten, der sich am Kreuz für die Sühne der Welt als Opfer dargebracht hat.

Der in diesem Sinn auferweckte Jesus ist der Inhalt des *kyrios-Namens* im Neuen Testament. Paulus hat diesen Glauben von einigen Blickpunkten her beleuchtet, so zum Beispiel im Römer-Brief 10,9: Jesus wird als *kyrios* bekannt, weil Gott ihn von den Toten auferweckt hat, welches das Geschehen der Rettung ist, und im Römer-Brief 14,9: Er übt die *kyrios*-Vollmacht *(kyrieusei)* über Tote und Lebendige aus, denn dazu ist er gestorben und lebendig geworden; oder etwas variiert im Epheser-Brief 1,20-21: Gott hat Jesus von den Toten auferweckt und zu seiner Rechten in der Himmelswelt gesetzt und damit über alle Herrschaft *(kyriotètos)* und alle Namen *(onomatos)* in dieser und in der zukünftigen Welt gestellt.

Somit beinhaltet der *kyrios-Name* die Stellung Jesu als bevollmächtigter Amtsträger Gottes, der in seinem Namen das Werk der Erlösung vollbracht hat und deshalb die Vollmacht *(exousia, Mt 28,18)* im Himmel und auf Erden ausübt. Dabei ist eine Bezugnahme auf die königliche Herrschaftsstellung in Psalm 110,1 unverkennbar. All dies führt notwendigerweise zu der Verkündigung, daß das im Alten Testament bezeugte Werk und die Geschichte des Jahwe-Namens sich in Jesus aktualisiert und vollendet hat, weswegen er auch diesen Namen tragen kann und darf.

Von da aus strahlt die Bedeutung des *kyrios-Namens* zurück auf seine irdische Tätigkeit, insbesondere auf Leiden und Kreuz. Diesen Blickpunkt eröffnet der 1. Korinther-Brief Kapitel 2 Vers 8: Die Herrscher der Welt haben ihn nicht erkannt, sonst hätten sie den Herrn der Herrlichkeit *(ton kyrion tés doxes)* nicht gekreuzigt. Hier haben wir in diesem Rahmen vielleicht die letztentscheidende Aussage des Paulus. Auch im Opfer der Sühne ist Jesus der *kyrios*. Und so gibt es keinen besseren Beweis für die biblische Verkündigung als den Gottesnamen, der das Betroffensein, das Vorhandensein, das Dabeisein, ja, schließlich das Mitleiden und stellvertretende Leiden in seiner Komplementarität von Heil und Strafe, von Gericht und Erlösung, von Gerechtigkeit und Barmherzigkeit darstellt. In Jesus offenbart sich der Gott der Bibel, so das Zeugnis des Neuen Testaments, der ganz andre Herr, der allmächtige Herrscher, der sich bis in alle Tiefen des menschlichen Daseins erniedrigt hat, auf seinem geschichtlichen Weg von Gericht und Erlösung.

III. Der einzige Gott und sein heiliger Name im Koran

Der Überlieferungsstrom des biblischen Gottesnamens findet sich in wesentlichen Aspekten im Koran wieder. Der einzige Gott trägt keinen Namen im üblichen Wortsinn, als ob dem Menschen dank seines Wissens um den göttlichen Namen dieser zur Disposition stünde.

Nach koranischem Zeugnis — und bestätigt durch den ersten Satz der *shahada* — steht für Gott der Ausdruck „Allah". Hierbei handelt es sich nicht um einen Namen, sondern schlicht um die Bezeichnung „*der Gott, al-ilah*". Das Wort *ilah,* im Plural *aliha* wurde von Dichtern in vorislamischer Zeit benutzt zur Bezeichnung einer unpersönlichen Gottheit. Auch die Christen in Arabien haben ihren Gott *al-ilah* genannt. Als ein Wort innerhalb der semitischen Sprachen ist es mit dem hebräischen *eloah,* Plural *elohim,* verwandt; beides sind verlängerte Formen von *el,* die älteste semitische Bezeichnung für Gott. Die Etymologie ist nicht mit Sicherheit geklärt, scheint aber mit „Herrschaft" und „Macht" zusammenzuhängen. Die Unbestimmtheit, die im arabischen Heidentum diesen Ausdruck kennzeichnete, hat sich in der koranischen Offenbarung gelöst, und der Name konkretisierte sich zu der Bezeichnung desjenigen Gottes, der in der Offenbarung an Muhammad den Koran niedergesandt hat. Grundsätzlich hat er sich als der göttliche ganz Andere offenbart. Nicht nur, daß die *shahada* keinen anderen Gott neben ihm kennt, keiner überhaupt kann ihm gleichgestellt werden, (112,4) und nichts im Himmel und auf Erden ist ihm gleich (42,11).

Im Laufe unserer Untersuchungen sahen wir, daß in dieser Verkündigung das zentrale Nervensystem des Islams zu suchen ist, jedoch sollte auch klargestellt werden, daß der Charakter und die Beschaffenheit seiner Offenbarungen in dem geschichtlichen Verlauf seines Handelns bestimmt sind. Der Koran berichtet nun in diesem Zusammenhang, daß Allah die Vollkommenheit seiner Einzigkeit, Einzigartigkeit und Werke in seinen schönsten Namen ausgedrückt hat: *„Allah gehören die schönsten Namen"* (7,180). Die Gläubigen, und das sind solche, die das *salat-Gebet* halten, werden ermutigt, ihn mit diesen schönsten Namen anzurufen. In Sure 17,110 ragen die Namen Allah und der Erbarmer *(al-rahman)* besonders heraus. In 20,8 werden die schönsten Namen unmittelbar mit dem Einzigkeitsbekenntnis: *„Es gibt keinen Gott außer ihm"* verknüpft. Dieselbe Verbindung zeigt sich in Sure 59,23-24, wo einige dieser Namen aufgezählt werden: *„der König, der Heilige, das Heil, der Glaubenschenkende, der Wachsame, der Gewaltige, der Übermächtige, der Stolze — Allah sei gepriesen, weit über das, was sie ihm beigesellen — er ist Allah, der Schöpfer, der die Kreaturen Hervorrufende, der Gestalter."* Dieser Vers hat im Arabischen eine Reimendung, in der noch zwei weitere Namen genannt werden: *„der Gewaltige"* und *„der Weise"*.

Viele Verse haben derartige Reimendungen. Die spätere Tradition hat alle diese Namen, die wichtigen Verkündigungen, gleichwohl wie die in Reim- oder Lobpreisformeln aufgenommenen Namen, in die Liste der sogenannten *„neunundneunzig schönsten Namen"* aufgenommen.

Nun hat das islamische Denken mit dieser Liste niemals eine zusätzliche Theologie gemeint, die das Prinzip des Einzigkeitsbekenntnisses nach irgendwelchen Seiten hin hätte erweitern können. Erstens hat die überragende Kraft des Einheitsbekenntnisses *(tawhid)* von Anfang an diese Entwicklungsmöglichkeit ausgeschlossen, andererseits gab der Charakter dieser Liste dazu auch gar keinen Anlaß.

Sie war niemals einheitlich zusammengestellt, und zudem wurden darin Namen aufgenommen, die wörtlich im Koran nicht vorkommen. Aus ihrem koranischen Kontext herausgelöst, dienten sie mehr der frommen Rezitation, als einer ergänzenden Vertiefung des Wissens um den Namen Allahs. Eher ist das Umgekehrte der Fall: Sie alle weisen zurück auf den einen Namen Allah, der der ganzen Offenbarung ihren gebührenden Sinn verleiht. Diese Sachlage wird zusätzlich noch bestätigt durch die Tatsache, daß einer der Höhepunkte der islamischen Frömmigkeit die *dhikru'llah,* die wiederholte Anrufung des Namens *„Allah"* ist.

In Allah selber haben wir infolgedessen den letzten Sinn des koranischen Offenbarungsprozesses zu sehen. Als der ganz Andere vermittelt er durch seine Propheten seine Einzigkeit und Einzigartigkeit. Daran zu glauben, ist der einzige Weg des Heils, und Unglauben an diesen Gott ist die Wurzel aller Sünde. Diesen allmächtigen und einzigen Gott nicht ernst zu nehmen, ihn als einen unter vielen in eine Reihe mit von den Menschen selbst erfundenen Gottheiten zu stellen, ist eine Sünde, die zum Chaos führt und niemals vergeben werden kann. Der Weg der Erlösung aus dieser Sünde ist die Rückkehr zum Glauben an ihn, zu einem Glauben, der zu der guten Schöpfungsordnung gehört.

Aber die paradoxale Komplementarität zeigt sich auch hier. Denn einerseits offenbart sich Allah in Begriffen, die dem Menschen durchaus verständlich sind, doch andererseits liegt die Bestimmung des Heils völlig in seinem einzigartigen Willen verschlossen, über den der Mensch auch nicht in seinem Glauben verfügen kann.

Solche paradoxale Komplementarität begleitet die Offenbarungsaussagen notwendigerweise, da ihr letztes Geheimnis in dem erhabenen, allmächtigen und einzigartigen Ganz-Anderen verborgen ist. So ist er der Schutzherr derer, die glauben (47,11), aber er gibt und entzieht die Herrschaft, wem er will (3,26). Er vergibt, wenn einer ihn um Vergebung bittet (4,110), doch er macht mächtig und niedrig, wen er will (3,26), er vergibt, wem er will, und bestraft, wen er will (3,129; 5,40). Über die Rechtleitung wiederholt sich die Aussage: *„Allah leitet recht, wen er will"* (2,272), doch *„das Volk der Frevler leitet er nicht recht"* (6,144). Daß Frevel selbstverschuldet ist, haben wir in den vorangegangenen Kapiteln versucht zu zeigen. Doch auch hier wird klar, daß das Walten Allahs letzten Endes nicht in menschliche Begriffe zu fassen ist. Solchen Texten wird viele Male eine komplementäre Offenbarung gegenübergestellt: *Allah führt, wen er will, in die Irre"* (6,39 vgl. 13,27; 14,4; 16,93; 17,97; 35,8; 74,31).

Die gleiche paradoxale Komplementarität läßt sich verfolgen, wenn von Allahs Sein mit den Menschen und von seinem Dasein für sie die Rede ist. Er ist der Gott der Menschen, bei dem man Zuflucht finden kann (114,3), ja, gerade weil er den Menschen geschaffen hat, ist er ihm näher als die Halsschlagader (50,16). Damit aber tritt er nie in den Bereich des Menschen, kann er sich nie in der Gestalt eines Menschen offenbaren. Denn diesem Text stehen schon zahlenmäßig so viele andere Texte gegenüber, die von seiner Erhabenheit reden, von seiner Allmacht, Königsherrschaft usw. (40,15; 23,84-86). Auch in seinem Sein mit den Menschen bleibt er der Allmächtige, der ganz Andere.

Diese wesentliche paradoxale Komplementarität ist der notwendige Ausdruck für die Tatsache, daß Allah auch in seiner Offenbarung zwar die Menschen belehrt und sie mittels seiner Boten belehren läßt, daß er sie durch Belehrungen von Menschen zum Heil führen will, aber dennoch in diesem ganzen Geschehen der Allmächtige, der König, der Heilige, also der ganz Andere bleibt.

Für die Lehre der Erlösung hat all dies entscheidende Folgen. Allah steht bereit, die Sünden nach der Reue der Sünder zu vergeben und sie wieder aufzunehmen. Aber die Sünde und die Sünder werden vernichtet, wenn die verliehene Frist der Bekehrung verstrichen ist. In die wirklichen Tiefen der Sünde geht Allah nicht mit hinein, als der Erhabene erniedrigt er sich nicht. Das Sühneopfer des Kreuzes hätte an keiner Stelle des Korans eine Zugangsmöglichkeit.

Statt des Bekenntnisses *„für uns geopfert"* kennt der Mensch des Islams einen heiligen Schauer vor der Größe Allahs, er steht, oder besser, er wirft sich nieder vor dem Allmächtigen, zu dem er in letzter Instanz keinen Zugang hat, wohl aber das ergebene Vertrauen, daß dieser ganz Andere und Numinose sein Heil bewirken wird und kann, ohne den Weg Allahs zu durchgründen.

[412] Eine Übersicht bietet die EJ 7 S. 674f. Siehe auch *Kittel*: ThWNT III S. 79ff.

[413] Siehe für die unterschiedlichen etymologischen Erklärungsversuche ThWNT III, S. 1065f.

[414] *Migne* LXXII, 841.

[415] *Joannes Maldonatus*: Commentarii in quattuor Evangelia, 1596, ed. Sansen 1840.

[416] z. B. Mk 1,3; 12,11, 36.

9. Kapitel

Epilog

Wir müssen uns die Lage auf der arabischen Halbinsel zur Zeit Muhammads folgendermaßen vorstellen: Innerhalb des religiösen und kulturellen Raumes des arabischen Heidentums lebten jüdische und christliche Bevölkerungsgruppen, die ihren Glauben und ihre eigentümliche Tradition in geschlossenen Gemeinden pflegten und schützten. Ihre Gottesdienste mit der belehrenden Liturgie, ihre Gemeindeversammlungen, Bräuche, traditionellen Erzählungen und ihr Unterricht entfalteten eine doppelte Wirksamkeit. Nach innen festigten sie den sozialreligiösen Zusammenhalt der Gemeinde innerhalb einer andersgearteten religiösen Umwelt, andererseits aber machten sich Glaube und Praxis, Erzählung und Bildung in dieser Umwelt spürbar. Muhammad hat sich ihrem Einfluß nicht verschlossen.

In seiner Auseinandersetzung mit ihnen wiederholte sich unter anderen Umständen ein Prozeß, der sich auch in der jüngeren Christengemeinde innerhalb des Judentums vollzogen hatte.

Muhammad waren die Erzählungen aus jüdischer und christlicher Tradition zu Ohren gekommen. Dabei war den Überlieferungsströmen folgendes Schicksal bestimmt: Entweder wurde das Traditionsgut unverändert übernommen, so z. B. das Bekenntnis zu dem einzigen Gott. Daneben geschah es, daß eine Glaubenslehre verändert in die koranische Verkündigung übernommen wurde, wie z. B. die Moses- und Abrahamserzählungen. Drittens konnte die islamische Verkündigung eine abwehrende polemische Haltung gegenüber bestimmten vorangegangenen Glaubensinhalten annehmen, so zum Beispiel die Lehre von der Gottessohnschaft Christi und der Heilsbedeutung des Kreuzes. Zusätzlich soll noch erwähnt werden, daß ganz wichtiges Traditionsgut Muhammad offentsichtlich gar nicht erreicht hat, wie zum Beispiel die Verkündigungen der großen Schriftpropheten und die Lehren des Paulus.

Dieser Prozeß soll aber nur aus seiner eigenen Triebkraft heraus interpretiert werden. Als Gipfel steht das beherrschende und entscheidende Kraftzentrum: Muhammads Selbstverständnis seiner eigenen prophetischen Berufung. Der Inhalt dieses Missionsbewußtseins hat die auf ihn zugekommenen Traditionsinhalte geordnet, geprägt, uminterpretiert und modelliert. In diesem Prozeß war die gestaltende Kraft die Botschaft des einzigen Gottes: *Es gibt keinen Gott außer Allah, und Muhammad ist sein Apostel.*

Daneben aber hat gestaltend mitgewirkt, daß eine Kultur von anderen nur das übernehmen kann, was sie selbst verarbeiten kann, und zwar gemäß eigenen Strukturen.

Diese Kultur war das bis auf Muhammad unwissende Arabertum. Für die Araber hat er in erster Linie deutlich in arabischer Sprache gepredigt, ihnen hat er den Weg des Heils gezeigt. Sie zu Juden oder Christen zu machen war nie sein Anliegen, weil er seinen Islam als die arabische Version der Vorgeschichte betrachtete.

Dieser Prozeß ist dann auch der Grund dafür, daß die religionsphänomenologische Forschung sich hier nie mit einer eingestaltigen Erklärung zufrieden geben darf. Die Grundlehre kann in allen drei Religionen denselben Begriff, ja sogar dasselbe Wort verwenden. In ihrem eigenständigen Kontext aber bekommen diese Begriffe einen anderen Stellenwert, werden von einem anderen Mittelpunkt aus interpretiert. Ein Beispiel hierfür sind die Wunder Jesu als Beweis des Prophetenamtes des einzigen Gottes. So bringt die Verkündigung gegebenenfalls dasselbe, aber die Zielrichtung hat sich geändert.

Ich möchte — und ich hoffe, es ist mir erlaubt, — dieses Buch mit einem Vergleich aus der Musik abschließen:

Die chronologische Folge Judentum, Christentum, Islam ist kein dreistimmiger Kanon, denn diese drei Religionen wiederholen ihre Themen nicht unverändert. Vielmehr gleicht sie einer dreistimmigen Fuge, in der das Judentum als Grundlage, gleichsam dem Dux, die Glaubensaussagen hervorbringt. Das Neue Testament übernimmt dieses Thema und steigert es zu einer nicht mehr zu übertreffenden Höhe, indem in Jesu Kreuz und Auferstehung die Vollheit der Zeiten erschienen ist. All dies ist so dominierend, daß das Neue Testament als Nachfolge, als Comes, die Themen in der Dominante übernimmt. Eine weitere Nachfolge, Comes, ist der Koran. Seine Themen entstammen einer eigenständigen Interpretation, schwächen auf jeden Fall die Dominante des Neuen Testaments ab: er ist der Comes in der Subdominante. So läßt es sich auch verstehen, daß dieselbe Note (Glaubensaussage) in den drei Religionen anders klingt. Wenn die Grundtonart C ist, dann ist sie im Judentum die Tonika, im Neuen Testament die Subdominante und im Koran die Dominante. Wir hören dreimal denselben Ton, aber sein Wert und seine Funktion sind jedesmal unterschiedlich.

Falls dieser Vergleich zutreffen sollte[417], dann bedarf Lessings Wort: „Der echte Ring vermutlich ging verloren" einer Korrektur in dem Sinne, daß jede Stimme jetzt die Aufgabe hat, konzertierend und kontrapunktierend das wahre Thema erklingen zu lassen.

Marburg, Pfingstfest 1980

---

[417] Man bedenke, daß jeder Vergleich nur bestimmte Segmente des Spektrums beleuchten kann.

A. Fundstellenregister

1. Altes Testament

61,1f	121
63,11	121

Jeremia	
1,10	166
7	167
22,24	136
31,31-34	208
45,4f	166

Hesekiel	
5,6	168
11	167
8,7ff	167
13	30
14,3ff	167
20,41	212
44,1	98

Hosea	
1,3-12	164
6,7	186
9,10	163
11,1-4	163f
1	22
9	253f, 257
13,4	163
5f	164

Amos	
1,3-2,16	165
2,4	165
6f	45
3,2	165
5,21f	165
6,1	45
11ff	28

Micha	
7,15	22

Haggai	
2,23	136

Sacharja	
12,1	85
13,1-6	30

2. Neues Testament

Matthäus	
1,18-25	*56, 108*
21	*53, 56, 100, 140*
23	*53*
2,13-18	*22*
15	*22*
4-7	*21*
4,1-11	*57*
17	*23, 43*
5	*23ff*
5,5	*147*
48	*44*
8-10	*21*
8,1-9,34	*22*
1-4	*112*
2	*58*
10	*58*
12	*205*
9,18-26	*112*
27-31	*112*
35	*58*
10,1	*125*
24f	*118*
11-13	*21*
11,2-15	*112*
9-11	*30*
9	*137*
12,28	*58*
13,17	*76*

272

19,49	78	107	72
53	71	193	123
56	76	196	10
77-80	232	27,4f	231
85-87	250	9	91
93	118	76	38, 136
20,8	261	77	47, 134
9-98	82-87	28	87-93
12	91	28,86	134
14	91	29,7	252
43	143	23	232
115-123	178f	25	17
120f	175	27	78
21,1-47	31	46	17, 32, 79
3	45, 134	50f	134
5	134	30,20-27	114
7f	118	30	66f
7	31	40	178
25	31, 39	32,2-3	37
26-29	249f	3	134
51-70	76	4-22	135
72	78	9	64,105,111,141
91	102, 122	33,7	11, 39, 73
105-122	133	40	11, 30, 38, 132, 136f
106f	241f	46	136
107f	133	63-68	229
22,31	67	71	229, 231
38	231	35,3	64
62	38	36,8	231
78	127	12	113
23,1	231	61	116
44	29	77	105f
84-86	263	82	106
24,55	64	37,75-148	70
57	232	79	73
25,20	118	80	144
32	17	81	73
26,10-191	115	83-113	77
67	114		

B. Stichwortregister